MATERIALS MANAGEMENT

How to Dig the Hidden Third Profit Source

# 挖掘第三利润

## 施工企业物资管理与核算的12道关键环节

陈政 张有鹏 张伟◎编著

中国市场出版社
China Market Press

**图书在版编目（CIP）数据**

挖掘第三利润：施工企业物资管理与核算的 12 道关键环节/陈政，张有鹏，张伟编著．—北京：中国市场出版社，2016.1

ISBN 978-7-5092-1374-2

Ⅰ．①挖… Ⅱ．①陈… ②张… ③张… Ⅲ．①施工企业-物资管理-研究 Ⅳ．①F407.906.5

中国版本图书馆 CIP 数据核字（2015）第 136981 号

**挖掘第三利润：施工企业物资管理与核算的 12 道关键环节**

WAJUE DISAN LIRUN：SHIGONG QIYE WUZI GUANLI YU HESUAN DE 12 DAO GUANJIAN HUANJIE

**出版发行：** 中国市场出版社
**社　　址：** 北京月坛北小街 2 号院 3 号楼　　**邮政编码** 100837
**电　　话：** 编 辑 部（010）68033692　读者服务部（010）68022950
发 行 部（010）68021338　68020340　68053489
68024335　68033577　68033539
总 编 室（010）68020336
盗版举报（010）68020336
**邮　　箱：** xhr1224@aliyun.com
**经　　销：** 新华书店
**印　　刷：** 河北鑫宏源印刷包装有限责任公司
**规　　格：** 170 mm×240 mm　16 开本　　**版　　次：** 2016 年 1 月第 1 版
**印　　张：** 21.75　　**印　　次：** 2016 年 1 月第 1 次印刷
**字　　数：** 440 000　　**定　　价：** 55.00 元

## 目　录

第1章　**导　言**

1.1　研究背景 // 2

1.1.1　施工企业特性 // 2

1.1.2　国内外物资管理理论研究 // 5

1.1.3　施工企业物资管理现状 // 6

1.2　研究内容 // 9

1.3　主要创新之处 // 11

第2章　**组织机制及人员资格**

2.1　组织机制 // 14

2.2　人员资格 // 14

第3章　**物资分类管理**

3.1　ABC 分类法 // 20

3.2　物资分类管理 // 24

第4章　**物资计划**

4.1　物资计划的编制 // 28

4.2　物资计划的管理 // 30

4.2.1　完善计划管理机制 // 30

4.2.2　计划阶段性管理 // 31

4.3　物资计划流程图 // 38

## 第5章 物资采购

5.1 物资招标采购 // 44
5.1.1 物资招标采购内涵及意义 // 44
5.1.2 物资招标采购流程 // 45
5.1.3 加强物资招标采购管理 // 51
5.2 物资询价采购 // 53
5.2.1 物资询价采购内涵及意义 // 53
5.2.2 物资询价采购流程 // 54
5.2.3 加强询价采购管理 // 57
5.3 零星采购管理 // 60
5.4 物资集中采购权限及方式管理 // 62
5.5 物资采购流程图 // 63
5.5.1 招标采购流程 // 63
5.5.2 询价采购流程 // 64
5.5.3 零星采购流程 // 65

## 第6章 供应商管理

6.1 供应商选择管理 // 72
6.1.1 建立供应商选择机制 // 72
6.1.2 物资供应商选择评价方法 // 77
6.1.3 供应商数量的确定方法 // 83
6.2 合作供应商管理 // 87
6.2.1 建立合作供应商考核制度 // 87
6.2.2 建立供应商战略合作关系 // 89
6.3 供应商管理流程图 // 90

## 第7章 采购物资合同管理

7.1 采购物资合同的内容 // 94
7.2 采购物资合同管理过程 // 95
7.2.1 合同订立管理 // 95

7.2.2 合同变更和解除管理 // 97
7.2.3 合同履约管理 // 98
7.2.4 合同归档及监督检查管理 // 101
7.3 合同管理流程图 // 103
7.3.1 合同整体管理流程图 // 103
7.3.2 合同订立审批流程图 // 104

第 8 章 **现场物资管理**

8.1 物资仓储管理 // 112
8.1.1 物资验收管理 // 112
8.1.2 物资搬运管理 // 120
8.1.3 物资出入库管理 // 121
8.1.4 物资退库管理 // 123
8.1.5 物资保管 // 124
8.2 限额领料管理 // 128
8.2.1 限额领料制度 // 128
8.2.2 限额领料业务分工 // 129
8.2.3 限额领料的实施过程 // 130
8.2.4 限额领料管理流程图 // 131
8.3 现场物资监管 // 131
8.4 现场物资 6S 管理 // 135
8.5 物资盘点管理 // 137
8.6 废旧物资管理 // 140
8.7 物资退场管理 // 144
8.8 物资现场管理流程图 // 146

第 9 章 **分项物资管理**

9.1 周转材料管理 // 172
9.2 小型机具及二、三项料管理 // 175
9.3 火工品管理 // 178
9.4 油料管理 // 183
9.5 混凝土管理 // 184

9.5.1 商品混凝土管理 // 185
9.5.2 拌和站混凝土管理 // 187
9.6 分包物资管理 // 189
9.7 甲供、甲控物资管理 // 191

第10章 **物资成本核算**

10.1 物资成本核算过程管理 // 212
10.1.1 采购成本核算 // 212
10.1.2 物资使用过程的成本核算 // 213
10.2 物资成本核算管理 // 218
10.3 主要物资采购与库存一体化成本优化模型 // 220
10.3.1 模型的构建假设 // 221
10.3.2 各参数设定 // 221
10.3.3 优化模型 // 222
10.3.4 模型运用 // 223
10.4 物资总成本优化模型 // 225
10.4.1 物资总成本优化模型的构建 // 225
10.4.2 物资总成本优化模型的工程实践 // 227
10.5 物资收发存账务处理流程 // 229

第11章 **会计核算**

11.1 物资会计核算过程管理 // 236
11.1.1 会计科目的设置及管理 // 236
11.1.2 原材料的会计核算 // 240
11.1.3 周转材料的会计核算 // 242
11.1.4 临时设施的核算及管理 // 243
11.2 会计原始记录管理 // 244

第12章 **物资统计管理**

12.1 物资统计遵循原则及要求 // 246
12.2 物资统计分析 // 246

12.3　物资统计报表 // 247

第 13 章　**内业资料管理**

13.1　加强内业资料管理的具体措施 // 262
13.2　内业资料的形成时间及保存期限 // 263

第 14 章　**物资管理考核评比**

14.1　工程公司牵头组织物资管理考核 // 266
14.1.1　项目物资管理考核 // 266
14.1.2　项目物资管理人员岗位工作考核 // 270
14.2　集团公司牵头组织全面审计 // 271

附录：招标文件 // 278
参考文献 // 333
后　　记 // 334

## 附表索引

附表 2-1　集团公司直管项目部物资管理人员任用审批表 // 16
附表 2-2　工程公司物资管理人员任用审批表 // 17

附表 4-1　材料预算单价 // 39
附表 4-2　物资需用计划 // 39
附表 4-3　物资申请计划 // 39
附表 4-4　物资采购计划 // 40
附表 4-5　年计划分季计划 // 40
附表 4-6　季计划分月计划 // 41

附表 5-1　物资招标计划 // 66
附表 5-2　招标文件发售登记表 // 66
附表 5-3　递交标书签到表 // 66
附表 5-4　资格审查表 // 67
附表 5-5　投标报价校核评审表 // 67
附表 5-6　重大偏差描述表 // 68
附表 5-7　初步评审汇总表 // 68
附表 5-8　商务评审表 // 69
附表 5-9　技术评审表 // 69
附表 5-10　评审汇总表 // 70
附表 5-11　中标候选人推荐表 // 71

附表 6-1　供方能力调查表 // 91
附表 6-2　合格供方名册 // 92
附表 6-3　供方评价记录 // 92

附表 7-1　________项目部合同评审表 // 105

附表 7-2　公司合同评审表 // 106
附表 7-3　合同履约跟踪表 // 103
附表 7-4　采购合同履行情况评价表 // 108
附表 7-5　合同台账 // 109
附表 7-6　合同物资清单 // 109

附表 8-1　过磅单 // 147
附表 8-2　检尺单 // 147
附表 8-3　进场材料报检单 // 148
附表 8-4　复验报告台账 // 149
附表 8-5　待验物资记录 // 149
附表 8-6　不合格物资通知单 // 150
附表 8-7　物资验收记录 // 151
附表 8-8　物资验收单 // 151
附表 8-9　新购周转材料备案表 // 152
附表 8-10　主要材料进场台账 // 153
附表 8-11　材料进场台账 // 153
附表 8-12　物资紧急放行申请 // 154
附表 8-13　不合格品评审处置记录 // 155
附表 8-14　让步接收/降级使用申请表 // 156
附表 8-15　不合格物资台账 // 157
附表 8-16　材料退货台账 // 157
附表 8-17　物资入库单 // 158
附表 8-18　调拨单 // 158
附表 8-19　物资出入库动态账 // 159
附表 8-20　限额领料单 // 159
附表 8-21　领料单 // 160
附表 8-22　报损报废单 // 160
附表 8-23　物资发料单 // 161
附表 8-24　授权委托书 // 162
附表 8-25　________队伍领用材料台账 // 163
附表 8-26　________队伍领（退）周转材料台账 // 163
附表 8-27　________队伍领（退）小型机具台账 // 164

附表 8-28　退库申请单 // 164
附表 8-29　退库单 // 165
附表 8-30　超时物资重新验证申请表 // 165
附表 8-31　物资报损报废申请表 // 166
附表 8-32　丢失、损坏、不适用产品记录 // 166
附表 8-33　物资材料盘点表 // 167
附表 8-34　周转材料盘点表 // 167
附表 8-35　小型机具盘点表 // 168
附表 8-36　废旧物资管理台账 // 168
附表 8-37　废旧物资台账 // 168
附表 8-38　废旧物资审批表 // 169
附表 8-39　废材处理单 // 169

附表 9-1　周转材料采购审批表 // 193
附表 9-2　周转材料管理台账 // 194
附表 9-3　自有周转材料管理台账 // 194
附表 9-4　调转周转材料管理台账 // 195
附表 9-5　租赁周转材料管理台账 // 195
附表 9-6　周转材料租赁统计表 // 195
附表 9-7　项目割锯申请 // 196
附表 9-8　周转材料报废申请表 // 197
附表 9-9　竣工项目周转材料状况统计表 // 198
附表 9-10　小型机具配置计划 // 198
附表 9-11　常用二、三项料需用计划 // 198
附表 9-12　小型机具采购台账 // 199
附表 9-13　小型机具管理台账 // 199
附表 9-14　小型机具发放台账 // 199
附表 9-15　小型机具报废审批表 // 200
附表 9-16　二、三项料限额发放台账 // 201
附表 9-17　竣工项目小型机具状况统计表 // 201
附表 9-18　火工品管理进库、出库、消耗、清退登记台账 // 202
附表 9-19　火工品现场使用申请 // 203
附表 9-20　火工品物资使用流程监督卡 // 203

附表 9-21　油料费单车核算统计表 // 204
附表 9-22　混凝土日常需用计划 // 204
附表 9-23　商品混凝土进场统计表 // 205
附表 9-24　商品混凝土对比分析表 // 205
附表 9-25　商品混凝土结算单 // 206
附表 9-26　混凝土节超分析编制说明 // 206
附表 9-27　队（班组）混凝土节超分析表 // 207
附表 9-28　混凝土节超分析汇总表 // 207
附表 9-29　混凝土原材料节超分析编制说明 // 208
附表 9-30　混凝土原材料计算表 // 208
附表 9-31　混凝土原材料节超分析表 // 209

附表 10-1　工程项目主材预算与消耗对比表 // 230
附表 10-2　材料预算单价表 // 230
附表 10-3　分项工程物资消耗核算表 // 230
附表 10-4　施工队伍物资消耗及节超核算表 // 231
附表 10-5　物资成本核算表 // 231
附表 10-6　材料款（租金）支付情况一览表 // 231
附表 10-7　材料（租金）欠款利息一览表 // 232
附表 10-8　队扣（暂扣）款统计表 // 232
附表 10-9　扣款统计汇总表 // 232
附表 10-10　材料节超分析汇总表 // 233
附表 10-11　材料节超分析编制说明 // 233

附表 12-1　物资采购情况月报表 // 248
附表 12-2　××××年 1—××月物资集中采购情况汇总表 // 249
附表 12-3　非工业能源消费统计表 // 250
附表 12-4　原材料、能源收支存统计表 // 251
附表 12-5　大宗物资招标采购情况统计表 // 253
附表 12-6　甲供物资招标采购情况统计表 // 253
附表 12-7　甲控物资招标采购情况统计表 // 254
附表 12-8　自采物资招标采购情况统计表 // 254
附表 12-9　物资招标采购情况汇总表 // 255

附表 12-10　物资采购、消耗、库存汇总表 // 255
附表 12-11　物资责任成本核算表 // 256
附表 12-12　物资消耗节超分析表 // 257
附表 12-13　物资库存盘点汇总表 // 258
附表 12-14　物资管理人员综合情况统计表 // 258
附表 12-15　项目部主要材料计划统计表 // 259
附表 12-16　物资管理人员台账 // 260
附表 12-17　主要材料合同登记表 // 260

# 第 1 章

# 导　言

## 1.1 研究背景

物资管理是施工企业降低工程成本的手段，是企业管理的一部分。据统计调查发现，建筑所需的材料、部件、设备，占到工程总成本的60%～70%。因此，对物资有效地管理，是降低工程成本的重要手段。物资管理就是通过用料申请计划、采购、运输、仓储、保管、领用、消耗等活动，解决物资供需之间存在的时间、空间、数量、品种、规格以及价格（不含可抵扣增值税）和质量等方面的矛盾，衔接好生产中的各个环节，确保施工的顺利进行。目前，施工企业物资管理效益已引起了世界各国的广泛重视，绝大部分施工企业纷纷将物资管理视为增加企业利润的一种手段，并将其称为“第三利润源泉”。对于施工企业来说，“第一利润源泉”是降低人工费用和材料的消耗成本；“第二利润源泉”是承建更多的工程项目。但是，随着建筑行业的饱和，市场竞争日益激烈，单纯凭借这两种“利润源泉”提高企业效益有了一定的局限性，因此，施工企业开始探究其他途径以达到提高企业效益的目的。施工企业发现，物资成本和物资管理成本在工程成本中占有相当大的比例，如果能够降低物资成本和物资管理成本，就能有效地提高企业效益，进而增加企业利润。因此，施工企业开始将注意力转移到物资管理上，如何有效地管理物资已经成为施工企业关注的焦点。

### 1.1.1 施工企业特性

与其他行业相比，施工企业在其竣工的工程产品、经营活动、成本核算等方面都有很大的不同，有其显著的特性。了解其特性，对构建物资管理体系、规范物资核算等具有重要意义。本书主要从产品与经营管理、成本控制以及税费等方面阐述施工企业的特性。

#### 1. 产品与经营管理特性

（1）产品特性。与其他行业不同，对于施工企业来说，其产品主要是房屋、建筑物、桥梁、道路、码头和设备的安装等，其中很多项目属于国家的基础建设项目，关系到国计民生。其产品一般是不动产，每项工程都有特定的用途和建设要求，产品具有体积庞大、复杂多样、整体难分、使用年限长以及固定性、单一性、多样性等特点。

（2）经营模式特性。在经营方式上，施工企业通常通过招投标或议标等途径获得工程项目并签订承包合同，并根据工程进度，确认合同执行情况。项目承接后，其经营管理也是一个相当复杂的过程，其中要经历项目施工前的准备、项目的正常施工、项目的竣工验收、项目的交接使用，直到质保期满、质保金支付完毕。为保证项目工程质量，参与经营方不仅仅是施工企业本身，业主和监理方也参与到了项目的经营过程中，全程监督项目的建设。

（3）施工方式的特性。首先，施工企业在施工方式上具有独特性，通过建筑、安装等方式完成施工过程，实现产品完工。其次，产品属不动产，位置较为固定，但配备的资源却不是固定的，其始终围绕着项目建设变动。最后，施工企业需借助辅助设施才能完成工程项目。通常情况下，工程项目规模较大、施工工序较为繁杂且多为高空作业，需要借助大量的临时设施和专项设备辅助完成工程建设。其中部分辅助设施可多次使用，可在项目间、公司间周转使用，但有些使用一次后就不再有使用价值。

（4）施工技术复杂。施工企业施工时，所需要的技术较为复杂。工程技术人员首先要根据施工图纸安排施工作业。在施工过程中经常需要多工种协同工作，相互配合。此外，工程项目施工中需使用大量的物资和设备，且所用的物资和设备种类繁杂，因而施工组织和施工技术要求较高。

（5）组织模式的特性。施工企业是订单式生产，其生产产品要求必须在现场完成施工，才能最终完成设计要求。现场施工的生产模式决定了资源配置的变动性，即组织机构、人员、物资及设备，始终围绕项目建设变动。目前，项目法施工模式是施工企业普遍采用的组织生产经营模式，项目法施工模式，是指项目经理部随项目施工前组织成立，随项目竣工交接后撤销，属内部独立管理项目机构。其以完成项目建设为目的合理调配资源，通过工程项目的成本或效益来考核评价其经营管理效绩。

（6）风险存在的特性。首先是来自自然因素上的风险，一方面工程施工通常为室外作业，其产品较易受自然因素，如地质、温度、湿度、水质的影响，即使是按同一张图纸设计的，但因受自然因素影响的不同，工程产品间也会存在较大的差异。另一方面工程项目通常规模较大，耗时较长，加之隐蔽性工程多，因此，在施工过程中受潜在自然因素影响也较大，给施工企业带来不可预知的风险。其次是来自社会上的风险，施工企业承接项目后，可部分外包给当地施工队伍，由其负责完成该部分工程项目，如果分包队伍未经过专业训练，技术水平较差，安全意识薄弱，势必会影响工程质量，引起安全事故，导致各种索赔，进而使施工企业遭受不必要的损失。

2. 成本控制特性

（1）项目部为工程成本控制主体。建筑产品的固定性造成了施工生产的流动性，进而引起了与施工生产有关的配置资源，如组织机构、人员、物资及设备围绕着施工现场流动。施工企业为便于管理，并能有效地降低工程成本，成立项目部，作为工程项目的独立管理机构。项目部主要负责工程项目的正常施工，资源的合理调配、使用，并对工程质量以及成本负有责任。作为独立的管理机构，项目部是工程成本的控制主体，是企业成本审计的对象。

（2）单项工程为成本费用归集单元。因每一工程项目的完成都是以若干单项工程的完成为前提的，即单项工程是工程项目的基本单元。因单项工程间工程结构、工程规模、物资用料、设备投入、人力投入等都存在较大差异，造成了单项工程间成本差异较大且可能不存在成本的可比性。因此，如果施工企业仅仅用全部的施工生产费用除以完成的工程数量为指标来衡量各项工程的单位成本，并不能准确地反映出每一项工程的实际耗用成本，理论数值与实际数值之间差异较大。为了准确地反映每一项工程的实际消耗成本，施工企业应以单项工程为单元归集成本费用。

（3）预算成本是成本控制的基础。建筑产品间因存在工程结构、工程规模等的差异，造成了产品间实际成本的可比性较差。项目经理部作为独立的项目管理机构，以承包责任制的形式管理项目，这就需要施工企业对其进行工程成本分析及绩效考核。工程成本分析与绩效考核的依据是企业预算成本。企业预算成本的编制基础是施工企业的经验以及管理水平，合同毛利是指合同金额与预算成本之差。因此，施工企业的施工经验、管理水平直接影响预算成本的编制水平，进而影响合同毛利。项目部的预算成本极限值是通过合同金额减去项目部需上缴的管理费用及利润确定的。项目部作为独立项目管理机构需上缴部分管理费用，有利于企业有效地控制成本。另外，企业应为项目部留出利润空间，可以有效地调动项目部管理人员的积极性以及提高管理人员的责任感。

（4）工程投资成本确认滞后。随着越来越多的企业进驻建筑行业领域，建筑企业间以及建筑市场竞争越发激烈。一方面，在签订承包合同时，甲方往往要求承包方垫资，施工企业为承接项目不得不满足甲方的这一要求，致使工程投资成本确认滞后。另一方面，施工企业的物资大部分来自于市场，此外，因工程完工期限或技术要求部分工程会分包给施工队伍完成，因业主支付工程款滞后，施工企业通常也要求赊欠供应商货款或要求分包队伍垫付资金，因此，造成了工程成本确认的滞后。

3. 税费特性

国家已确定对建筑企业进行“营改增”，但施工企业不能抵扣或无法取得抵扣凭证的事项较多，如农民工工资、征地拆迁、青苗补偿、地材等二三类材料、工地临时设施、融资利息支出、工程保险支出、甲供材、集采物资、内部调拨物资、代开发票、试点前的存量资产等。

### 1.1.2 国内外物资管理理论研究

1. 国外理论研究

国外对物资管理的研究，可追溯到20世纪初期及其之前的一段时间。物资管理是以项目物资需求为目的，以保质保供为原则，以最小的经济投入获得最大产出效益为前提。物资管理的研究及发展历史近似于其他行业管理，经历了由粗放到集约，由低级到高级，由特殊到一般的发展历程[1]。

20世纪20年代之前，物资管理部门、物资管理人员的工作职责就是坚守岗位，量进为出，被动消极地做好配合服务，物资存量状态呈现出随意自由，是放任存量时期（Arbitrary Inventory Policy）。强调生产时，则大量囤积物资，致使资金大量占用和物资积压。否则，无库存或库存太少造成停工待料，无法保证生产的连续性。我们称这一时段为粗放型管理阶段。

之后至1945年前后，欧美国家的物资管理迈入了一个新的历史时期。物资管理人员通过长期实践积累了丰富的物资管理经验，提高了对物资管理的认识，逐渐摒弃了以前那种粗放型管理，凭着自身工作经验，总结摸索出一套实用的物资管理方法，组建了一批物资管理经验丰富的人才队伍，制定出一套较为完善的管理制度，特别是在存量控制、物资采购、物资计划、运输等方面。这一时段被称为经验订货量时期（Intuitive Order Quantity），即

---

[1] 曹培支. 施工企业物资管理系统设计与实现［D］. 成都：电子科技大学，2011：11-12.

所谓经验管理阶段。

物资管理理论迅速发展是在1945年以后，数学理论中的方法和模式被物资管理广泛借用和采纳，为物资管理科学发展提供有力的依据和手段，产生了飞跃，这一时期发展了对物资管理职能、组织、采购、存货理论的研究。在这一时期，电子计算机在物资管理中的普及应用，大大提高了物资管理研究的速度进程，给西方国家带来巨大投入回报。随着物资管理理论的成熟，一些现代管理方法，如ABC分类法、寿命周期成本法、采购经济批量法等相继产生。这些物资管理方法的应用使物资管理产生了巨大的效益。该时段被称为科学管理阶段，即经济批量时期（Economic Order Quantity）。

总体存量研究（Aggregate Inventory Management）是优化存货总量，做到资金占压科学合理，有效降低物资管理费用。该项研究把物资管理的研究工作推向了一个新高度。总体存量管理技术是最近发展起来的，这一阶段称为现代化管理阶段。

2. 国内理论研究

我国物资管理的教学和理论研究比较落后。在社会主义计划经济时期，物资管理的重点侧重于物资的“统购统销”，对于施工企业只着重关注其物资的采购方面。20世纪90年代，我国关于物资管理的专著研究相对较少，大学或学院课程很少设置物资管理专业，管理学者们又不愿花太多精力研究学术价值不高的物资管理。物资管理的教学和理论研究落后，导致企业物资管理人才匮乏，制约了施工企业物资管理的发展。

### 1.1.3 施工企业物资管理现状

目前，我国物资管理还不够完善，存在很多弊端，致使物资管理效率较低，工程成本增加，施工进度没有保障，工程不能按时完工，发生工程质量、安全事故等。物资管理现状主要体现如下：

（1）企业高管重视不够，部门之间缺乏协作。物资专业管理是企业管理的重要组成部分，企业高管应给予高度重视。此外，对物资有效的管理，并非仅仅依靠物资管理部门就能做好的，需要各部门的协同配合，如工程部门、计划部门等。但是，通过对多家施工企业调查，课题组发现决策层和高管对物资管理不够重视，相关部门以及相关岗位人员参与程度和监督力度低，基本上没有构建有效的、完整的物资管理系统体系。因此，强化物资管理的现代化进程，挖掘其自身管理潜在效益是企业结构调整的必然选择。其不足具体表现为：

◆ 物资计划制定不科学、不合理，造成物资积压或不足；物资消耗定额对工程物资消耗总量没有实质的约束；物资部门在采购时无准确的数据可依，无法控制物资用量。

◆ 各物资管理部门之间缺乏协作，沟通不足。有些项目无计划盲目采购，以满足施工为目的，项目结算时才发现物资超耗。

◆ 物资付款不及时。有些项目不能及时支付采购物资的货款，出现拖欠款致使供应商拒绝供货或提供质量较差的物资的现象，给项目的正常施工以及工程质量造成很大的影响。

(2) 采购价格偏高。原因有：

◆ 采购方式随意。物资采购方式主要有招标采购、询价采购以及零星采购。在采购前，没有对采购方式进行科学合理的论证，因采购方式不当，使物资的采购成本增加。

◆ 没有深入市场调研，致使采购部门对市场物资的供应渠道、市场价格了解不够，轻信供方价格最低承诺。

◆ 采购部门多向与之有关系的供应商采购物资或招标采购中投标单位多通过不正当手段中标，致使采购价格较高，采购质量没有保障。

◆ 采购人员道德素质较低，存在收受贿赂或中饱私囊现象，导致采购价格较高。

(3) 施工企业重视采购物资价格，致使物资质量得不到保障。主要表现在：

◆ 施工企业只注重标价，只要标价低就与投标单位签订采购合同，而对于物资质量、售后服务、投标单位信誉等重视程度不够，这样就造成了供应商为中标而降低标价，待签订采购合同后便更改采购单价或是为降低自身成本而偷工减料，一方面增加了施工企业采购成本，另一方面造成了物资质量不能满足工程质量要求。

◆ 施工企业采购人员为了享受低价采购物资的优惠，明知物资存在质量问题仍采购，造成采购物资的质量较差。

(4) 针对供应商的管理，施工企业没有建立良好的管理机制，致使以下现象发生：

◆ 供应商准入管理无序和盲目。供应商准入制度是物资采购制度的重要组成部分。目前，我国施工企业供应商准入制度不完善，主要体现在：供应商准入标准不明确；评价指标不全面。致使部分资质、信誉较差或产品质量不良的供应商获得准入资格。

◆ 选择合作供应商时，缺乏科学的采购管理知识。我国施工企业物资管理人员在选择合作供应商时，往往凭传统方法或主观经验，缺乏先进的采购管理知识。例如，只以物资的价格、质量和交货的及时性等为指标评价供应商。课题组认为，这种传统评价方法只是考虑到了供应商的商务指标，却没有考虑到供应商的柔性指标、技术指标、合作指标、兼容性指标以及发展指标。这样的评价方法显然是片面的，缺乏科学性、系统性。

◆ 缺乏对合作供应商的综合评价。课题组发现，目前，大多数施工企业主要是依据供应商的供货质量记录和供应商的质量管理体系状况对供应商进行评审，尽管在某些施工企业中也存在对供应商考察的环节，但却因供应商考察人员徇私舞弊使其达不到实质性的效果。因此，课题组认为对合作供应商评审时应遵循综合性原则，应对供应商的供货绩效、能力与资源以及质量管理系统进行全面的评价。

◆ 施工企业与供应商的关系不稳定。目前，课题组发现，尽管工程项目的周期较长，但很少有施工企业与供应商之间建立长期合作关系，他们之间多为临时合作关系或短期合作关系，彼此间均只考虑自身利益最大化，缺乏战略合作意识。选择价廉诚信供应商成为施工企业采购过程中的核心工作，同时也消耗了施工企业大量的时间和精力。

（5）标准化现场管理缺失，体现为：

◆ 物资验收不规范，不能及时发现物资质量问题。

◆ 物资保管不善，造成物资积压、丢失、损坏现象发生。

◆ 物资出入库手续不健全，致使施工企业不能有效地记录物资的收、发、存、退等经济业务。

◆ 人员随意出入施工现场，材料不实行监控管理或监控力度不够，致使个别人趁机倒卖物料，给项目造成损失。

◆ 施工人员技术等级偏低，用料超耗，造成浪费。施工人员中的大部分没有经过专业训练，技术水平较低，致使施工现场出现大量的废材，造成物资浪费现象严重。

◆ 回收、节约意识薄弱。现场剩余物资或废旧物资没有及时回收、处理，有些周转材料也是如此，造成了很大的浪费。企业管理中节约意识薄弱，只重视完工产品的价值，对工程的质量、物资和人力投入的节约重视不足。

（6）物资管理体制机制不能满足发展要求。体制机制设计缺乏前瞻性、科学性，没有从物流、供应链的角度去整合优化。物资部门的职责只是满足施工物资需要，没有把单纯的采购保管业务延伸到采购、仓储、配送、加工的全过程，供应工作的附加值没有体现。

（7）物资管理方法和手段落后，没有采用和落实现代化管理方法。目前，施工企业多采用传统的粗放式管理，物资管理的各个环节没有形成系统的管理体系，各环节也没有制定科学的评价指标。现场物资库存不合理，一些项目物资库存不足，严重影响施工进度；一些项目库存物资积压严重，造成物资浪费现象严重。更有甚者，课题组发现施工现场物资随意堆放或随意丢弃，废旧物资随处可见。这种粗放式管理已经严重影响了施工企业的效益。施工企业应摒弃传统的粗放式管理方式，将现代物资管理理念融入物资管理中，采取现代物资管理方法，如ABC分类法、经济批量法、限额发料等，切实将物资管理规范化、制度化，以提高企业效益。

（8）在物资管理方面没有建立有效的奖惩机制。在一些施工企业中因赏罚不明，致使物资管理人员消极怠工，影响物资管理效率。施工企业应在物资管理方面，建立有效的奖惩机制对物资管理人员实施奖惩，一方面，有利于约束物资管理人员的行为，另一方面，能够鼓励物资管理人员规范物资管理行为。

（9）以付出资金为购买的价格，很少考虑税费的含量，建筑业的“营改增”已迫在眉睫，但作为取得进项税抵扣的主要环节，如采购人员却很少关注进项税的取得。

## 1.2 研究内容

物资管理是由一系列管理环节组成的系统，如物资的计划、采购、库存、领用等管理环节。物资管理是施工企业正常施工的前提，是工程质量的保障，在施工企业生产中占据重要的地位。但是，课题组发现，目前我国绝大多数施工企业对物资的管理还不够完善，存在很多亟须改进之处。在此背景下，课题针对施工企业物资管理在各环节存在的问题，利用现代物资管理的思想，依据管理学“计划—组织—控制—领导”的理论框架对施工企业物资管理各环节以及重要方面进行了规范、研究，提出一系统列有针对性的措施，以期降低物资成本，提高企业经济效益以及运作效率，同时规避各种风险。在本书中，着重对施工企业的计划、采购、供应商选择、合同管理、施工现场的物资管理、分项物资管理、成本核算、会计核算、成本优化模型、物资统计管理、内业管理、物资管理考核评比等问题进行了较为深入的分析探讨。

（1）对于施工企业物资的计划管理问题，本书主要从计划的制定（包括物资需用量计划制定、采购计划制定、申请计划制定）、计划的管理等入手，规范施工企业物资计划。

（2）对于施工企业物资的采购问题，本书主要从三方面研究：招标采购、询价采购、零星物资采购。详细介绍了招标采购、询价采购、零星采购的流程，并提出了加强采购管理的措施，有效地降低了施工企业的采购成本。

（3）对于施工企业物资的供应商管理问题，本书建立了供应商选择机制，并详细介绍了供应商的考查制度、准入制度，建立了供应商选择评价体系。在此基础上，研究利用TOPSIS评价方法以及供应商数量优化模型，对供应商评价排序并依据数量确定合作供应商，并对合作供应商进行管理，有效地降低了物资供应风险，提高了物资供应商管理效率。

（4）对于施工企业物资合同的管理，本书主要就如何规范合同管理提出几点建议，使施工企业物资合同管理更加规范，有效地避免因合同问题引起的经济纠纷。

（5）对于施工企业物资的现场管理，本书着重从以下几个方面入手：物资进场的验收、保管；物资的库存管理、盘点管理；实施限额领料制度；对现场物资实施6S管理；废旧物资处理；物资退场管理。规范了物资从进场验收到物资出库、消耗再到物资退场的整个管理过程，并提出了避免施工现场物资流失的一些措施，有效地降低了施工企业的成本，提高了物资管理的质量。

（6）本书中的分项物资主要指周转材料、小型机具及二三项料、火工品、油料、混凝土、分包物资、甲供物资、甲控物资。因分项物资在管理权限、计划、采购、运输、验收、保管、使用、核算、结算、项目竣工后管理等方面与其他物资有所区别，此外，分项物资在施工企业物资管理中占有相当重要的位置，因此，本书在物资管理综合研究的基础上着重对分项物资在上述某些方面的管理予以具体化，从而加强了施工企业对分项物资的管理工作。

（7）对于施工企业物资成本核算，本书主要对物资成本核算过程、加强物资成本核算措施等方面进行了研究，并建立了主要物资采购与库存一体化成本优化模型以及物资总成本优化模型；对于施工企业的会计核算，本书主要从会计科目的设置及管理、会计核算过程、原始记录管理等方面进行了研究，借以规范物资的会计核算以及管理。

（8）物资统计工作能够反映出企业的经营状况以及物资管理水平，是物资管理的组成部分。本书从物资统计管理的原则及要求、物资统计分析、物资统计报表三个角度规范了物资统计管理，从而加强了物资统计管理工作。

（9）从物资计划制定、到场验收、退场等整个物资管理过程中，都有涉及内业资料的管理。内业资料是反映物资管理状况的有力凭证，是避免经济纠纷、维护企业合法权益的有力工具。目前，大多数施工企业都存在内业资料管理不规范、归档不及时等问题，针对此类问题，本书特制定了加强物资内业资料管理的具体措施，并对内业资料的形成时间及保存期限提出了要求。

为进一步规范项目物资管理工作，加强施工过程的控制，实现项目物资管理规范化、标准化，提高项目物资管理工作的效率和水平，本书认为应对物资管理实施考核制度。本书从考核牵头组织主体的角度提出了两种考核方式：工程公司牵头组织物资管理考核，集团公司牵头组织全面审计。对于工程公司牵头组织物资管理考核，本书主要从项目物资管理考核、项目物资管理人员岗位工作考核两个方面进行了研究，规范了相关流程，提出了奖惩制度。对于集团公司牵头组织的全面审计，本书主要从审计调查的目标，审计调查的组织领导、责任、方式，审计调查的内容与重点，完善审计工作的措施等方面进行了研究。

## 1.3 主要创新之处

在国家对建筑业“营改增”及股份公司全面推进、财务共享及PM管理系统的环境下，本书研究的主要创新有如下几方面：

（1）依据管理学原理“计划—组织—控制—领导”的分析框架，系统地提出施工企业物资管理体系。本书对施工企业物资管理研究依据物资使用计划、物资分类、物资采购方式、供应商管理、物资采购合同管理和物料管理流程展开，对于从项目筹划实施—物资计划—物资采购—物资供应商管理—合同管理—物资进场—项目竣工的整个管理体系进行了详细的规划，在此基础上设计出了施工企业物资管理流程图，使物资管理流程更加直观、清晰，规范了施工企业物资管理体系，有效地降低了施工企业物资成本，提高了物资管理效率。

（2）依据施工企业实际工作情况，系统提出了物资分类和物资采购方式和物资管理方式。根据施工企业所需材料以及在施工项目中所起作用，本书使用ABC方法对施工所需物资进行了分类，进一步对各类物资采购的招投标程序和规范流程进行研究，给出了施工现场各项物资管理规则和要求。

（3）依据供应链管理理论，系统提出了供应商选择的评价方法。依据供应链管理中的有关理论观点，引入TOPSIS评价方法并提出了供应商选择的评价方法和供应商数量确定方法。本书以中铁十八局四公司的一次物资采购活动为例，使用提出的方法进行了供应商选择研究。

（4）依据《合同法》和物资采购实际，系统提出了物资采购合同管理办法。科学有效的合同是保障施工企业合法利益的基础，课题通过研读《合同法》，分析施工企业物资采购的实际情况，从合同订立、合同变更或合同解除、合同履约、合同归档和监督检查等方面进行研究，最后提出了物资采购合同管理的流程图。

（5）依据财务管理和成本核算理论，系统提出了施工企业物资成本核算方法和物资总成本优化模型。课题依据财务管理和成本核算的思想，首先，给出了物资成本核算过程；其次，进一步提出建立物资核算中心和材料节超分析制度等管理措施；最后，依据运筹学方法，针对物资采购、运输、仓储和使用环节，构建了主要物资采购与库存一体化成本优化模型。

（6）依据中国铁建项目操作实际，系统提出了施工企业物资管理手册。从为施工企业实践服务的角度进行归纳整理，提炼出操作性强的施工企业物资管理手册，供施工企业参考使用。可以形成一个模块，在财务共享及PM管理系统平台中使用，既能加大管控力度又便捷核算。

## 第2章

# 组织机制及人员资格

## 2.1 组织机制

施工企业实行集团公司、子分公司、项目部三级管理体制，并分别建立物资管理机构。局指挥部物资部门是集团公司物资职能部门的临时派出机构，代行其授权的物资管理职责，对所属的物资转运站、大料厂（搅拌站）、炸药库等履行管理义务。由两个以上建制单位参建的局指挥部，必须设置物资转运站，并纳入工程项目建制管理，在局指挥部行政和业务部门的双重领导下，实行有偿服务。

物资管理实行统一领导、分级管理、逐级负责的管理体制。各级物资管理机构在业务上属于上下级关系，各类物资业务由物资部门逐级办理，其他部门如计划部门、安检部门、工程部门等配合、协助其管理工作。因此，物资管理人员从业资格影响着物资管理水平以及物资管理的效率。施工企业在决定物资管理人员任职时，应对其从业资格进行严格要求。

## 2.2 人员资格

项目（指挥）部（工区）的物资人员，是各级物资部门派出人员，代行集团公司、工程公司物资职能部门的管理职责，行政属项目（指挥）部（工区）领导，业务归属各级物资职能部门领导。

### 1. 物资人员的基本要求

对物资人员的基本要求主要有：政治素质高、原则性强、专业知识丰富、品行端正、作风正派；遵守规章制度、法律法规；热爱工作、公正无私，不徇私舞弊，不收受贿赂；不断进修，不断学习物资管理知识，不断提高业务管理水平和业务能力。此外，物资人员须是受过专业培训并取得上岗证（材料员岗位证书），有一定工作能力的企业正式职工，严禁非正式职工从事物资管理工作。凡离岗、离职、退休、内退人员不得担任各级物资主管；曾经因经济问题受过处分的人员，不能从事物资管理工作；凡长期（两年以上）停职停薪、待岗、不在位人员，重新上岗三年内不能担任物资主管工作。

### 2. 集团公司直管项目物资主管的任职条件

集团公司直管（代管）项目（指挥部）的物资主管的任职条件，除应具备上述基本素质外，还应同时具备以下条件：

（1）经济、工程类（或相近专业）大专以上学历或相关经济、工程类中级以上技术职务（物资管理专业优先选用）。

（2）具有较高的物资管理经验和组织协调能力，较熟练应用计算机处理日常业务，有一年以上物资主管经历（或担任过投资超过3亿元以上的一个完整工程项目的物资副主管或担任过投资10亿元以上的集团公司直管、代管项目部的物资业务骨干人员）。

（3）有四年以上从事物资管理工作的经验。

### 3. 工程公司所属项目部物资主管的任职条件

工程公司所属项目部（工区）物资主管除应具备上述基本素质外，还应具备以下条件：

（1）经济、工程类（或相近专业）中专以上学历（物资管理专业优先选用）。

（2）相关经济、工程类助理级以上技术职务。

（3）必须有两年以上基层物资管理工作经验（或担任过投资超过5 000万元以上工程项目的物资主管）。

各项目（指挥）部（工区）应配置物资负责人一名，物资内业资料管理员一名，根据项目工程情况相应配置材料员、收料员、司磅员、保管员，并建立相应的管理机构；物资发料员、收料员（保管员）不能为同一人担任。项目（指挥）部（工区）物资主管的选定，由上一级物资管理部门推荐或由项目（指挥）部（工区）提名，经集团公司（工程公司）人力资源部、物资管理部和项目考察、评价合格后，并经主管（分管）领导批准后方可上岗，不允许不按程序在组建项目（指挥）部（工区）时随意选配人员。项目（指挥）部（工区）调整物资负责人时，必须按管理隶属关系，上报上一级人力资源部和物资管理部审核批准，同意调整后，由人力资源部和物资管理部根据情况做出安排；同时会同项目领导监督办理相互交接工作，界定相关责任，其他物资管理人员调整，必须在项目物资负责人监督下进行全面交接，并做好交接记录。

## 附　件

附表 2-1　　　集团公司直管项目部物资管理人员任用审批表

工程项目名称：　　　　　　　　　　工期：

| 姓名 | | 性别 | | 出生年月 | |
|---|---|---|---|---|---|
| 籍贯 | | 文化程度 | | 毕业时间及学校 | |
| 是否参加过岗位培训 | | 岗位证书编号 | | 从事物资工作时间 | |
| 原岗位 | | 拟用岗位 | | 政治面貌 | |
| 任用理由及所从事过该工作的工程名称 | | | | | |
| 需用单位领导意见 | 单位盖章：　　单位负责人　　年　月　日 | | | | |
| 集团公司物资管理部意见 | 部门盖章：　　年　月　日 | | | | |
| 集团公司人力资源部意见 | 部门盖章：　　年　月　日 | | | | |
| 集团公司领导审批意见 | 领导（签字）：　　年　月　日 | | | | |
| 补充说明 | 任用人是否是正式职工 | | 是否为项目领导亲属 | | |

附表 2-2　　工程公司物资管理人员任用审批表

工程项目名称：　　　　工期：

| 姓名 | | 性别 | | 出生年月 | |
|---|---|---|---|---|---|
| 籍贯 | | 文化程度 | | 毕业时间及学校 | |
| 是否参加过岗位培训 | | 岗位证书编号 | | 从事物资工作时间 | |
| 原岗位 | | 拟用岗位 | | 政治面貌 | |
| 任用理由及所从事过该工作的工程名称 | | | | | |
| 公司物资管理部意见 | 部门盖章：　年　月　日 | | | | |
| 公司人力资源部意见 | 部门盖章：　年　月　日 | | | | |
| 公司领导审批意见 | 领导（签字）：　年　月　日 | | | | |
| 补充说明 | 任用人是否是正式职工 | | 是否为项目领导亲属 | | |

第3章

# 物资分类管理

施工企业物资类型主要有周转材料（如模板、挡板、架料、脚手架等），主材（钢筋、水泥、混凝土等），地材（砂、石料），零星材料，小型机具等，品种较为繁杂且价值不等。如果施工企业对所有物资的管理都采取一视同仁的态度，会增加物资的采购成本与库存成本，增加物资的管理费用，并降低物资管理效率。因此，要对物资进行分类，分出主要物资与次要物资，并采取不同的措施进行管理。课题在分类原理的基础上，综合平衡各分类方法的适用性后选择利用ABC分类法对物资进行分类。主要原因有两点：其一，ABC分类法的管理理念是识别出重要因素与次要因素，对重要因素重点关注，采取重点管理管控的策略；对次要因素次要关注，采取一般的管理管控策略；其二，ABC分类法简单、易懂并易于操作。为使公司规范运用ABC分类法，加强公司物资分类管理，本书对分类步骤进一步规范，并将物资类别进行了简单归纳，在此基础上提出了物资分类管理要求。

## 3.1 ABC分类法

ABC分类法又称帕雷托分析法，这一方法最先是意大利经济学家帕雷托在总结人们与财富占有的关系时提出来的。他发现少数人占有社会的大量财富，而绝大多数人却只占有社会少量财富。这就是“关键的是少数和次要的是多数”的关系[1]。将这一原理运用于管理工作，能使管理人员将有限的力量用于具有决定意义的关键少数，提高物资管理效率。ABC分类法是把管理对象按影响因素或事物属性或所占成本比重，划分为A、B、C三类，根据这三类的不同特点，分别采取重点、次要和一般三种不同程序的管理，以达到最经济、最有效地使用人力、物力、财力的目的。

### 1. ABC分类法的主要依据

ABC分类法的主要依据如表3-1所示：

---

[1] 孙东杰. 建筑企业物资管理［M］. 北京：中国铁道出版社，2000：66.

表 3-1　　ABC 分类法的主要依据

| 物资类别 | 品种比例 | 价值比例 |
|---|---|---|
| A | 10%～20% | 70%～80% |
| B | 20%～40% | 15%～25% |
| C | 45%～70% | 5%～15% |

2. 划分 A、B、C 三类物资的主要步骤

第一步：根据物资品种数和年度使用金额，编制出物资年度消耗定额表。（见表 3-2）

表 3-2　　物资年度消耗定额

| 序号 | 物资名称 | 品种数 | 年度使用金额（万元） | 使用金额排列序号 |
|---|---|---|---|---|
| 1 | 钢筋 | | | |
| 2 | 水泥 | | | |
| 3 | 木材 | | | |
| 4 | 装饰材料 | | | |
| 5 | 机电材料 | | | |
| 6 | 防水材料 | | | |
| 7 | 保温材料 | | | |
| 8 | 地材 | | | |
| 9 | 安全防护工具 | | | |
| 10 | 租赁设备 | | | |
| 11 | 建材 | | | |
| 12 | 五金 | | | |
| 13 | 工具（价值在一定金额以上） | | | |
| 14 | 油漆 | | | |
| 15 | 小五金 | | | |
| 16 | 工具（价值在一定金额以下） | | | |
| 17 | 杂品 | | | |
| 18 | 劳保用品 | | | |
| 19 | 其他 | | | |

第二步：依据物资品种数、品种累计数、品种累计数占总数的比例，结合物资年度消耗定额表，编制物资品种与年度消耗比重表。（见表 3-3）

表 3-3　　物资品种与年度消耗比重表

| 序号 | 物资名称 | 品种数 | 品种累计数 | 品种累计数占总数百分比 | 年度物资消耗金额（万元） | 累计年度使用金额（万元） | 年使用金额占累计百分比 |
|---|---|---|---|---|---|---|---|
| 1 | 钢筋 | | | | | | |
| 2 | 水泥 | | | | | | |
| 3 | 木材 | | | | | | |
| 4 | 装饰材料 | | | | | | |
| 5 | 机电材料 | | | | | | |
| 6 | 防水材料 | | | | | | |
| 7 | 保温材料 | | | | | | |
| 8 | 地材 | | | | | | |
| 9 | 安全防护工具 | | | | | | |
| 10 | 建材 | | | | | | |
| 11 | 租赁设备 | | | | | | |
| 12 | 五金 | | | | | | |
| 13 | 工具（价值在一定金额以上） | | | | | | |
| 14 | 油漆 | | | | | | |
| 15 | 小五金 | | | | | | |
| 16 | 工具（价值在一定金额以下） | | | | | | |
| 17 | 杂品 | | | | | | |
| 18 | 劳保用品 | | | | | | |
| 19 | 其他 | | | | | | |

第三步：依据物资品种与年度消耗比重表，运用 ABC 分类法编制出物资分类表。（见表 3-4）

表 3-4　　物资分类表

| 序号 | 分类 | 品种百分比 | 每组的年使用金额（万元） | 金额百分比 |
|---|---|---|---|---|
| 1 | A | | | |
| 2 | B | | | |
| 3 | C | | | |
| 合计 | | | | |

需要注意的是：施工企业物资比较繁杂，且计量单位不统一，在运用ABC分类法时，物资管理人员应灵活运用。因计量单位不统一，可仅仅比较金额占用比例（金额占用比例既可按年计算也可按月计算），管理人员在运用此方法时可根据施工企业实际物资情况进行物资分类。

课题根据已获得的数据，通过计算、分析，对物资的类别做了简要的归纳，见表3-5。

表 3-5　　物资类别归纳

| 类别 | 序号 | 材料名称 | 具体种类 |
|---|---|---|---|
| A类 | 1 | 钢材 | 各类钢筋，各类型钢 |
| | 2 | 水泥 | 各等级袋装水泥、散装水泥，装饰工程用水泥，特种水泥 |
| | 3 | 木材 | 各类板、方材，木、竹制模板，装饰、装修工程用各类木制品 |
| | 4 | 装饰材料 | 精装修所用各类材料，高级五金 |
| | 5 | 机电材料 | 工程用电线、电缆，各类开关、阀门、安装设备等所有机电产品 |
| B类 | 1 | 防水材料 | 室内、室外各类防水材料 |
| | 2 | 保温材料 | 内外墙保温材料，施工过程中的混凝土保温材料，工程中管道保温材料 |
| | 3 | 地方材料 | 沙石，各类砌筑材料 |
| | 4 | 安全防护用具 | 安全网，安全帽，安全带 |
| | 5 | 租赁设备 | ①中小型设备：钢筋加工设备，木材加工设备，电动工具；②钢模板；③架料，U型托，井字架 |
| | 6 | 建材 | 各类建筑胶，PVC管，各类腻子 |
| | 7 | 五金 | 火烧丝，电焊条，圆钉，钢丝，钢丝绳 |
| | 8 | 工具 | 单价400元以上使用的手用工具 |

续表

| 类别 | 序号 | 材料名称 | 具体种类 |
|---|---|---|---|
| C类 | 1 | 油漆 | 临建用调和漆，机械维修用材料 |
| | 2 | 小五金 | 临建用五金 |
| | 3 | 杂品 | 筛子、麻绳、拖布、传动带、锹把、扫帚、双轮车及配件 |
| | 4 | 工具 | 单价400元以下手用工具 |
| | 5 | 劳保用品 | 按公司行政人事部有关规定执行 |

## 3.2 物资分类管理

按照ABC分类方法对物资分类后，物资管理人员应采取不同的管理管控策略对A、B、C三类物资进行管理，以达到满足施工建设的需要和提高经济效益的目的。

### 1. 对A类物资的管理

A类物资属资金占用较大且耗用数量较多的物资，为保证施工企业资金周转速度，应结合库存实际情况，采取最佳库存量的方法实行划期订货的采购方式。在确定最佳库存量时，应在满足施工进度要求的前提下尽可能维持低的经常量和安全库存量。为保证A类物资的正常供应，物资保管人员应坚持每天检查库存情况，及时了解库存信息，即实行严格的连续性检查策略严格控制A类物资库存。在订货时，应首先与供方协商，确定最佳的供货路径、最佳供货时间，制定出该类物资的最佳订货前置期（即从下订单开始到货物到达仓库的时间）和最短路径。对A类物资的采购，一般是由股份公司或集团公司集中采购，采取招标采购的方式进行，并对供应商进行重点管理、重点考察评估，定期对合同的执行情况进行评估审查。对A类物资储备定额的确定可采取经济批量方法计算。

$$最佳订货量=\sqrt{\frac{2\times 计划期间内物资需用量\times 每次订购费用}{物资单价\times 保管费率}}$$

虽然依据经济批量模型可以计算出物资的最佳订货量，但在实际中，应将其作为物资采购量的参考，在每次需要订货时，应结合施工的实际情况制定出使物资管理成本最低的订货量。

2. 对 B 类物资的管理

对 B 类物资应该具体分析，如果其中某项物资市场提供者比较少，属卖方市场，可以采用 A 类商品的管理策略。对于一般性的 B 类物资，则采取一般的管理策略。对 B 类物资的采购，一般是由工程公司实施定量采购，但在实际中，施工企业运用定量订货模式采购 B 类物资时，可能无法完全满足施工企业需求，因此，运用定量采购模式时，也应考虑施工企业自身的实际需求。采购 B 类物资时可采取招标采购或询价采购的采购方式。一般来说，施工企业为了降低采购成本，主要采取的是询价采购方式。B 类物资储备定额的确定方法是按加权平均法确定的。对 B 类物资采用周或月检查策略，定期检查库存，并对 B 类物资的供应商实施一般性考察。

3. 对 C 类物资的管理

C 类物资属于小额物资，在订货方式上，可依据物资消耗经验设立安全库存量，当物资消耗达到安全库存量时便采购，每次采购相等的批量，便于管控。在仓库管理上，可采取定期盘点库存量和设定最低库存量的方式加强仓库管理，仓库保管人员定期盘点库存，一旦发现库存达到最低库存量时，立即上报物资管理部门，并由物资管理部门组织订货，将其补齐到最高库存量。但对 C 类物资实施采购时也要结合市场实际，当某类物资在某个时点上的市场价格较低时，可对该类物资大批量采购；当市场价格较高时，施工企业应小批量采购，只需满足当期施工需求即可。对提供 C 类物资的供应商不实施考核，只要发现存在产品质量问题，就取消其合作资格。物资分类管理要求如表 3-6 所示。

**表 3-6　　物资分类管理要求**

| 管理项目 \ 物资类别 | A | B | C |
|---|---|---|---|
| 储备定额的综合程度 | 分品种甚至分规格 | 分大类品种 | 按该类总金额 |
| 储备定额的查定方式 | 按经济批量模型计算 | 可按加权平均法 | 可按经验分析法 |

续表

| 物资类别<br>管理项目 | A | B | C |
|---|---|---|---|
| 保险储备量 | 尽可能减少 | 一般 | 可多一些 |
| 统计 | 详细统计 | 一般统计 | 按金额统计 |
| 控制程度 | 严格控制 | 一般控制 | 按金额控制 |
| 检查情况 | 日常检查或周检查 | 周或月检查 | 季或半年检查 |
| 采购权限 | 股份公司或集团公司采购 | 工程公司采购 | 项目部采购 |
| 订货方式（结合施工企业实际确定） | 结合施工企业实际划期订货管理 | 可定量订货 | 可采取定量不定期订货方式 |
| 采购方式 | 招标采购 | 招标或询价采购 | 零星采购 |
| 供应商管理 | 重点管理、定期考核 | 一般管理 | 不考核 |

# 第4章
# 物资计划

物资计划是物资采购、供应的基础，是施工企业正常施工的保障，计划编制不合理或计划上报不及时，直接影响物资的采购、供应情况，进而影响施工企业的正常施工以及工程质量。因此，物资计划编制是企业物资管理的核心，物资计划管理是准确编制计划、及时上报计划的保障。本书从这两个方面研究物资计划，以规范计划编制程序，加强物资计划管理。

## 4.1 物资计划的编制

物资计划的编制是施工企业项目正常施工的前提和保障。主要包括计划编制前的准备工作，计划编制过程、计划的变更以及计划的审核报备。施工企业要想做好物资计划的编制工作，应充分挖掘这几个方面潜力。

### 1. 计划编制前的准备工作

在物资计划编制之前，物资部应组织相关人员对所需的物资进行市场调查，了解市场物资的供应渠道、市场供应价格情况，并由专业人员编制《材料预算单价》（见附表 4-1）。工程部门应根据施工图纸认真核算分项工程所需物资的数量，并制定分项工程消耗定额，出具物资清单；依据施工进度、施工计划并考虑物资储备因素，罗列出物资所需的名目并估算出所需的数量，制定并上报物资需求清单。财务部依据物资采购计划制定物资资金预算，以控制物资采购成本，并为采购行为准备必要的资金。

### 2. 计划的编制

按照计划的用途，施工企业常用的计划主要有物资需求计划、物资申请计划、物资采购计划和资金预算计划。依据执行计划的时间，计划又可分为年计划、季计划、月计划等三类。为编制科学、合理的计划，应依据一定的程序编制计划。

（1）各建设项目及工程部门按照材料使用方向，分单位工程，根据施工图纸核算单位工程所需物资的数量，做好工程用料分析并根据计划期内应完成的施工任务量、消耗定额及下一步施工中需提前加工准备的材料数量，编制《物资需用计划》（见附表 4-2）。施工单位提交的物资需用计划，应按图纸及定额规定的损耗率作为当期物资的控制量。当图纸没有到位时，先按招投标清单中的材料量编制总量需求计划。图纸每到一批，工程部及时计算出材料需求量，书面报物资部，物资部及时调整总量需求计划。

（2）在编制《物资申请计划》及《物资采购计划》（见附表4-3、4-4）时，应首先根据《物资需求计划》分析满足当期施工进度所需的物资种类、物资数量，然后盘点当前库存量，并结合物资计划期末周转储备，按照计划编制权限编制计划。《物资申请计划》需上报上级物资供应部门，由上级物资供应部门组织采购、供应。通常在提报申请计划时，要附需用量与储备量的核算表以及对该计划进行全面的技术经济论证的文字说明。物资采购计划应结合物资的分类，和分部工程提交的物资需用计划，以及由分部工程技术部门会同计划部门依据工程图纸按施工计划和施工进度提供的书面技术交底来编制。技术交底包括建筑项目或主要单项工程名称、物资名称、规格型号、质量标准、分项工程数量和供货时间等。

（3）根据物资资金预算编制资金预算计划。一方面可以有效地控制采购成本；另一方面可为采购物资准备必要的资金，使物资采购计划顺利执行，并有效地提高资金周转能力。

### 3. 计划的调整

对因变更设计、施工进度或资金预算调整需调整物资计划的，要及时补充和完善计划内容。物资计划需调整时，需由相关人员，如项目专业工长、材料员、材料主管、项目经理等，及时通知本级或上级物资管理部门负责人，本级或上级物资管理负责人在接到计划变更的通知后，应在第一时间通知计划部门以及采购部门。若以电话形式通知本级或上级物资管理负责人的，应在一个工作日内以书面或传真形式补办计划调整手续。此外，计划调整报告需注明计划调整的原因，并由项目经理签字。计划需调整时相关人员以及相关部门应及时做出响应，避免因调整不及时而影响施工进度或造成采购过多，库存积压。

### 4. 计划编制的审核报备

物资计划要严格执行审批报备程序。物资需求计划由分部总工程师、工程部负责人、主管领导审批后，按时上报物资部核备；物资采购计划编制完毕后，应送工程、计划、财务部门会签，并报单位主管领导审批。物资采购计划经本级相关部门审核后应逐级上报，工程公司项目部采购计划上报工程公司物资部门，由工程公司物资部门上报集团公司物资部门，抄送集团公司物资采购中心和股份公司物资采购区域中心；集团公司项目部采购计划上报集团公司物资部门，抄送集团公司物资采购中心和股份公司物资采购区域中心。顾客提供物资的工程项目即甲供物资，物资采购计划应按照业主的规定和要求编报。

## 4.2 物资计划的管理

物资计划管理是物资采购、物资供应工作的基础。施工企业物资的采购与供应是以物资计划为基础的。合理科学的物资计划，能够有效地降低工程成本，节约企业资金，提高企业物资管理效率。而且物资计划管理能够从制度层面发挥内部控制的作用，通过科学地编制物资计划，使物资供应合理有序，确保物资供应的连续性与稳定性。因此，施工企业应合理科学地编制物资计划，加强物资计划管理。课题组认为，完善物资计划管理机制以及加强物资计划阶段性管理是加强物资计划管理、制定合理科学的计划的两个重要手段。因此，应主要从这两个方面入手，对物资计划进行有效管理。

### 4.2.1 完善计划管理机制

#### 1. 完善物资计划管理工作机制

物资计划的制度化、规范化是编制科学合理计划的保证。施工企业应从以下两个方面完善物资计划管理工作机制：

一是施工企业应制定企业《物以及资计划管理实施细则》，按照需用计划、申请计划、采购计划三种类型，明确业务管理和操作主体职责，规范计划编制、审核、执行、考核及责任追究等各环节的业务程序。工程部门制定《物资计划管理办法》，合理控制物资消耗，规范物资计划编制、审核流程，明确物资管理人员的责任，使物资计划制度化、规范化，以保证计划管理和操作有章可循。

二是设置计划岗位。物资计划工作应由专门部门以及业务人员负责。一方面，施工单位应设置计划岗位，负责该单位物资计划的编制、上报，分析并监督计划执行情况；另一方面，施工企业应设立计划部门以及计划岗位，负责本企业物资消耗情况研究，负责审核物资计划，监督物资执行情况。

2. 加强物资需求分析

物资计划的前提是物资需求分析，只有物资需求分析合理，物资计划才能起到实质性的作用。如果盲目制定物资计划，不能满足施工需求，那么物资计划就没有指导意义，反而会增加企业管理成本。因此，为保证物资计划的指导性、控制性作用，施工企业应加强物资需求分析工作。本书认为，施工企业应从以下三点加强物资需求研究工作：

一是施工企业应建立物资消耗数据库。施工企业应按照工程规模、消耗物资品种建立物资消耗数据库，物资管理人员应及时登入工程物资消耗情况，并通过查询以往物资消耗信息，制定当期物资用料计划。计划执行后，物资管理人员应审查计划制定的合理性，并将当期物资消耗情况录入物资消耗数据库内，注明当期物资计划制定是否合理以及不合理的原因。此外，物资管理人员应借助于物资消耗数据库平台定期分析物资需求情况，探索研究物资需求规律以及物资采购周期，以便加强物资需求分析工作并有效地控制物资消耗。

二是施工企业应实行物资消耗定额管理。施工企业应依据施工任务以及物资合理损耗量，制定物资消耗定额。此外，在制定物资消耗定额的同时，应设置物资奖惩制度，否则实行物资消耗定额管理将没有实质性的意义。每月底，物资管理人员应将物资消耗情况与物资消耗定额对比，计算出节超量并依据物资奖惩制度实施相应的奖惩，为加强物资需求计划管理提供基础依据。

三是加强对计划人员的培训，提高物资计划的准确性。物资计划人员要不断学习工程知识和物资业务知识，加强自身建设，增强应变能力，并注重对各类工程项目的物资消耗资料的积累，建立档案，经常研究，从中找出规律。只有这样，物资计划员的素质才能得到提升，物资计划的准确性才会得以保证。

### 4.2.2 计划阶段性管理

1. 计划编制前管理

在编制计划前，应做好准备工作，为编制物资计划打下基础。

**(1) 对物资市场进行调研**

物资部组织人员对物资市场进行调研，了解供货渠道、供货价格等相关信息，为编制物资计划做好准备工作。主要做法有：

◆ 查询公司当期其他项目或本项目早期的物资管理数据（工程材料价格、当地运杂费市场价），并进行统计、分析，计算出当期主要物资的平均市场价格，统计出物资的货源。

◆ 选择每种物资的三至五家资质供应商，以索要物资报价单或现场咨询（至少两人在场）、电话咨询（需有录音）等方式获得所购物资的价格质量信息，并进行统计、分析，计算出当期主要物资的平均市场价格。

◆ 登入中国铁建电子商务平台，查询物资的货源以及物资价格。

**（2）确定物资需用量、储备量及采购量**

物资需用量、储备量及采购量的计算方法见表 4-1。

**表 4-1　材料计划指标的确定**

<table>
<tr><td rowspan="2">物资需用量</td><td>直接计算法</td><td>材料需用量＝计划工程量×材料消耗定额</td></tr>
<tr><td>间接计算法</td><td>1. 动态分析法：<br>$$材料需用量=\frac{上期实际消耗量}{上期实际完成工程量}×本期计划工程量×材料消耗增减系数$$<br>2. 类似计算法：<br>材料需用量＝类似工程材料消耗定额×计划工程量×调整系数</td></tr>
<tr><td colspan="2">材料储备量</td><td>材料储备量＝计划供应天数×材料平均日消耗量<br>最高储备量＝经常储备量＋保险储备量<br>最小储备量＝保险储备量＝每日需用量×保险储备天数<br>季节性储备量＝季节性储备天数×平均日消耗量</td></tr>
<tr><td colspan="2">材料采购量</td><td>材料采购量＝材料需用量＋计划期末储备量－上期期末结存量－技措降低量＋运输中的合理损耗＋计划期中不合用数量</td></tr>
</table>

◆ 确定物资需用量，首先要核算工程量。工程部门应根据施工图纸认真核算分项工程所需物资的数量，并制定分项工程消耗定额。工程量应与已列出的工程项目相对应，按施工定额的有关工程量计算规则进行计算。凡是能直接利用的施工图预算的工程量可直接利用，以便提高物资计划的编制效率，应注意工程项目和计量单位必须与施工定额规定的相一致。将核算的各项目工程量，及其相应已列的工程子目和计量单位，按施工定额顺序排列，填写在物资计划各分部工程的“材料分析表”中。计算物资需用量主要有两种方法[1]：直接计算法、间接计算法。直接计算法是直接利用材料消耗定额计算材料需用量。当不能直接利用材料消耗定额计算材料需用量时，可采取间接计算法。确定物资需用量后，还应按照计划期内的工程进度确定分期需用量，如根据年需用量确定季需用量，根据季需用量确定月需用量，并制定相应的划期计划（见附表 4-5、4-6）。

◆ 制定合理、科学的物资储备量是提高仓库管理效率的有效手段，是制定物资采购计划的主要依据。材料储备量是由计划供应天数以及材料平均日消耗量决定的。此外，为了在施工需求量增加或是物资供应短缺的情况下仍能保证正常施工，施工单位应设置必要的保险储备量。物资最高储备量不得高于经常储备与保险储备之和，因为物资储备量过高会影响企业资金周转能力，增加企业仓库管理成本。必要时，施工单位应考虑季节性储备。季节性储备是指由于物资的供应（生产或运输）有季节性，为保证施工的正常进行而建立的物资储备。季节性储备量由季节性储备天数以及平均日消耗量决定。

◆ 物资采购量除受物资需求量、储备量影响外，还受到其他因素的影响。如上期末预计结存量、计划期中不合用数量、技措降低量、合理损耗等。物资需求量加上物资储备量，再平衡其他因素影响的量，便是物资供应量。其中，上期末物资结存量是指上期末物资消耗后剩余的物资量；计划期中不合用数量是指由于规格、型号不满足施工要求而需扣除的数量；技措降低量是指采用代用材料或技术措施后，冲抵的材料消耗量和材料消耗降低的数量；合理损耗是指物资在采购过程中合理损耗的数量。

**(3) 明确物资集中采购范围及分工**

明确物资集中采购范围及分工（见表 4-2），为计划的编制、审批及执行工作做好责任划分。依据物资集中采购权限，物资集中采购主要分为股

[1] 张雅维. 公路施工企业材料管理 [D]. 西安：长安大学，2008：13-14.

份公司集中采购、集团公司集中采购、工程公司集中采购以及项目部自行采购。采购权限不同，物资计划的编制主体、审核流程、计划执行主体也不同。

表 4-2　　　　物资集中采购范围及分工

| 序号 | 物资集中采购范围 | 采购合同主体 | 组织单位 |
| --- | --- | --- | --- |
| 一 | 甲供物资 | 建设单位 | |
| 二 | 甲控物资 | 集团公司项目部 | |
| 三 | 自购物资 | | |
| 1 | 股份公司承建、投资项目主要物资 | 集团公司项目部 | 股份公司 |
| 2 | 同一建设项目由股份公司所属两家以上单位承建的项目主要物资 | 集团公司项目部 | 股份公司 |
| 3 | 钢轨、线上料、成品油、民爆器材 | 集团公司项目部 | 股份公司 |
| 4 | 钢材及制品（含钢结构、钢板桩）、水泥 | 集团公司项目部 | 股份公司 |
| | | 工程公司项目部 | 集团公司 |
| 5 | 粉煤灰、外加剂、商品砼、防水材料、土工合成材料、锚具、锚杆、电线电缆、沥青、桥梁支座等 | 集团公司项目部 | 集团公司 |
| | | 工程公司项目部 | |
| 6 | 工具、电料、小型机具、地材等 | 集团公司项目部 | 集团公司 |

◆ 属股份公司集中采购的物资主要有：股份公司承建、投资的项目主要物资；同一建设项目由股份公司所属两家及以上单位承建的项目主要物资；钢材制品（含钢结构、钢板桩）、水泥、钢轨、线上料、成品油、民爆器材。属股份公司集中采购的物资，由用料单位编制物资需用计划并审核合格后，报集团公司审阅，集团公司审阅合格后将物资需用计划上报股份公司，经股份公司审批后，由股份公司项目部制定股份公司集中采购计划并报股份公司物资部门，由股份公司物资部组织采购、供应。

◆ 属集团公司物资集中采购的物资主要有：不宜由股份公司组织集中采购的钢材及制品（含钢结构、钢板桩）、水泥；粉煤灰、外加剂、商品砼、防水材料、土工合成材料、锚具、锚杆、电线电缆、沥青、桥梁支座等可集中批量采购的物资；工具、电料、小型机具、劳保用品等其他物资。属集团公司采购的物资，由用料单位编制物资需用计划并审核合格后，上报集团公司，审核通过后，由集团公司项目部根据汇总的用料单位物资需用计划编制集团公司集中采购计划并上报集团公司物资部门，集团公司物资部门将集团公司集中采购计划上报股份公司审核报备并组织采购、供应。

◆ 工程公司集中采购的物资主要是股份公司、集团公司不宜集中采购，或委托公司采购的物资。由公司集中采购的物资，由各项目部编制物资需用计划并上报公司审核，公司审核批准后，将各项目物资需求计划汇总并制定物资采购计划，并报集团公司审核报备，集团公司审核通过后由公司物资部组织采购、供应。

◆ 项目部、项目管理部集中采购的物资主要是不能批量集中采购的工具、电料、小型机具、劳保用品等物资或公司委托由项目部、项目管理部代其招标的物资。由项目部、项目管理部采购的物资，由项目部工程部门编制物资需用计划并报公司审核，公司审核批准后，上报集团公司报备，由项目部、项目管理部组织采购、供应。

2. 计划编制过程管理

**(1) 编制计划及申报时应遵循的原则及要求**

编制计划及申报时应遵循的原则及要求如下：必须根据施工计划和施工进度要求，认真严肃地编制；坚持合理储备，既要满足施工进度需求，又不能造成物资积压；坚持最大化降低采购成本。一方面要充分利用库存资源，另一方面坚持就地取材；组织调查了解物资来源、运输条件、合理确定到站、运输方式，降低运输费用，减少运输损耗；编制物资计划应规范，尽可能详尽地填写清楚物资的类别、名称、规格型号、计量单位、数量、交货状态及质量要求、编制日期等。采购计划应注明单价、金额、使用部位或用途、物资供方单位、交货期等；物资总量计划应随着施工图纸的陆续到达随时修订，随实物工程量的变化而变化，业务部门应保证物资总量计划的相对准确，对工程项目物资总量计划实行动态管理；物资计划申报实行“谁提报、谁负责”的原则，属于甲供、甲控和部分数量偏大的物资，各项目部要上报工程公司项目经理部主管部门；需求计划要求准确无误，严禁粗大冒估、宽报窄用。凡是迟报、误报、错报、漏报计划等，造成的一切经济损失由责任单位负责；物资采购计划应根据施工进度分批进货，适时适量供应；当物资采购计划总量达到总量需用计划时，物资部应及时与工程部、计划部核对材料总需求计划量，查明原因，禁止超过材料总量需用计划进行物资采购；各级物资部门必须从工程实际出发，正常考虑各类物资的合理损耗率，保证物资计划的严肃性、预见性和准确性，并根据工程进展的实际情况，在计划执行过程中及时调整、总结、分析，不断提高计划编制的科学性；项目部物资业务主管，要全面掌握参建队伍及总体工程任务分布情况，明确主要物资供应渠道，保持与甲方及上下级业务关系的顺畅，协调所属施工队伍之间的业务沟通。

**（2）及时上报物资计划**

材料需求计划是材料供应的依据。只有物资计划及时申报，才能保证物资的及时供应，才能有效地降低采购成本。物资从市场调研到现场验收再到现场消耗使用，中间要经历很多环节，每道环节都要花费一定的时间。计划的及时上报，能够为物资部门采购物资留出足够的时间，确保物资采购的质量，并为后续管理环节留出充足的时间，以保证相关手续的完整性。物资需求计划上报时间具体要求为：物资总需求计划要求工程项目开工后的 3 个月内上报；年度物资申请计划要求年度 11 月 20 日前上报；季度需求计划要求上季度末 15 日前上报；月需求计划要求每月 20 日前上报。物资采购计划的及时性是物资管理部门实施采购的保障，是工程顺利施工的前提。一般所有材料（包括甲供、甲控）都要提前 45 天上报采购计划到公司物资部，由公司物资部人员把材料计划录入到股份公司的商务平台，进行采购权限的审批。计划上报的时间要求如表 4-3 所示。

**表 4-3　计划上报的时间要求**

| 计划名称 | 上报、执行时间 |
|---|---|
| 物资总需求计划 | 工程项目开工后的 3 个月内上报 |
| 年度物资申请计划 | 年度 11 月 20 日前上报 |
| 季度需求计划 | 上季度末 15 日前上报 |
| 月需求计划 | 每月 20 日前上报<br>执行时间是本月 26 日至下月 25 日 |
| 采购计划 | 执行物资采购前 45 天内 |

**（3）严把计划审核关，确保物资计划的准确性**

强化物资的审批制度，是物资计划有效性的保证。施工企业应规范物资计划审核程序，明确责任，将计划部门、工程部门、物资部门、财务部门等相关部门的审核责任明确，加强各环节的联系，避免计划的不合理，确保计划的科学性。计划部门要严把审批关，对无审批签字的计划，物资部门应拒绝签收。具体审批程序为：编制的物资需求计划，由分部总工程师、工程部负责人、主管领导审批，审批合格后交由物资部门制定物资采购计划；各级物资部门编制的物资采购计划，应交工程、计划、财务部门会签，会签通过方可组织采购。

3. 计划编制后管理

**(1) 严格执行计划、加强核查**

填报的物资计划，除因设计变更、进度变更或资金预算调整等原因外，物资计划一经上报，必须严格执行，不得随意更改。因此，物资计划的编制一定要准确、合理。施工企业应将物资计划编制的规范性、合理性纳入物资管理考核的范畴内。对计划填报不准确、不规范的单位给予相应的惩罚。计划在执行过程中要加强核查工作。做到三个核查，即实际进货数与计划数核查、材料计划与工程量的核查、月度计划与总计划的核查。在月末，物资管理人员根据物资验收单核查物资当月实际进货数，并与月计划数核对，如果相符就说明物资采购人员严格按照计划执行，如果有差异则分析原因并将责任明确到个人；材料计划与工程量进行核对，根据工程当月完成工程量核算物资需用数量并与当月材料计划进行核对，检查当月制定的物资计划是否合理，并为制定下月计划提供指导意见；月度计划与总计划的核查，定期将月计划进行汇总并与总计划进行核对，检查两者之间的偏差，并予以调整。

**(2) 设计变更、进度变更或资金预算调整后及时变更物资计划**

设计变更、进度变更或资金预算调整直接影响物资管理工作，变更或调整后应重新核实物资品种数量，及时调整物资订货进料供应计划。对施工中的变化，要建立工程调度和物资调度联系制度，互相通报工程和物资动态，进行协调。因施工设计变更致使物资需求计划发生增减变更时，应在接到设计变更通知后及时调整上报，增减原则为：

◆ “月度需求计划”可调整为“季度需求计划”并说明原因，但应控制在10%。

◆ 变更需求计划必须在物资发货前提出，已发货或在路途中的物资不予调整变更，申请调整变更的物资发货准备期不少于7天。

◆ “特殊物资”提出增减计划，要根据订货合同条款，跟供应商协商签订补充合同后才能调整，所以各分部在提报特殊物资计划时，应综合考虑生产周期和运输时间，回避计划调整风险。

## 4.3 物资计划流程图

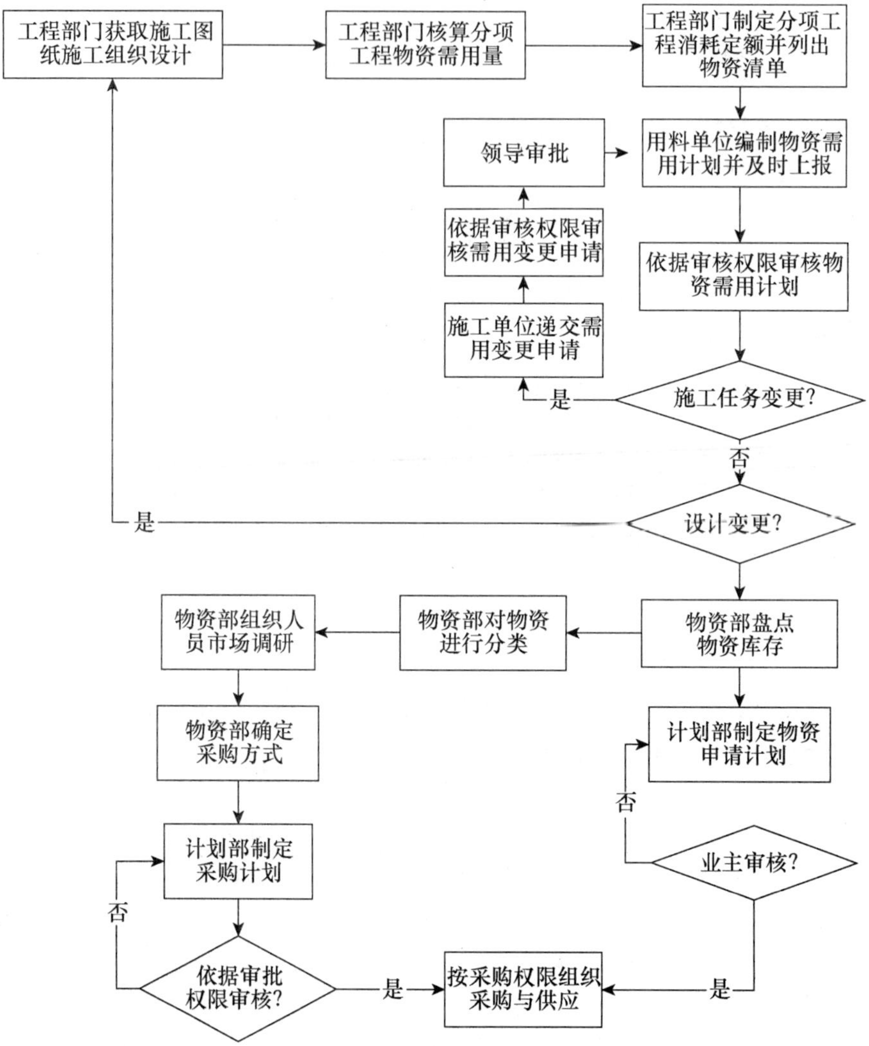


图 4-1 物资计划流程

## 附　件

**附表 4-1　　材料预算单价**

工程名称：　　　　　　　　日期：　年　月　日

| 序号 | 物资名称 | 规格型号 | 计量单位 | 预算单价 |
|---|---|---|---|---|
| | | | | |
| | | | | |

**附表 4-2　　物资需用计划**

项目名称：　　　　　　　　计划编号：

单位名称：　　　　　　　　编制日期：

| 规格型号 | 计量单位 | 需求数量 | 详细情况 | | | 备注 |
|---|---|---|---|---|---|---|
| | | | 到站 | 交货条件及质量要求 | 交货期 | |
| | | | | | | |
| | | | | | | |

单位主管：　　　　　　材料负责人：　　　　　　需用人：

**附表 4-3　　物资申请计划**

项目名称：　　　　　　　　计划编号：

单位名称：　　　　　　　　编制日期：

| 规格型号 | 计量单位 | 需求数量 | 详细情况 | | | 备注 |
|---|---|---|---|---|---|---|
| | | | 到站 | 交货条件及质量要求 | 交货期 | |
| | | | | | | |
| | | | | | | |

总工：　　　　工程部：　　　　物资部：　　　　制表：

**附表 4-4**

**物资采购计划**

采购单位：　　　　编制日期：　　　　计划编号：

A类：重要物资　　　　B类：一般物资　　　　C类：辅助物资

| 序号 | 类别 | 物资名称 | 规格型号 | 计量单位 | 使用单位申报数 | 库存数量 | 物资部核定采购数 | 计划单价 | 计划金额 | 拟定采购方式 | 用途 | 详细情况 | | | 备注 |
|---|---|---|---|---|---|---|---|---|---|---|---|---|---|---|---|
| | | | | | | | | | | | | 到站 | 交货条件及质量要求 | 交货期 | |
| | | | | | | | | | | | | | | | |
| | | | | | | | | | | | | | | | |

项目部：　　　　物资部：　　　　制表：

**附表 4-5**

**年计划分季计划**

项目名称：　　　　计划编号：

编制分部（章）：　　　　需用计划类型：　　　　计划制定日期：

| 序号 | 建设项目及主要单项工程 | 物资名称 | 规格型号 | 计量单位 | 设计需用总数量 | | | 预算 | | 年需用计划 | | | | 本期需用详细情况 | | 备注 |
|---|---|---|---|---|---|---|---|---|---|---|---|---|---|---|---|---|
| | | | | | 设计 | 变更 | 合计 | 单价 | 合计 | 一季度 | 二季度 | 三季度 | 四季度 | 到站 | 交货状态及质量要求 | |
| | | | | | | | | | | | | | | | | |
| | | | | | | | | | | | | | | | | |
| 注：收货人：　　联系电话：　　传真：　　QQ号：　　电子邮箱： | | | | | | | | | | | | | | | | |

分部总工：　　　　工程部：　　　　物资部：　　　　制表：

**附表 4-6**

## 季计划分月计划

项目名称：　　　　　　　　　　　　　　　　　　　　计划编号：

编制分部（章）：　　　　　　需用计划类型：　　　　　　计划制定日期：

| 序号 | 建设项目及主要单项工程 | 物资名称 | 规格型号 | 计量单位 | 设计需用总数量 | | | 预算 | | （　）年需用计划 | | | | 本期需用详细情况 | | 备注 |
|---|---|---|---|---|---|---|---|---|---|---|---|---|---|---|---|---|
| | | | | | 设计 | 变更 | 合计 | 单价 | 金额 | 合计 | （　）季度 | | | 到站 | 交货状态及质量要求 | |
| | | | | | | | | | | | 月 | 月 | 月 | | | |
| | | | | | | | | | | | | | | | | |
| | | | | | | | | | | | | | | | | |

分部总工：　　　　　　工程部：　　　　　　物资部：　　　　　　制表：

第5章

# 物资采购

施工企业采购物资的方式主要有三种：招标采购、询价采购、零星采购。这里的采购方式是指施工企业获取所需物资的形式与方法。对于施工企业来说，选择合适的采购方式非常重要，它决定了企业能否有效地组织采购、及时供应物资，以保证正常施工以及降低物资采购成本。课题主要研究这三种采购方式，并针对不同的采购方式，采取不同的管理策略，从而达到降低施工企业采购成本的目的。

## 5.1 物资招标采购

### 5.1.1 物资招标采购内涵及意义

物资招标采购是物资采购方式中最规范、最科学的一种采购方式，同时也是施工企业采购大宗物资、主材时最经常采用的采购方式。招标采购主要包括招标、投标、评标、定标等环节，在各环节中，供需双方都要遵守《中华人民共和国招投标法》，以保证招标的公平、公正、公开。

实行招标采购可以有效地避免采购中的徇私舞弊现象，保证采购的公平、公正。凡有资质的供应商均可参加投标，且开标定标过程均公开，有效地杜绝了徇私舞弊现象；实行招标采购，能够保证采购物资的质量。招标单位对有资质的供应商进行审查，并由评标委员会对投标文件及投标人进行初评和详评，确保价低、质优、信誉好的供应方中标，从而保证了物资的质量；实行招标采购能够有效地降低采购成本，提高企业经济效益。招标采购中标单位多为经济实力较强、信誉较好、规模较大的供应商，施工企业与此类供应商合作，能够有效地降低后续的采购管理费用，并能减小发生经济纠纷的风险，从而降低了采购成本，提高了企业的经济效益。

物资采购招投标有三种形式：

（1）公开招标。由招标组织部门向社会发布招标公告，具备合格产品和服务的生产制造或供应厂商参与竞标活动的招标。

（2）邀请招标。由招标办公室向资质条件符合要求的三家或三家以上的单位发出邀请进行竞投标活动的招标。邀请招标方式适用情形为：只有少数供应商能够满足施工企业在某方面的技术要求或质量要求的；实行公开招标方式成本较大的。

（3）协商招标。对不宜或不必采取上述两种招标方式的物资，可采取协商招标方式。协商招标由招标组织部门选择三家或三家以上符合资质条件的供应商进行议标的方式。招标组织部门应根据采购物资的名目、批量、招标预算并结合招标单位实际情况选择其中一种方式。施工企业实行招标采购必须有三家以上有资质的供应商参加投标；低于三家，施工企业应重新组织招标，或采取其他方式进行采购。

### 5.1.2　物资招标采购流程

为了使招标采购能充分体现公开、公平、公正及竞争和效益原则，作为集中采购机构，完整的招标采购过程一般应分为招标准备阶段、招投标阶段、开标定标阶段这三个阶段。

#### 1. 物资招标准备阶段

**(1) 物资招标策划**

招标活动关系到物资采购成本的高低，在施工企业中属大型活动。因此，在开展招标活动前，应做好招标策划工作。招标策划程序主要为：

◆ 明确招标物资的名称、规格型号以及招标数量。

◆ 研究并确定招标标底。

◆ 研究确定开展招标各环节的时间，并对每一环节做好初步规划。

◆ 确定评标方法及评标委员会名单。在招标之前，招标组织单位应研讨确定评标方法，且评标办法一经确定不允许更改。评标委员会由招标人或其委托的招标代理机构熟悉相关业务的代表，以及有关技术、经济、合同等方面的专家组成，专家成员应当从省级以上人民政府有关部门提供的专家名册或者招标代理机构的专家库内的相关专家名单中确定。成员人数为5人以上单数，其中技术、经济等方面的专家不得少于成员总数的2/3。

◆ 确定招标方式。招标组织单位应依据法律法规或相关规章制度，并结合项目的特点以及综合考虑物资招标成本，确定物资招标方式。

◆ 上报物资招标计划。在物资招标前，项目部或工程公司应向上一级物资部门上交物资招标计划（见附表5-1），待审核通过后，着手组织有关招标的事宜。

**(2) 编制出售招标文件以及编制或审核标底**

招标文件主要包括：投标人须知、合同文件、物资需求一览表、技术规格书、评标方法、投标文件格式等。招标文件样式详见书后附录。招标文件在发售时，应做好招标文件发售的登记工作，由招标办管理人员填制《招标文件发售登记表》（见附表5-2），便于日后的核对。在组织招标工作开始前，应组织编制标底报送招投标管理机构审核，并在开标前做好保密工作。

2. 招标投标阶段

**（1）发布招标公告**

招标公告主要包括招标条件、项目概况与招标内容、投标人资格要求、售标书的时间地点以及价格、投标文件递交地点及截止日期、联系方式等。招标公告的发布渠道主要有公司招标组织部门认定的有关报刊、媒体或信息网络。采取邀请招标的无须发布招标公告，只需向受邀单位发出投标邀请书即可。

**（2）资格预审**

对投标人填报的资格预审文件进行评定。主要审查投标人的资质条件、产品质量、人员能力、设备和技术能力、财务状况、纳税人身份、工程经验、企业信誉等。资格预审后应向合格的投标申请人发放资格预审合格通知书，并向不合格的投标申请人发放资格预审结果通知。

**（3）招标文件答疑和补遗**

在开标之前，招标组织单位应设立答疑和补遗环节。投标人应在购买招标文件后，仔细翻阅，查看有无缺页现象，有无漏印错印现象，如发现存在上述情况，需及时告知招标组织单位，招标组织单位应对此及时做出回应，避免影响投标人对招标文件的全面性理解。若投标人对招标文件的内容存在疑问，可在开标前3天以约定方式向招标单位咨询。招标单位应于开标前在商务平台上发布并发出书面通知所有潜在投标人，对投标单位的咨询做出回应。投标人接收通知后需及时做出回复，以表明对招标单位的解答无异议且意思完全理解。

**（4）投标人递交投标文件**

投标文件应包括投标函、投标保证金复印件（如为投保保函）、投标人法定代表人授权书、投标物资报价表、物资描述表、物资报价成本分析表、法人营业执照（复印件）、企业税务登记证（复印件）、偏离表、投标人资格声明、生产许可证及明细（复印件）、投标人近两年经会计师事务所出具的审计报告及财务报表（复印件）、生产组织供应能力说明、组织供应运输应急保障及售后服务方案、近两年同类项目同类物资中标业绩及履约情况说明表并附相关证明材料（附中标通知书、合同及用户证明复印件）、投标人情况、投标人生产、检验设备及来源证明文件、投标物资的生产质量保证措施、近三年内省部级以上检验检测机构出具的投标物资主要规格的质量检验报告、投标人须提供投标物资运达施工现场后的保护措施和要求、投标人认为需要补充的其他文件或资料等。招标工作小组应安排专人在公告指定的时间和地点接收投标文件。专人在收取投标文件时，应检查投标文件是否加盖公章，是否密封，且专人应组织投标文件递交人在《递交标书签到表》（见附表5-3）上签字确认，并给投标单位出具接收证明。

3. 开标定标阶段

**（1）开标**

投标结束后，应按约定的时间、地点举行开标会议。出席开标会议的投标人应为投标单位法定代表人，但若法定代表人有特殊情况不能出席时，可委托授权代理人参与，如果是授权代理人，招标工作小组应检查其《法定代表人授权书》。开标会议由物资采购招标工作小组组织并主持；开标会议应有使用单位人员参与，招标监督工作小组人员到场监督。同时，招标监督工作小组可根据需要从公司或局内部邀请2～4名专业技术管理人员参与开标评标工作；开标前，开标会议主持人应公布参与投标的单位以及出席开标会议的人员名单，并宣布评标方法、原则；开标时，招标督查人员应现场检查投标文件是否密封、检查投标文件以及相关资料的完整性，并公布检查结果。读标人应宣读投标单位在投标致函信中涉及的关于投标的相关信息，如附加条件、替代方案等。记录人员应依据投标价由高到低依次登入相应表册内，并由督查人、读标人、记录人共同签字，作为开标的正式记录；开标后，任何投标人都不允许再更改标书内容和报价，也不允许再增加优惠条件。

**（2）评标**

评标主要包括两个阶段：初评、详评。经初评合格后的投标人及投标文件方能进入详评阶段。

◆ 初评阶段。初评主要审查投标人的资格、审查投标报价以及检查投标是否存在偏差。①对投标人的资格，主要审查投标单位是否符合法律要求；审查投标人纳税人身份是否是一般纳税人；审查投标人是否已获得ISO 9000

质量管理体系认证；审查投标人是否具有履行合同的能力和相关工程有无不良品质质量、服务评价意见；审查投标人是否具有良好的企业信誉以及最近两年有无连续亏损现象等。根据审查结果，由评标人员在《资格审查表》（见附表 5-4）上做好审查记录并认真填写审查结论。②对投标报价，主要审查投标报价有无算数性计算错误，是否为不含税价格以及报价是否明显高于市场价或明显低于成本价。如果投标报价中有算法性计算错误，评标委员会应按照一定的原则进行修正。如果投标人拒绝接受评标委员会修正后的价格，则投标应做废标处理。如果投标人报价是含税价格，则应该调整为不含税价格。如果投标人不接受调整后的报价，其投标将做废标处理。如果投标人报价（不含税）高于市场最高价的一定百分比（具体比例应根据具体项目具体划定）时，则视为投标报价明显高于市场价，应做废标处理。如果投标人报价（不含税）低于所有通过资格审查的投标人投标报价平均值的一定百分比（具体比例应根据具体项目具体划定）时，则该投标报价视为低成本报价，应做废标处理。评标委员会对投标人报价评审时应及时填制《投标报价校核评审表》（见附表 5-5），以便日后备查。③投标偏差包括重大偏差和细微偏差。下列情况属重大偏差：没有按照招标文件要求提供投标担保或者提供的担保有瑕疵；投标文件没有投标人授权代表签字和加盖公章；投标文件载明的招标项目完成期限超过招标文件规定的期限；明显不符合技术规格、技术标准的要求；投标文件载明的货物包装方式、检验标准和方法等不符合招标文件的要求；投标文件附有招标人不能接受的条件；不符合招标文件中规定的其他实质性要求。招标文件中有上述情形之一的，即为未能对招标文件做出实质性响应，应由评标委员会在《重大偏差描述表》（见附表5-6）上对重大偏差做出详细说明，并由评标人员以及复核人员签字确认，并对此投标文件做废标处理。细微偏差是指投标文件对招标文件做出实质性响应，但存在漏项或信息不完整的情况，且补充完整信息不影响招标的公平性。存在细微偏差的投标文件也属有效文件。初步评审后评审人员应对评审结果进行汇总，填制《初步评审汇总表》（见附表 5-7）。

◆ 详评阶段。初审结束后，评标委员对初审合格的投标文件做进一步的详审。详审的重点是投标单位的技术部分以及商务部分。①商务评审主要审查：投标人递交的投标函，投标保函，法定代表人授权委托书，制造厂资格声明，营业执照以及税务登记复印件，ISO 9000 质量管理体系认证证书复印件，投标物资交货数量、交货期及交货地点，投标物资报价表，物资描述表及报价成本分析表，投标人经验和业绩，审计报告及经审计的财务报表，供应运输及售后服务方案等文件，并由评标人员认真填制《商务评审表》（见附表5-8）。②技术审查主要审查投标人是否提供了合格的以下文件：规格型号、产品质量检测报告、主要原材料来源及质量控制、投标物资的生产组织供应能力分析、生产质量保证措施、生产设备及检验设备、投标物资主要技术指标和性能。在对投标人的技术进行审查时，评标人员应认真填制《技术评审表》（见附表5-9）并对评审进行汇总，编制《评审汇总表》（见附表5-10）。

**（3）评标委员会推荐中标候选人并出具评标报告**

◆ 推荐中标候选人。对于采取经评审的最低投标办法进行评标时，评标委员会对经初评、详评均合格的投标单位，按照投标价由低到高排列，并推荐排名前3的投标单位为中标候选人。对采取综合评价法评标时，评标委员会对经过初评、详评均合格的投标单位的投标价、资格、信誉、财务状况、产品质量保证能力、技术响应状况、供给方案等进行综合评价并打分，打分标准参考表5-1，招标委员会按照打分由高到低排列，并推荐排名前3的投标单位为中标候选人。评标委员会确定中标候选人后，应及时上报《中标候选人推荐表》（见附表5-11），便于采购单位及时做出决策。

◆ 出具评标报告。评标报告由全体评标委员及监督人共同签字确认。如评标委员会成员对评标报告有异议，而拒绝在评标报告上签字，可以书面上报招标组织单位并说明理由。如评标委员会成员拒绝在评标报告上签字且不上报说明理由，则视为对评标报告无异议。

**（4）定标**

招标单位根据评标委员会上报的《中标候选人推荐表》及《评标报告》，经过协商之后确定中标单位，在定标之后7日内向中标单位发送中标通知书，同时通知未中标单位，并按约定时间退还投标保证金。

**表5-1　　评标标准**

| 序号 | 评审内容 | | 分值 | 评分标准 |
|---|---|---|---|---|
| 一、商务部分（合计20分） | | | | |
| 1 | 投标人的财务状况 | 3 | 2～3分 | 投标人财务状况良好，具备实施本项目合同较强的资金保障能力 |
| | | | 1～2分 | 投标人财务状况一般，具备实施本项目合同的资金保障能力 |
| | | | 0～1分 | 投标人财务状况差，基本具备实施本项目合同的资金保障能力 |

续表

| 序号 | 评审内容 | | 分值 | 评分标准 |
| --- | --- | --- | --- | --- |
| 2 | 投标人纳税人身份 | 5 | 3～5分 | 投标人纳税人身份为一般纳税人，可以开具增值税专用发票 |
| | | | 1～3分 | 投标人纳税人身份为小规模纳税人，可以找税务局代开增值税专用发票 |
| | | | 0～1分 | 投标人纳税人身份为个体户，不能开具增值税专用发票 |
| 3 | 投标人业绩和信用 | 3 | 2～3分 | 近三年来同类物资的销售数量大，并在多个类似工程中使用，无合同违约现象，多次获得用户好评 |
| | | | 1～2分 | 近三年来同类物资的销售数量较大，并在多个类似工程中使用，无合同违约现象 |
| | | | 0～1分 | 近三年来同类物资的销售数量较少，未曾在类似工程中使用，合同履行情况欠佳 |
| 4 | 组织供应、运输、服务方案 | 6 | 4～6分 | 组织供应、运输方案具体、完整、合理，有完善的服务方案和应急预案 |
| | | | 2～4分 | 组织供应、运输方案具体、完整、基本合理可行，有服务方案和应急预案 |
| | | | 0～2分 | 组织供应、运输方案欠合理，服务方案和应急预案欠完善 |
| 5 | 投标文件的编制情况 | 3 | 2～3分 | 投标文件制作和格式完全符合招标文件要求，文字表述准确，无错漏现象 |
| | | | 1～2分 | 投标文件制作和格式基本符合招标文件要求，文字表述基本准确，有个别错、漏现象 |
| | | | 0～1分 | 投标文件制作和格式不符合招标文件要求，文字表述不准确，有较多的错漏现象 |
| 二、技术部分（合计10分） | | | | |
| 6 | 制造生产能力 | 2 | 1.5～2分 | 对招标物资所投入的生产、检测设备齐全、先进，具备充足的供应能力 |
| | | | 0.5～1.5分 | 对招标物资所投入的生产、检测设备配置基本合理，具备本项目的供应能力 |
| | | | 0～1.5分 | 对招标物资所投入的生产、检测设备配置欠合理，基本具备本项目的供应能力 |

续表

| 序号 | 评审内容 | | 分值 | 评分标准 |
| --- | --- | --- | --- | --- |
| 7 | 制造生产经验 | 2 | 1.5～2 分 | 生产经验丰富，投标产品或同类物资生产历史长久，生产技术和工艺成熟 |
| | | | 0.5～1.5 分 | 具备生产经验，投标产品或同类物资生产历史较长，生产技术和工艺基本成熟 |
| | | | 0～1.5 分 | 具备一定的生产经验，投标产品或同类物资生产历史较短，生产技术和工艺欠成熟 |
| 8 | 产品质量保证能力 | 3 | 2～3 分 | 质量保证措施切实可行、合理、可靠；主要原材料、外协件来源清楚、质量检测控制手段合理有效 |
| | | | 1～2 分 | 质量保证措施基本可行，较合理、可靠；主要原材料、外协件来源清楚、质量控制手段可行 |
| | | | 0～1 分 | 质量保证措施可行性差，欠合理；主要原材料、外协件来源不清楚、质量控制手段欠合理 |
| 9 | 技术响应 | 3 | 2～3 分 | 投标物的各项性能和指标优良、质量水平和技术参数完全满足招标文件的要求 |
| | | | 1～2 分 | 投标物的各项性能和指标合格、质量水平和技术参数符合招标文件的要求 |
| | | | 0～1 分 | 投标物的各项性能和指标有欠缺、质量水平和技术参数低于招标文件的要求 |
| 三、投标报价部分 | | 70 | 通过符合性检查、商务审查、技术审查，并经评审后的最低投标标价（不含税）得 70 分，每高 ** 万元减 1 分，减完为止 | |

### 5.1.3 加强物资招标采购管理

加强物资招标管理，可以有效地保证招标采购的质量，可以保证招标采购的公平、公正，避免徇私舞弊现象发生，可以有效地降低招标采购成本等。施工企业可通过以下措施加强对物资招标采购的管理。

1. 完善物资招标流程和评标流程

有效完善招标流程以及评标流程对于加强物资招标管理工作具有重要的意义。物资招标部门在招标前应首先确定物资招标的品种、数量与质量技术要求，并查阅相关资料分析该物资招标的可行性。此外，应做好此次招标工作的资金预算，以避免发生在招标过程中过度浪费资金的现象，将招标成本尽可能地控制在资金预算内。为保证对投标单位的全面了解，招标组织单位应组织相关人员收集供应商的相关信息。信息收集方式主要有网络查询、电子邮件或电话咨询，切实做好市场调查以及价格预测工作，充分了解供应商的信誉及能力状况、产品质量、产品价格、运输距离等状况，以免投标单位在投标文件中虚报信息。在评标时，评标委员会应严格按照评标流程对投标单位进行评审，既要对投标方的资质、报价、投标文件的响应性进行严格审查，同时应对投标方的商务、技术等方面进行评审，保证评审的全面性、综合性。在采取最低投标办法确定中标方时，应在保证投标方的资质、信誉、财务能力、生产能力、产品质量、供应方案等完全满足招标单位要求的情况下，以投标最低价作为确定中标方的依据。同时，施工企业应加强对物资招标工作的监督力度。企业的审计部门应全程监督物资招标工作，避免招标工作人员徇私舞弊、泄露投标标底等现象，以保证物资招标采购的公平与公正。

2. 加强招标采购的人力资源管理

企业物资招标采购工作是一项复杂的系统技术工程，对企业人力资源的要求很高。目前，我国施工企业存在采购人员不够专业、道德品质较低的问题，致使企业采购成本增加、采购质量较差的现象出现。企业应加强对管理人员、业务人员的“德才”培养工作。着重培养物资采购人员的道德品质以及专业知识水平，使物资采购人员具有强烈的责任心、良好的生活作风、尽职尽责的工作态度，同时具有丰富的专业知识、较强的业务能力。企业应定期更新招标专家库，对原有的招标专家定期审查，取消专业知识水平较差或有过徇私舞弊等不良记录的招标专家的资格，按照资格审查流程从高校、政府和社会公开选聘技术专家入库。目前，部分施工企业将招标业务外包给物资招标公司，课题组认为，招标业务外包可以有效地解决企业招标采购资源不足的问题，并能提高招标采购的效率。一方面，物资招标采购是一项复杂的工作，在技术性和专业性方面要求极高，若物资招标人员专业素质较差，会造成物资采购成本的增加。另一方面，物资招标采购工作是一项阶段性工作，若为招标采购配置较多的采购人员，不仅会浪费人力还会增加企业采购成本。物资招标公司属专业招标组织，有着丰富的招标经验，存有大量的供应商信息，可以有效地提高企业物资招标采购效率。

3. 注重企业物资招标采购中的质量因素

注重企业物资招标采购中的质量因素，对降低物资招标采购成本具有重要的意义。在招标采购时，质量和价格是企业考虑的主要因素。一般来说，采购质量是首要考虑因素，其次是保证采购价格居中。招标组织单位应正确对待质量与价格的关系，在选择中标单位时应首先审查供应商物资的质量，在保证质量的前提下，尽量降低采购价格。公开招标时，招标单位应将招标公告公布于公共网络媒体上，尽可能地散布招标信息，以便使更多的供应商参与投标活动，使招标单位有更多的选择余地。再通过供应商资格审查环节，将部分资质较差或产品质量没有保障的供应商排除在外。招标单位应在招标文件中声明，中标的标准是根据供应商的综合评估情况确定的，而非投标最低价。因为，产品价格太低会致使产品质量得不到保证。供应商为中标，尽可能地降低投标价，但在产品生产过程中，供应商为减低成本，势必会偷工减料，致使产品质量存在隐患。

4. 提高企业资金运营能力，及时清偿债权债务

企业资金运营能力是影响企业物资招标采购价格的重要因素。目前，在施工企业中拖欠货款的情况时有发生，致使企业间缺乏诚信，进而使后续业务的交易成本增加，供应商为提高自身效益，通常会通过提高产品价格的方式将交易成本转嫁给物资需求方，从长期看，施工企业并没有因拖欠货款而受益，反而有可能使采购成本增加。因此，施工企业应提高资金运营能力，及时清偿债权债务，必要时采取多渠道融资方式，为施工企业物资招标采购筹备足够的资金。

## 5.2 物资询价采购

### 5.2.1 物资询价采购内涵及意义

在施工企业中，若所有物资均采取招标采购的方式实施物资采购，一方面，要求更多的人力投入，增加了人力资本；另一方面，招标采购的成本较高，增加了物资的采购成本。对于不宜实行招标采购的物资，最好的管理办

法就是实行物资询价采购。物资询价采购与物资招标采购的目的和意义是一致的，只是询价采购较招标采购方式更为简单。为降低工程成本，企业应针对不同物资的特性实施不同的采购方式，对于大宗物资应实行招标采购，对于不宜实行招标采购的物资实行询价采购，切实降低物资的采购成本，这是施工企业物资采购管理的较好选择。

询价采购，是指对三家以上有资质的供应商提供的报价进行比较，以确保价格具有竞争性的采购方式[1]。询价采购属《中华人民共和国政府采购法》规定的五种采购方式之一，能够缩短采购周期，及时响应客户需求，有效地降低采购成本，并具有方便快捷、灵活高效的特点。它适用于采购货源丰富、价格变化弹性不大且技术标准规范的物资。

### 5.2.2 物资询价采购流程

为保证询价采购的公平、公正以及保证询价采购的质量，施工企业在执行询价采购时，应严格遵循询价采购的程序实施。完整的询价采购过程一般应分为询价准备阶段、询价阶段、评价阶段、确定成交供应商阶段等四个阶段。

#### 1. 询价准备阶段

**（1）进行采购项目分析**

采购单位在委托物资部采购物资前，应制定初步的采购计划以及采购方案。物资部受理该委托后，对采购计划和采购方案，从资金预算、技术、施工进度、市场等角度进行综合分析评估，为下一步做好充分准备。

**（2）制定采购方案，确定采购项目清单**

物资部对经综合分析、评估的采购方案进行初步修正，并会同委托单位以及相关专家对采购项目进行论证及可行性分析，必要时组织相关人员到委托单位现场考察，进一步完善采购方案，确定采购项目清单。

**（3）编制询价书**

编制询价书是询价采购流程中最重要的环节，询价书编制水平直接影响

[1] 陈如海，林家全. 路桥施工企业物资询价采购初探 [J]. 施工企业管理，2003 (4)：42-43.

询价采购的质量和效率。物资部应首先考虑项目特点，并以采购方案、采购项目清单为基础，结合资质要求、技术要求和商务要求编制科学、合理的询价书。询价书应保持相对完整，确保报价人完全理解询价单位的有关要求。完整的询价书应包括询价公告或报价邀请函、采购项目要求、报价单位须知、合同格式、报价文件格式等。

**（4）询价书的确认**

询价书编制完成后，需经采购委托单位的审核，审核无误后，由法定代表人或授权委托人在询价书上签字盖章。确认后的询价书，才能正式印制。

**（5）邀请供应商**

询价书编制确认后，物资部应着手邀请符合询价书规定的资质条件的供应商参与报价活动。邀请方式主要有两种：公开邀请方式和有限邀请方式。公开邀请方式，是指询价单位在公众媒体上公布询价采购信息，凡有兴趣的供应商均可参与报价，即凡有兴趣的供应商均在受邀行列内。有限邀请方式，是指在合格供应商名单中随机选择供应商，并向其派发书面邀请函邀请其参与报价的方式。注意，受邀单位不得少于3家，若少于3家应重新组织询价活动。在施工企业中为降低询价采购成本，多采用有限邀请方式邀请供应商报价。

**（6）进行资格预审**

对报价人填报的资格预审文件进行审查，包括基本资格审查和专业资格审查等。基本资格审查主要是指对报价单位的基本情况进行审查，包括企业成立年限、企业规模、企业的合法性、财务能力、生产能力等。专业资格审查主要是对报价单位的商务以及技术等方面进行审查。可不审查以有限邀请方式邀请的供应商资格。审核后应将审核结果及时通知供应商，便于报价单位做进一步的准备工作。具体为：对符合资格要求的报价单位发放预审合格通知书，对不符合资格要求的报价单位发放资格预审结果通知书。

**（7）出售询价书**

资格预审后，向符合资格要求的供应商，出售询价书。

**（8）成立询价小组**

询价小组成员有采购单位代表、集中采购机构代表、有关专家。成员人数至少为3人且为单数，其中专家人数应不少于询价小组成员人数的2/3。询价小组主要负责依据询价书的有关规定对报价单位进行评价。

**（9）制定评价办法和文件**

评价办法和文件是询价小组评价报价单位的依据，是集中采购机构在确定成交过程中使用的有关材料。评价办法和文件主要包括评价标准、评价办法、确定供应商的原则等。

2. 询价阶段

参与报价的供应商需在询价书规定的时间内向询价组织单位提交报价文件。为保证报价单位间的公平竞争，报价文件中的报价必须是一次最终报价，不允许反复修改，修改报价的文件应作废处理。报价必须以报价文件的形式由专人报送至指定地点，拒绝接收传真或电话报价，且报价文件在报送时必须保持密封。为保证询价采购的公平、公正，上报后的报价文件不允许修改。物资部应指派专人接收报价文件，并妥善保管。需注意的是，报价文件接收人员应拒绝接受在询价书规定的截止日期之后递交的报价文件。报价时间截止后，物资部应组织召开公开仪式，公开报价文件中报价人的报价。

3. 评价阶段

**（1）询价小组初步审查**

在评价阶段，应由询价小组对报价文件进行初评。初评的目的在于审查报价文件是否有效，报价人是否对询价文件做出实质性响应。

**（2）对询价小组进行综合评价**

询价小组对初评合格的报价人做进一步的评审。主要依据询价书、评价办法和文件等对供应商的报价进行综合评价。在综合评价阶段，询价小组应坚持公平的原则，认真审查每一个报价单位的报价，不得徇私舞弊，且不得与任何一个报价单位就其报价进行谈判。

4. 确定成交供应商阶段

**（1）询价小组推荐**

询价小组依据综合评价情况，对报价单位进行打分，并按照打分成绩从高到低排名，将排名为前 3 名的供应商推荐为预成交供应商。

**（2）出具询价结果报告，确定成交供应商**

询价小组应向集中采购机构出具询价结果报告。集中采购机构依据询价结果报告以及询价小组的推荐，并结合制定的评价办法和文件，确定成交供应商。

**(3) 签发询价结果通知书，签订采购合同**

确定成交供应商后，集中采购机构应及时向报价单位发布通知，对于中标供应商应发放成交通知书，对于其他未中标供应商应通知其询价结果。成交通知书还应同时抄送采购单位，并抄报政府采购监督管理机关备案。成交结果应在本公司的网站上公告。在询价书约定的时间内，采购单位与成交供应商双方应本着公平互利的原则，签订采购合同。

### 5.2.3　加强询价采购管理

加强物资询价管理，可以有效地保证询价采购的质量，可以保证询价采购的公平、公正，避免徇私舞弊现象发生，可以有效地降低询价采购成本等。施工企业可通过以下措施加强对物资询价的管理。

#### 1. 加强供应商的资质审查、选择合适的被询价对象

供应商的资质情况是影响询价采购质量的一个重要因素，因此，在询价采购过程中应对供应商的资质进行审查。只有被询价单位的资质、诚信良好，才能有效地规避采购风险，保证采购物资的质量，确保被询价供应商及时交货。供应商资质审查，是一个长期的过程，采购单位应立足于平时。加强供应商资质审查，一是建立完备的供应商数据库，建立《合格供方名册》。施工企业应实施准入制度，由社会供应商自愿上交准入申请资料，经采购单位审核通过后，将供应商纳入《合格供方名册》内，定期对准入供应商进行评估审查，对评估不合格的准入供应商取消其准入资格。此外，每次采购完成后，采购单位应及时整理合作供应商的资料，分门别类建立供应商数据库，并定期对市场进行调研，了解市场货源、市场价格信息。二是加强与中介机构的信息沟通。为降低采购机构信息收集成本，并能及时获取供应商资料，采购机构应加强与某些行业协会或诚信评估机构的协作与交流。这些机构掌握着丰富翔实的供应商资料，与其协作，可以有效地提高供应商资质审查的效益。关于第一个方面，课题组会在本课题供应商管理的章节内详细说明。

#### 2. 建立采购监督机制

建立采购监督机制，能够有效地规避采购道德风险。建立采购监督机制，一是在询价前成立询价小组，以建立健全制约机制。询价小组成员有采

购单位代表、集中采购单位代表、相关专家。询价小组人员应至少3人且为单数。在询价前，询价小组成员应明确各职责权限，物资部应确定供应商的资质要求以及确定评标办法、中标供应商的原则等，便于约束询价小组的行为。询价小组成员间的权力应分离，保证相互间牵制，以避免采购中可能出现的“一言堂”和暗箱操作。二是纪检审计部门应全程监督询价采购过程。在询价采购过程中，纪检审计部门应充分履行监督职能，监督询价采购各环节的规范性、公正性，并审查成交价的合理性。

### 3. 规范询价采购流程

课题组通过对多家施工企业调查并结合自身企业现状发现，许多徇私舞弊以及作弊现象大部分起因于采购程序的不规范，因此规范询价采购流程能够有效地杜绝徇私舞弊以及作弊现象，保证询价采购的公平、公正。规范询价采购流程的主要方法有：

**（1）明确询价对象的选取方式**

在选择询价对象时，应严格遵循“公平、公正、公开”的原则，对所有符合资质条件的供应商一视同仁，以确保机会均等。为将采购成本控制在可控范围内，物资部不可能对所有符合资质要求的供应商进行询价，因此，物资部在询价时应在符合资质要求的供应商内随机抽取询价对象，既能保证供应商选取的公正，又能有效地控制采购成本。

**（2）规范供应商报价过程**

某些报价单位为中标，利用报价时间差获取其他供应商的报价信息，并借以修改自己的报价信息，致使询价采购失去了公平、公正的意义。为杜绝此类现象，物资部应要求报价单位在规定时间内以密封的形式提交报价文件，评价时由询价小组统一拆封。

**（3）科学合理地制定成交供应商的标准**

制定成交供应商的标准时，应综合考虑供应商的资质、财务能力、生产能力、物资的质量、运输距离、物资价格等，综合分析物资采购成本。注意，分析物资采购成本时，不仅考虑短期内采购成本，也应考虑长期采购成本，切实保证在合作期间采购成本较低。

### 4. 设立报价保证金制度

课题组发现，某些施工企业在询价采购时，并没有要求报价单位提交部分保证金，致使部分报价单位随意报价，更有甚者，随意放弃中标资格。严重扰乱了询价采购工作秩序，增加了采购单位的采购成本。对此，课题组认为，施工企业应建立报价保证金制度，以规范和约束供应商的报价行为。

设置报价保证金制度的目的是约束报价单位的报价行为，督促报价供应商慎重报价。因此，报价保证金最高不宜超过报价单位经营这项交易业务的净利润。因为，报价保证金一旦被没收，即使供应商继续经营这项交易业务，也不会从中受益，甚至会亏本，因此，在报价保证金的约束下，报价人会谨慎合理地报价。而如果报价保证金标准超过采购项目的一般市场利润水平，则过高的报价保证金将会影响报价单位的资金周转能力。考虑到询价采购的金额相对于招标采购的金额来说较小，课题组根据相关文献以及物资管理经验，认为报价保证金可设为询价采购金额的10%[1]，但具体金额设置还应根据施工企业的特点以及询价采购的规模确定。

### 5. 询价采购应遵循的原则

为保证询价采购的质量，降低询价采购成本，采购单位在实施询价采购时应遵循相关原则[2]：

**(1) 询价对象过三的原则**

询价的对象愈多，报价的供应商也就愈多，愈能挑选出最合适的供应商，从而达到降低成本的目的。但询价对象过多，则针对性差，也会增加询价成本和时间，加大询价人精力的投入；而询价对象过少，又不足以达到比质比价采购的目的。因此，企业应明文规定，除独家制造、独家代理等情况外，对询价供应商的评价内容主要有以下几点：①经营情况，尤其是财务状况、信用等级和经营业绩；②生产能力和技术水平；③质量管理体系；④其产品在本单位或外单位的使用效果；⑤纳税人身份；⑥服务质量。

**(2) 直接询价原则**

即直接向供应商的销售部门询价。除供应商有特殊的营销规定以外，一般不向代理商或经销商询价，一般不向供应商的营销业务员询价。

**(3) 分区轮流询价原则**

各地区、各厂商的制造成本、营销策略不同，决定了分区域询价的原

[1] 崔建材. 询价采购应设“报价”保证金 [N]. 政府采购信息报，2008-06-30.

[2] 陈如海，林家全. 路桥施工企业物资询价采购初探 [J]. 施工企业管理，2003 (4)：42-43.

则。如果集中在一个地区询价，容易产生少数供应商联合哄抬报价的现象。在合格供应商相当多的情况下，应该轮流选择询价对象，以确保合格供应商皆有询价的机会，防止少数供应商垄断把持报价。

## 5.3 零星采购管理

施工企业所需物资品种较多，却比较繁杂，在项目施工中，不可避免地会用到很多零星材料。零星材料具有分布零散、需求量小、一般需用现金购买等特点，因此对零星材料不适合采取招标采购和询价采购的方式采购。一般地，为降低零星采购成本，施工企业可采取邀请比价以及直接委托的采购方式采购零星材料。

### 1. 邀请比价

施工企业采取邀请比价方式采购零星物资时，应严格按照相关程序执行：

（1）成立比价小组。比价小组人数应至少 3 人以上且为单数，小组成员由采购人代表、成本管理部门代表以及专家组成，其中专家人数应占比价小组总人数的 2/3 以上。比价小组在开始邀请报价采购前，应确定以下事项：采购项目的价格构成，采购价格是否包括税费，是否包括运费等；确定成交供应商的原则，即是以价格最低成交还是综合评审成交。

（2）编制有关比价文件。比价文件应包括比价函公告、报价须知、项目技术要求、合同主要条款、报价文件的主要内容和格式等。

（3）确定邀请比价供应商名单。比价小组应根据采购物资特性、采购单位要求，制定供应商资质条件，然后根据资格条件确定 3 家或 3 家以上邀请比价供应商名单，并向邀请比价供应商发出比价函公告。

（4）向受邀供应商出售比价文件并由专人做好比价文件的接收工作，在接收比价文件时，专人应检查比价文件是否密封、是否盖有公章。

（5）组织报价。报价会议应由采购单位代表主持，并有采购部门或成本部门至少 2 人以上在场。

（6）确定合作供应商。对受邀供应商的报价，比价小组依据评定成交供应商的标准进行审查，并对审查结果出具书面报告，由项目部组织相关人员召开会议，研讨确定合作供应商，并做好会议记录。

（7）零星采购报备。项目部确定合作供应商并与其签订合同后，要报上级部门审核报备。

2. 直接委托

实施直接委托采购时，施工企业应严格按照以下程序执行，且不可直接向拟委托供应商采购：

（1）上报直接委托采购申请。需采取直接委托采购方式采购零星物资时，由采购需求部门上报直接委托采购的申请并说明原因。

（2）召开会议研讨。项目部组织人员召开会议，分析直接委托采购的必要性及可行性，并做好会议记录。此外，在研讨会议上制定详尽的谈判要点，便于谈判时参考。

（3）与拟直接委托供应商谈判。与拟直接委托单位谈判时，需有采购需求部门代表和成本管理部门代表、相关专家参与谈判，谈判人员至少3人以上且为单数。谈判结束后，谈判参与人员应在谈判记录上签字。注意，谈判记录必须作为零星采购合同审批的附件。

（4）确定合作供应商。项目部组织相关人员召开会议，根据谈判记录，研讨确定签订合同事宜。

（5）零星采购报备。项目部与直接委托供应商签订合同后，要报上级部门审核备案。施工企业在采购零星物资时，可采取上述两种采购方式：邀请比价和直接委托。但并不是随意选择一种即可，两者均有适用条件的限制。采购单位应针对物资的特性以及项目的特点，选择适宜的采购方式，以达到降低采购成本的目的。对于物资供应渠道较多，技术较为成熟且具有可比性，通过竞争比价能够获得理想采购价格的物资，适用于邀请比价方式采购。直接委托采购适用条件主要有以下四种情况：采购金额小于2万元的工程；为保证原有采购项目一致性或者服务配套的要求，需要继续从原供应商处添购的；与拟委托供应商上次合作时间距离现在不超过6个月，物资价格变化较小，该供应商有合作意愿，且同意以上次采购价格与当期市场价格中的最低价格作为采购价格；采购项目在技术或服务上有特殊的要求，且某供应商在这方面有其独特的优势。施工企业采购零星物资时，应根据项目特点、采购需求选择合适的采购方式。

零星材料的供应模式必须严格纳入到项目部的整体物资管理体系中去，不仅要在质量上严格要求，而且在价格上要严格掌控。项目部在采购零星物资前，应组织人员进行市场调研，了解市场价格行情，以便在供应商报价不合理时及时做出应对，以达到方便快捷又可控的效果。

## 5.4 物资集中采购权限及方式管理

合理划分采购权限并采取合适的采购方式，一方面，能够保证物资采购的正常秩序，能够明确各单位的职责权限，便于责任的可追溯；另一方面，能够保证采购质量，降低采购成本。因此，施工企业应合理划分采购权限，确定采购主体并选择合适的采购方式。

集中采购物资主要分为甲供物资、甲控物资以及自购物资。甲供物资是指由建设单位组织采购，交付施工单位使用的物资，施工单位只需向建设单位提供物资申请计划，负责物资的验收工作。甲控物资又叫甲控乙购物资，是由建设单位提出一些关于厂家、质量等控制标准，由集团公司或工程公司依据建设单位的要求组织采购的物资。除这两种物资以外，其他均由集团公司、工程公司或项目部自行采购。自购物资应严格按照采购权限并选择合适的采购方式组织采购。

购置采购金额 100 万元（含）以上的物资或经股份公司汇总形成批量的物资，由股份公司集中招标采购，集团公司组织相关人员参加。购置采购金额 100 万元以下、50 万元（含）以上的物资，由集团公司物资部牵头组织相关单位进行集中招标采购。特殊情况下，集团公司可授权委托公司代为组织集中招标采购。购置采购金额 50 万元以下、30 万元（含）以上的物资，由工程公司集中招标采购。购置采购金额在 30 万元以下、10 万元（含）以上的物资，由工程公司实施询价采购。购置采购金额在 10 万元以下的物资，由项目部实施邀请比价或直接委托采购。采购权限及采购方式的划分如表 5-2 所示。

**表 5-2　　　　采购权限及采购方式划分**

| 采购金额 | 采购权限 | 采购方式 |
|---|---|---|
| 10 万元以下 | 股份公司组织采购 | 招标采购 |
| 10 万（含）～30 万元 | 集团公司组织采购，也可委托工程公司组织采购 | 招标采购 |
| 30 万（含）～50 万元 | 工程公司组织采购 | 招标采购 |
| 50 万（含）～100 万元 | 工程公司组织采购 | 询价采购 |
| 100 万元（含）以上 | 项目部 | 邀请比价或直接委托 |

## 5.5 物资采购流程图

### 5.5.1 招标采购流程

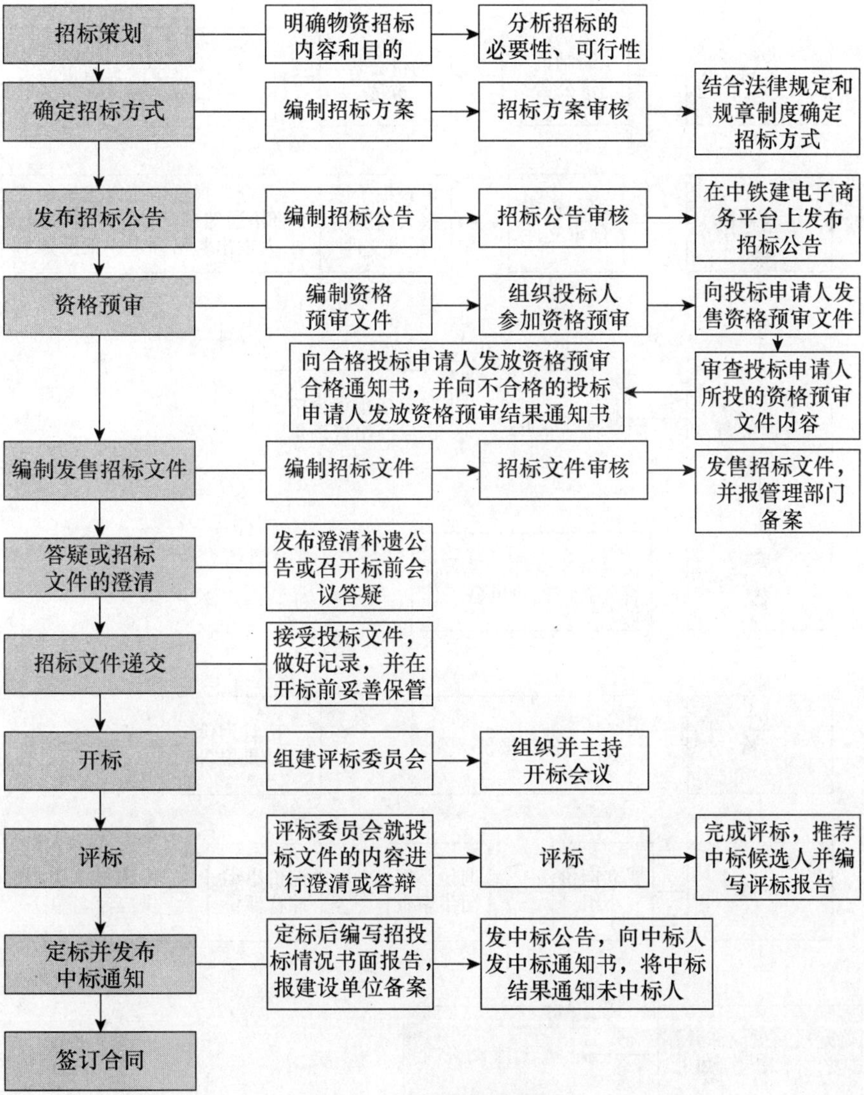


图 5-1 招标采购流程

### 5.5.2 询价采购流程

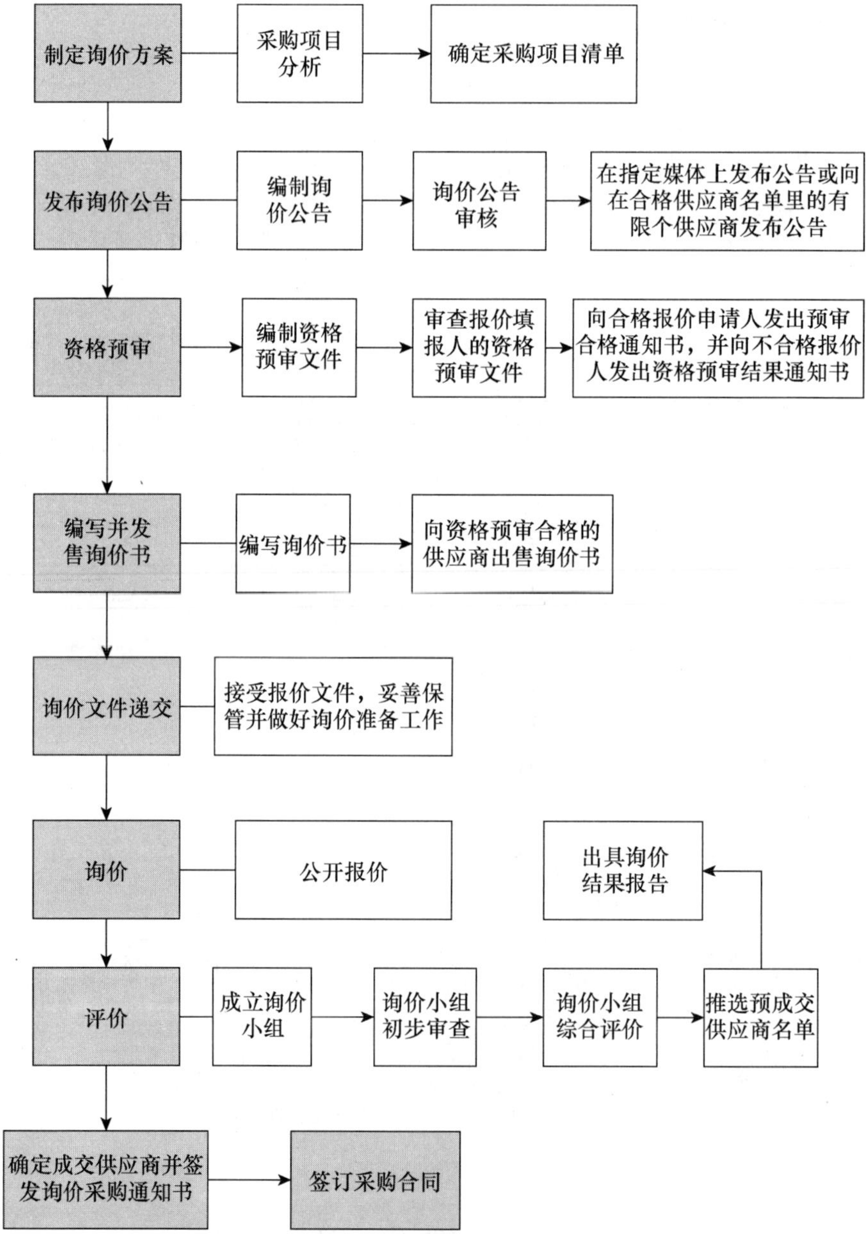


图 5-2 物资询价采购流程

### 5.5.3 零星采购流程

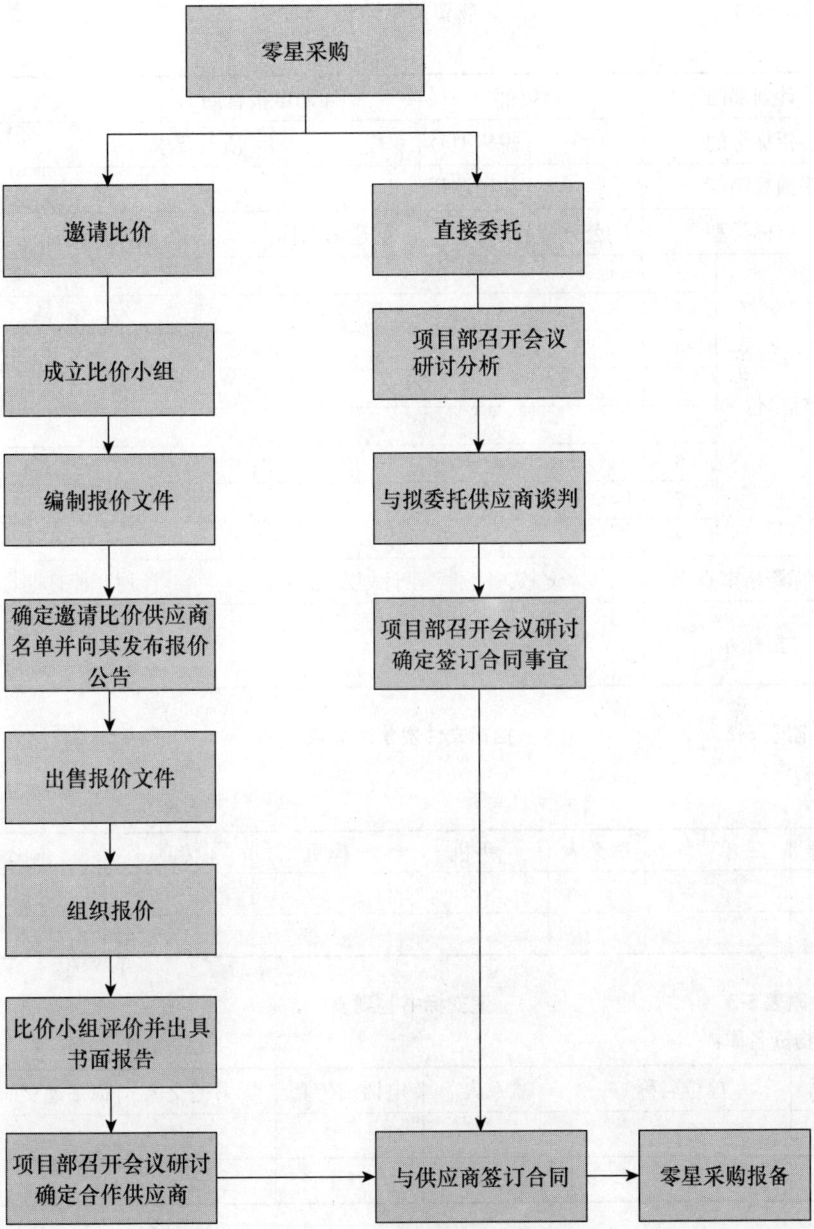


**图 5-3 零星采购流程**

## 附　件

附表 5-1　　　　物资招标计划

编号：

<table>
<tr><td colspan="2">计划部门</td><td colspan="2">物资部</td><td colspan="2">计划申报日期</td><td colspan="2"></td></tr>
<tr><td colspan="2">招标标的</td><td></td><td>规格型号</td><td></td><td>质量要求</td><td colspan="2"></td></tr>
<tr><td colspan="2">预算额度</td><td></td><td>使用单位</td><td colspan="2"></td><td>经办人</td><td></td></tr>
<tr><td colspan="2">招标类型</td><td colspan="6">□公开招标　　□邀请招标　　□协商招标</td></tr>
<tr><td rowspan="8">投标单位</td><td>1</td><td colspan="6"></td></tr>
<tr><td>2</td><td colspan="6"></td></tr>
<tr><td>3</td><td colspan="6"></td></tr>
<tr><td>4</td><td colspan="6"></td></tr>
<tr><td>5</td><td colspan="6"></td></tr>
<tr><td>6</td><td colspan="6"></td></tr>
<tr><td>7</td><td colspan="6"></td></tr>
<tr><td>8</td><td colspan="6"></td></tr>
<tr><td colspan="2">投标资格审查人</td><td></td><td>复核人</td><td></td><td>计划发标书日期</td><td></td><td>计划开标日期</td></tr>
<tr><td colspan="2">招标办</td><td colspan="6"></td></tr>
</table>

附表 5-2　　　　招标文件发售登记表

招标物资：

招标人：　　　　　　　　　　　　招标编号：

| 序号 | 单位 | 联系人 | 手机 | 座机 | 传真 | 电邮 |
|---|---|---|---|---|---|---|
| | | | | | | |
| | | | | | | |

附表 5-3　　　　递交标书签到表

招标物资名称：　　　　　　　　　　年　月　日

| 序号 | 单位名称 | 联系人 | 电话及传真 | 标书递交人 | 标书递交时间 |
|---|---|---|---|---|---|
| | | | | | |
| | | | | | |

**附表 5-4**

## 资格审查表

项目名称：

招标编号：　　　　　　　　　　　　　　　　　　　　招标物资名称：

| 序号 | 投标人评审内容 | 在中华人民共和国境内依法注册、具有法人资格的生产商 | 审查投标人纳税人身份为一般纳税人或小规模纳税人 | 已获得 ISO 9000 质量管理体系认证 | 具有铁道部质检中心出具的近期质量检验报告 | 具有履行合同的能力和相关工程用户无不良品质量、服务评价意见 | 具有良好的企业社会信誉，财务状况良好；最近两年无连续亏损 | 投标产品近三年有国家重点工程供货业绩 | 审查结论 |
|---|---|---|---|---|---|---|---|---|---|
| 1 | | | | | | | | | |
| 2 | | | | | | | | | |

**附表 5-5**

## 投标报价校核评审表

项目名称：

招标编号：　　　　　　　　招标物资名称：　　　　　　　　日期：

| 序号 | 投标人 | 投标总价 | 校核差 | 评标总价 | 投标人是否接受修正后的投标报价 | 投标报价是不含税价格 | 投标报价没有明显低于成本价 | 投标报价没有明显高于市场价 | 评审结论 |
|---|---|---|---|---|---|---|---|---|---|
| | | 1 | 2 | 3＝1＋2 | | | | | |
| 1 | | | | | | | | | |
| 2 | | | | | | | | | |

附表 5-6

**重大偏差描述表**

招标名称：
招标编号：　　　　招标物资名称：　　　　日期：

| 序号 | 投标人 | 重大偏差描述 | 评审人员签字 | 复核人员签字 |
|---|---|---|---|---|
| 1 | | | | |
| 2 | | | | |

附表 5-7

**初步评审汇总表**

项目名称：
招标编号：
招标物资名称：　　　　日期：

| 序号 | 投标人评审内容 | 资格评审 | 完整性审查 | 响应性审查 | 投标报价审查 | 评审结果 | 备注 |
|---|---|---|---|---|---|---|---|
| 1 | | | | | | | |
| 2 | | | | | | | |

资格审查、完整性及响应性审查，评审结果通过打√，未通过打×。

附表 5-8

## 商务评审表

项目名称：

招标编号：　　　　　　　　　　　　　　　　　　招标物资名称：

| 序号 | 投标人评审内容 | 投标报价表、描述表 | 投标报价成本分析 | 投标函 | 法定代表人授权书 | 投标人资格声明 | 投标人承诺书 | 交货数量、交货期及交货地点 | 投标物资的生产能力和用户评价资料 | 经审计的财务报告及报表 | 投标人资金保障能力 | 投标文件的编制和装订 | 评审结论 |
|---|---|---|---|---|---|---|---|---|---|---|---|---|---|
| 1 | | | | | | | | | | | | | |
| 2 | | | | | | | | | | | | | |

附表 5-9

## 技术评审表

项目名称：

招标编号：　　　　　　　　　　　　　　　　　　招标物资名称：

| 序号 | 投标人技术评审内容 | 生产保供能力（分析和评审投标人的生产供应经验、装备水平、技术力量和生产能力等） | 投标物资满足技术标准、技术规格指示 | 生产工艺和技术措施（投标人生产工艺和技术措施是否先进可靠） | 质量保证体系（投标人质量保证措施是否合理可靠） | 组织供应、运输、技术服务方案 | 原材料来源（投标人所用主要原材料质量控制措施和手段是否合理可靠） | 评审结论 |
|---|---|---|---|---|---|---|---|---|
| 1 | | | | | | | | |
| | | | | | | | | |

**附表 5-10　　　　评审汇总表**

项目名称：　　　　物资类别：
招标人：　　　　包件号：
招标物资名称：　　　　招标编号：

| 序号 | 投标人名称评审内容 | | 商务评审 | 技术评审 | 审查结论 |
|---|---|---|---|---|---|
| 1 | | | | | |
| 2 | | | | | |

**附表 5-11　　　　中标候选人推荐表**

项目名称：　　　　物资类别：
招标人：　　　　招标编号：
招标物资名称：　　　　包件号：

| 序号 | 投标人名称 | 投标价（元） | 校核价（元） | 平标价（元） | 评审（通过） | 推荐顺序 |
|---|---|---|---|---|---|---|
| | | 1 | 2 | 3=1+2 | | |
| 1 | | | | | | 第一名 |
| 2 | | | | | | 第二名 |
| 3 | | | | | | 第三名 |

评委签字：

# 第6章
# 供应商管理

供应商管理是物资管理的一个重要环节，有效的供应商管理能够保证物资的供应满足施工企业施工需求，并能保证供应物资的质量以满足工程质量要求。此外，供应商管理作为采购体系的核心，其表现与采购部门的业绩直接挂钩，并影响整个施工建设。因此，施工企业应加强供应商管理。

供应商管理主要包括两个阶段的管理：

◆ 供应商选择管理阶段。选择质量好、价格低、服务优、信誉佳的供应商可以有效地降低施工企业物资管理成本，提高物资管理效率。在此阶段，本书着重介绍 TOPSIS 评价方法，借以对潜在供应商进行定量评价并依据评价结果对供应商排序。此外，基于对供应商数量与供应风险、供应成本之间关系的研究，本书建立了一种供应商数量优化模型，并在 TOPSIS 评价方法的基础上，确定出潜在合作供应商名单。

◆ 合作供应商管理阶段。在此阶段，施工企业应定期考核合作供应商并依据考核结果对合作供应商分类，针对不同类别采取不同管理措施。同时，为保证与质量好、价格低、服务优、信誉佳的供应商长期合作，降低采购成本，提高采购效率，采购单位应与其建立长期战略合作关系。

## 6.1 供应商选择管理

### 6.1.1 建立供应商选择机制

#### 1. 建立供应商考察制度

**(1) 制定供应商能力调查表**

主要围绕供应商的基本情况、物资的质量、价格、交货的及时性、售后服务等方面制定供应商能力调查表，借以考察潜在供应商的以下状况：

◆ 企业合法性。包括营业执照、法定代表人名称。

◆ 企业生产经营能力。包括企业成立时间、企业注册资金、企业固定资产、企业年度产值、主要生产/检测设备、技术人员/生产人员状况。

◆ 质量保障能力。包括产品质量标准、质量体系认证等证明文件、检测设备等。

◆ 价格水平。主要是与市场同类产品价格相比较以及上年价格调整频次等。

◆ 服务水平。包括交货的及时性、售后服务状况、处理问题的及时性等。

**(2) 成立供应商考察小组**

供应商考察小组主要由物资部牵头计划部、工程部、试验部等组成。每个考察小组人员不少于 5 人。供应商考察小组依据供应商考察推进计划，综合考虑供应商物资供应运距、供应的品类、供应物资的金额等情况，有针对性地实施现场考察、电话考察、网络查询等考察方式，对供应商实施考察。这里须注意的是，现场考察时应保证考察人员不少于 3 人，电话查询考察时应设置录音。其中主要采取的是现场考察、取样，并结合其他使用者的经验、推荐以及类似产品的供货历史作为评价依据。考察后考察人员应填写《供应商能力调查表》（见附表 6-1），并签字确认。

**（3）向其他使用用户收集质量反馈信息**

对供应商进行考察时，应向其他使用单位和相关部门发出合格供应商履约情况调查表，收集了解用户对各合格供应商产品质量、供货服务等情况的反馈，并汇总反馈情况，形成处理意见。

### 2. 实行准入制度

建立供应商考察机制后，为保证供应商积极进取、不断改进，施工企业应实行准入制度。准入制度是指施工企业公开准入信息，供应商自愿递交申请准入材料，经审核合格后与之签订准入协议，并且定期对准入的供应商进行评估，对评估不合格的准入供应商，取消其准入资格。实行准入制度，可以使供应商产生竞争的压力，促使供应商保持积极向上的态度，不断进取，否则供应商可能会长期维持原来的供应状态，致使物资质量、服务等得不到保障；实行准入制度，可以减少采购部门的人力投入，降低人力资本，有效地降低采购成本。

集团公司、工程公司通过中铁采购电子商务平台对供应商实行“准入制”管理，审核批准的供应商方可在其准入的供应范围内参与集团公司、工程公司采购业务。申请准入的供应商应主动提供审核资料。审核资料依据供应商性质不同而不同。

（1）申请准入的生产制造性质供应商应提供以下资料：

◆ 企业法人营业执照、税务登记证、组织机构代码证、法人授权委托书、受委托人有效证件复印件和企业简介。

◆ 具有相应资质的质量检测部门出具的最新产品型式检验报告等。

◆ 质量、环境和职业健康安全认证证书，以及国家、地方政府和行业颁发的与质量、环境和职业健康安全有关的荣誉证书。

◆ 国家强制性产品认证证书、产品认证、生产许可证和市场准入证等。

◆ 本行业规定需获得的证书、许可证、准入证等。

◆ 当地政府、甲方指定的供应商须提供其有效文件。

（2）申请准入的经销商性质供应商应提供以下资料：

◆ 企业法人营业执照、税务登记证、组织机构代码证、法人授权委托书、受委托人有效证件复印件和企业简介。

◆ 经销产品制造厂法人授权委托书、受委托人有效证件复印件及制造厂相关资质资料等。

（3）对于有下列情形之一的供应商，应不允许其准入：

◆ 依法被撤销、解散、宣告破产等终止的企业；

◆ 超出登记机关核准登记的经营范围的企业；

◆ 提供虚假的业绩证明或其他资信资料的企业；

◆ 有经营诚信、职业道德不良行为的企业；

◆ 代理权转委托他人、委托书授权不明或委托代理授权过期的企业；

◆ 违反国家相关法律法规和集团公司其他规定的企业。

采购单位应妥善保管申请准入的供应商递交的申请资料并做好登记，以便备查核对。

（4）供应商准入管理应遵循相关原则，由采购、质量、技术等专业部门、用料单位和企管、监督部门组成审核小组共同审定供应商的准入资格，并对审核通过的供应商予以公布和授予证书并录入《合格供方名册》（见附表 6-2）内。准入管理需要遵守的原则主要有三点[1]：

◆ 全面覆盖与数量优化。施工企业所需的所有物资均应实行准入制度，纳入供应商准入管理中。在供应商准入数量上，针对每一物资名目下的规格型号应保证至少有 3 到 5 家准入供应商，遵循这一原则既可以有效地控制成本，又可以保证物资的质量。

◆ 就近原则与优先准入。在其他条件基本相同的情况下，施工企业应首先选择运输距离较短的供应商准入，能够保证供应商及时补给物资并能减低企业的采购成本。同时，生产厂商优先于代理商，企业内部单位优先于外部单位，使综合实力强、有竞争优势的企业成为本企业优先发展的合作伙伴。

◆ 集体审定与动态管理。为使准入的供应商在质量、技术和财务等方面的风险降到最低，并使审核体现公平和公开性，应由审核小组对供应商准入资质进行审查。此外，审核小组应每年定期对准入供应商进行评审，对评审不合格的准入供应商，取消其准入资格。同时，对新申请准入的供应商进行资格审查，资格审查合格者允许其准入，并与其签订准入协议。这一原则保

[1] 郭东林. 加强铁路运输企业物资供应商的管理 [J]. 上海铁道科技，2009（1）：95-98.

证了准入供应商的质量以及准入队伍的稳定性。

3. 建立评价体系

建立全面、科学的供应商选择评价指标体系，对于选择合适的供应商有重要的意义。在建立供应商选择评价体系时，应坚持指标全面原则、体系简单明了原则、体系运用灵活易操作原则。

通过分析影响供应商选择的因素，本书归纳出以下六种主要影响因素：商务因素、响应因素、技术因素、合作因素、兼容性因素、发展性因素，并针对每一影响因素分析其对应的子目，在此基础上构建了供应商选择评价体系。如图 6-1 所示：

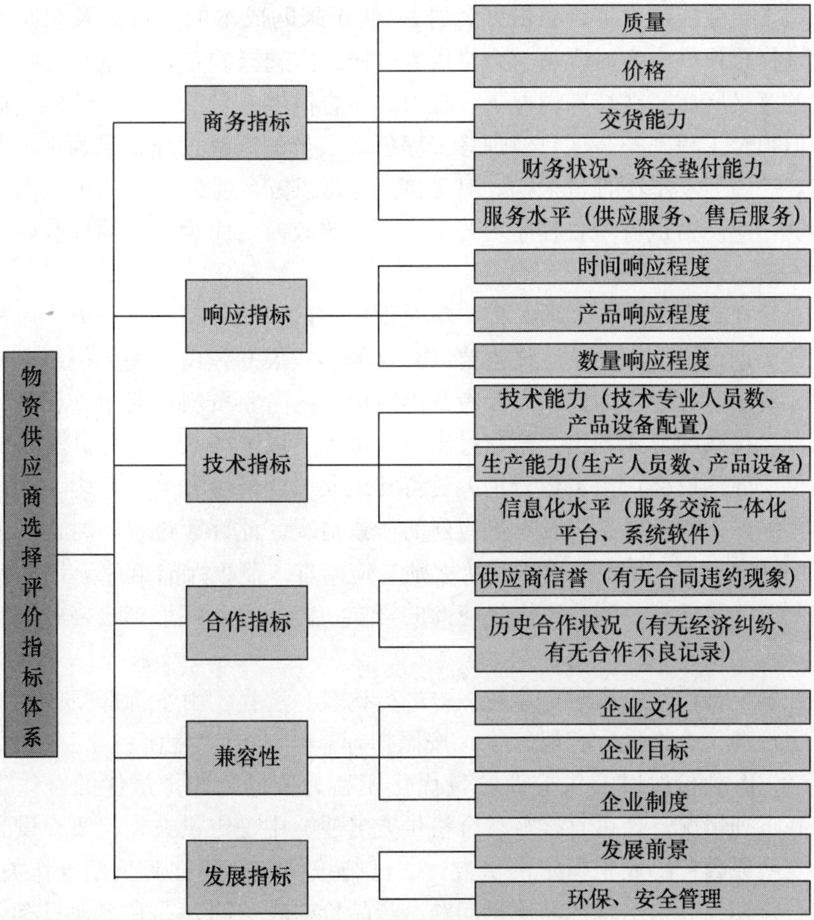


**图 6-1　供应商选择评价体系**

需要指出的是：响应指标是反映物资需求方对供应商供应物资的时间、产品、数量等要求发生变动时，供应商对其变动的响应程度。为降低采购成本，供需双方应建立长期战略合作关系，而保持供需双方长期合作关系的前提是供需双方在企业文化、企业目标以及企业管理制度方面具有兼容性，因此，在建立供应商选择评价体系时应考虑兼容性指标。采购方和供应商都希望双方的合作伙伴关系健康持久，供应商同时希望能够永续经营，因此对供应商的发展能力和潜力的考核是必要的。

4. 编制《合格供方名册》

施工企业应建立《合格供方名册》，便于采购成本的降低以及采购的便捷。选择合作供应商时应从《合格供方名册》内选择确定，这也是实行准入制度的意义所在。在特殊情况下，也可向《合格供方名册》之外的供应商采购，但须经工程工长、项目经理等工程负责人员的审核批准，采购规模不宜过大，一般为零星小批量采购。对于自《合格供方名册》之外的供应商采购的物资，应严格执行验收程序，若采取抽样验收时，应为正常抽样验收的两倍样本量。

在建立《合格供方名册》前，应对供应商的资质、信誉、能力、质量保障等方面进行评估。评估工作主要以会议的形式展开，由相关部门组成审核小组，对供应方提交的资料以及考察小组提交的考察资料进行审查评估，并采取匿名投票的形式表决，若超过出席人员 4/5 以上的人员认为其具备成为合格供应商的资格，由资料管理人员将其录入《合格供方名册》内。评审应主要依据评价指标体系以及对供应商的考察情况。此评审过程同时也是准入制度的评审过程，编制《合格供方名册》应与准入制度结合起来，因为实行准入制度的目的就是通过审查供应商的资质、能力等，将审查合格的供应商纳入《合格供方名册》内。

在确定合作供应商时，应对供方进行比较、选择，由主管部门在经过评定、审批的《合格供方名册》中，按照招标采购或是“货比三家”的原则，以 TOPSIS 评价法以及供应商数量优化模型为依据，选择最优的合作供应商。在下列情况下，可直接从《合格供方名册》中确定供方，但要在供方评价时说明原因：①业主指定的供方；②已与该供应商建立起长期合作关系，且在合作期间并未出现产品质量问题，产品价格较透明；③在当地只有一家供应商；④其他不需进行评价的情况。

### 6.1.2 物资供应商选择评价方法

施工企业购买所需物资时，选择合适的供应商对于降低采购成本具有重要意义。但是如何科学、合理地选择供应商一直是近年来建筑行业学者及行业内管理者探究的热点话题。目前，课题组发现大部分施工企业在对供应商进行评价时，主观意识较强，没有系统地进行定量定性分析，因选择的盲目性，往往遭遇供应商所供产品质量不合格，不能按时交货等情况。因此，为使供应商选择评价方法更加合理科学，下面简单介绍一种国内外普遍认可的数学模型评价方法——TOPSIS 评价方法。

#### 1. TOPSIS 评价方法简介

TOPSIS 的全称是 Technique for Order Preference by Similarity to an Ideal Solution，简称 TOPSIS 评价方法[1]。

TOPSIS 评价方法是 C. L. Hwang 和 K. Yoon 于 1981 年首次提出的，是依据评价方案距离理想解与负理想解的距离进行排序，以确定评价方案优劣的一种评价方法。TOPSIS 评价方法又被称为优劣解距离法，是针对目前情况的一种理想化的排序方法，采用数学函数递增或者递减的原理性质，它对于目前多个目标决策分析非常有效。TOPSIS 评价方法是利用最优化、最劣化的距离进行递增或者递减的排序方式，如果供应商的评价是靠近最好而且又远离最坏，那这个评价就是最好的；反之则是没能够做到最优。最优解指的是在评价中细分的各个指标最好的水平，而最劣解则与最优解相反。[2]

#### 2. TOPSIS 评价方法的应用

假设施工企业在购买某物资时可供选择的供应商有 $m$ 个，企业在对供应商进行评估时，设立了 $n$ 项指标。这便构成了由 $m$ 个样本、$n$ 项指标构成的

[1] Jarnbring，Materia Flow. Cost on Building Site：European Journal of Purchasing & Supply Management，2000，6 (3)：169-178.

[2] 王恒. 工程建设项目物资库存管理研究 [D]. 北京：中国科学院大学，2013：39.

一个 $m\times n$ 的初始评价矩阵。如下所示：

$$X=\begin{bmatrix} x_{11} & x_{12} & \cdots & x_{1n} \\ x_{21} & x_{22} & \cdots & x_{2n} \\ \cdots & \cdots & \cdots & \cdots \\ x_{m1} & x_{m2} & \cdots & x_{mn} \end{bmatrix}(i=1,2,\cdots,m;j=1,2,\cdots,n) \qquad (6\text{-}1)$$

其中，$x_{ij}$ 表示为第 $i$ 个供应商的第 $j$ 项评价指标的数值。

针对工程实际情况，每一个评价指标的标准是不一样的。如价格与交货提前期两项评价指标，价格是以元为单位，价格越低越好；而交货提前期以天为单位，天数越少越好，两者之间标准不同。由于评价指标标准不同，导致供应商评价指标间缺乏可比性。因此，应对各指标进行标准化处理，以消除因量纲不同而造成评价指标间无法比较的弊病。指标标准化处理后，得到了统一标准的评价值。标准化处理公式如下所示：

$$y_{ij}=\frac{x_{ij}}{\sqrt{\sum_{i=1}^{m}x_{ij}^{2}}}(i=1,2,\cdots,m;j=1,2,\cdots,n) \qquad (6\text{-}2)$$

得到新的评价值所组成的矩阵如下所示：

$$Y=\begin{bmatrix} y_{11} & y_{12} & \cdots & y_{1n} \\ y_{21} & y_{22} & \cdots & y_{2n} \\ \cdots & \cdots & \cdots & \cdots \\ y_{m1} & y_{m2} & \cdots & y_{mn} \end{bmatrix} \qquad (6\text{-}3)$$

尽管对指标进行了标准化处理，使指标间具有了可比性，但不同的评估人员，对于供应商评价指标的重视点不同，如某一评估人员认为选择供应商时价格是企业应首先考虑的因素，而其他评估人员则认为质量因素应是最重要的评估指标，可见评估时存在主观因素作用。为了克服这一点，在利用TOPSIS评价方法的同时应引进熵值法。熵值法是一种客观赋权方法，它通过计算指标的信息熵，根据指标的相对变化程度对系统整体的影响来决定指标的权重，相对变化程度大的指标具有较大的权重。熵值用 $e_j$ 表示，且 $e_j$ 通过下面的公式取得：

$$e_j=-k\sum_{i=1}^{m}y_{ij}\ln y_i \qquad (6\text{-}4)$$

其中 $k=1/\ln m$　　　　满足：$k$ 为常数　　$0\leqslant e_j\leqslant 1$

信息效用价值是反映评价指标重要性的一个参数，其值越大，反映该指标的权重越大，评价指标越重要。其值通过信息熵$e_j$ 与 1 之间的差获得。如下式所示：

$$d_j=1-e_j(j=1,2,\cdots,n) \tag{6-5}$$

结合公式 6-4、6-5，并利用以下公式，便可求出某项指标的权重。第 $j$ 项指标的权重为：

$$w_j=\frac{d_j}{\sum_{j=1}^{n}d_j}=\frac{1-e_j}{\sum_{j=1}^{n}(1-e_j)} \tag{6-6}$$

依据指标权重因子，确定供应商评价指标加权评估矩阵：

$$V=\begin{bmatrix} w_1y_{11} & w_2y_{12} & \cdots & w_ny_{1n} \\ w_1y_{21} & w_2y_{22} & \cdots & w_ny_{2n} \\ \cdots & \cdots & \cdots & \cdots \\ w_1y_{m1} & w_2y_{m2} & \cdots & w_ny_{mn} \end{bmatrix}=\begin{bmatrix} v_{11} & v_{12} & \cdots & v_{1n} \\ v_{21} & v_{22} & \cdots & v_{2n} \\ \cdots & \cdots & \cdots & \cdots \\ v_{m1} & v_{m2} & \cdots & v_{mn} \end{bmatrix} \tag{6-7}$$

最优解和最劣解的指标加权评价数值集合分别表示为：

$$A^+=\{V_{1^2}^+,V_{2^2}^+,V_{3^2}^+\cdots V_{n'}^+\}=\{\{\max x_iv_{ij}\mid j\in j_1\},\{\min x_iv_{ij}\mid j\in j_2\}\} \tag{6-8}$$

$$A^-=\{V_{1^2}^-,V_{2^2}^-,V_{3^2}^-\cdots V_{n'}^-\}=\{\{\min x_iv_{ij}\mid j\in j_1\},\{\max x_iv_{ij}\mid j\in j_2\}\} \tag{6-9}$$

其中，$j_1$ 是收益性指标集，表示在第 $j$ 项指标上的最优值；$j_2$ 是损耗性指标集，表示在第 $j$ 项指标的最劣值。收益性指标越大、损耗性指标越小，对评价结果越有利。

利用欧几里得公式，分别计算每一供应商到最优解以及最劣解的距离。

$$S_i^+=\sqrt{\sum_{j}^{n}(v_{ij}-v^+)^2}\quad(i=1,2,3\cdots,m) \tag{6-10}$$

$$S_i^-=\sqrt{\sum_{j}^{n}(v_{ij}-v^-)^2}\quad(i=1,2,3\cdots,m) \tag{6-11}$$

其中，$S_i^+$ 表示第 $i$ 个供应商距离最优解的距离；$S_i^-$ 表示第 $i$ 个供应商距离最劣解的距离。

供应商 TOPSIS 评价值计算公式为：

$$C_i=\frac{S_i^-}{S_i^+ + S_i^-} \quad (i=1,2,3\cdots,m) \tag{6-12}$$

$C_i$ 表示第 $i$ 个供应商的 TOPSIS 评价值。

TOPSIS 评价值越大，表示评价方案越优。施工企业在对潜在供应商评估时，可先利用 TOPSIS 评价法，计算出各潜在供应商的 TOPSIS 评价值，并依据 TOPSIS 评价值大小对供应商进行排序，排列靠前的供应商为应优先选择合作的供应商。

### 3. TOPSIS 评价方法的工程实践

为使企业更好地理解 TOPSIS 评价方法的运用原理及应用过程，并借以检验 TOPSIS 评价方法的实用性，在此特以四公司某建设项目购买钢模板时对潜在供应商实施评价为例，详细说明 TOPSIS 评价方法在工程实践中的应用。

四公司某建设项目需购买一批钢模板，考察审核后共有 7 个潜在供应商可供选择，分别为中铁物资集团华南有限公司、广州大梁商贸有限公司、扬州美邦工程材料有限公司、增利钢结构制造有限公司、仪征华扬建筑材料有限公司、桂林景煌贸易有限公司、远久建材有限公司。在利用 TOPSIS 评价方法时，应首先依据给定的评价指标，对供应商进行排序，以便确定是否能够在不利用 TOPSIS 评价方法的情况下对潜在供应商进行排序，若不能，则需进一步应用 TOPSIS 评价方法。在满足施工企业对供应商的技术要求、合作要求并综合考虑合作供应商的发展前景以及与本企业的兼容性等情况下，公司在采购时主要考虑供应商的交货提前期、产品质量、交货可靠性、产品价格以及资金垫付能力等 5 个指标。根据实际情况，各指标的具体评价值如下表 6-1 所示。

**表 6-1　　各指标的具体评价值**

| 供应商 | 交货提前期（天） | | 产品质量 | | 交货可靠性 | | 产品价格（元/吨） | | 资金垫付能力（%） | |
|---|---|---|---|---|---|---|---|---|---|---|
| | 评价值 | 排序 | 评价值 | 排序 | 评价值 | 排序 | 评价值 | 排序 | 评价值 | 排序 |
| 中铁物资集团华南有限公司 | 19 | 1 | 0.92 | 4 | 0.94 | 3 | 6 244 | 3 | 60 | 5 |

续表

| 供应商 | 交货提前期（天） | | 产品质量 | | 交货可靠性 | | 产品价格（元/吨） | | 资金垫付能力（%） | |
|---|---|---|---|---|---|---|---|---|---|---|
| | 评价值 | 排序 | 评价值 | 排序 | 评价值 | 排序 | 评价值 | 排序 | 评价值 | 排序 |
| 广州大梁商贸有限公司 | 20 | 2 | 0.98 | 2 | 0.96 | 2 | 6 265 | 7 | 65 | 2 |
| 扬州美邦工程材料有限公司 | 22 | 4 | 0.90 | 5 | 0.80 | 7 | 6 235 | 2 | 62 | 4 |
| 增利钢结构制造有限公司 | 24 | 6 | 0.99 | 1 | 0.88 | 5 | 6 255 | 5 | 66 | 1 |
| 仪征华扬建筑材料有限公司 | 23 | 5 | 0.87 | 6 | 0.98 | 1 | 6 250 | 4 | 50 | 7 |
| 桂林景煌贸易有限公司 | 21 | 3 | 0.86 | 7 | 0.85 | 6 | 6 230 | 1 | 55 | 6 |
| 远久建材有限公司 | 24 | 6 | 0.94 | 3 | 0.90 | 4 | 6 260 | 6 | 64 | 3 |

由这 7 个供应商，5 项指标，可组成下列初始数据矩阵：

$$X=\begin{bmatrix} 19 & 0.92 & 0.94 & 6\,244 & 60 \\ 20 & 0.98 & 0.96 & 6\,265 & 65 \\ 22 & 0.90 & 0.80 & 6\,235 & 62 \\ 24 & 0.99 & 0.88 & 6\,255 & 66 \\ 23 & 0.87 & 0.98 & 6\,250 & 50 \\ 21 & 0.86 & 0.85 & 6\,230 & 55 \\ 24 & 0.94 & 0.90 & 6\,260 & 64 \end{bmatrix}$$

根据公式（6-2）进行标准化处理，得到最新的评价值：

$$X=\begin{bmatrix} 0.1242 & 0.1424 & 0.1490 & 0.1428 & 0.0512 \\ 0.1307 & 0.1517 & 0.1521 & 0.1432 & 0.0554 \\ 0.1438 & 0.1393 & 0.1268 & 0.1426 & 0.0529 \\ 0.1569 & 0.1533 & 0.1395 & 0.1430 & 0.0563 \\ 0.1503 & 0.1347 & 0.1553 & 0.1429 & 0.0427 \\ 0.1373 & 0.1331 & 0.1347 & 0.1424 & 0.0469 \\ 0.1569 & 0.1455 & 0.1426 & 0.1431 & 0.0546 \end{bmatrix}$$

根据计算公式（6-4）、（6-5）、（6-6）计算交货提前期、产品质量、交货可靠性、产品价格以及资金垫付能力各指标的权重$W_j$的向量（0.29，0.10，0.22，0.03，0.36）。

由此可进一步计算得到指标加权评价值矩阵为：

$$V=\begin{bmatrix} 0.0360 & 0.0142 & 0.0328 & 0.004284 & 0.0540 \\ 0.0379 & 0.0152 & 0.0335 & 0.004296 & 0.0475 \\ 0.0417 & 0.0139 & 0.0152 & 0.004278 & 0.0437 \\ 0.0455 & 0.0153 & 0.0279 & 0.004290 & 0.0604 \\ 0.0436 & 0.0135 & 0.0307 & 0.004287 & 0.0583 \\ 0.0398 & 0.0133 & 0.0342 & 0.004272 & 0.0518 \\ 0.0455 & 0.0146 & 0.0314 & 0.004293 & 0.0648 \end{bmatrix}$$

根据上小节对 TOPSIS 评价方法的初步认识，则可得出最理想的指标加权评价值集合和最不理想的指标加权评价值集合分别为：

$$A^{+}=\{0.0360:0.0153:0.0342:0.004272:0.0648\}$$
$$A^{-}=\{0.0455:0.0133:0.0152:0.004296:0.0437\}$$

最后根据公式（6-10）、（6-11）、（6-12）可以计算得到各供应商的 TOPSIS 评价值分别为：0.68、0.78、0.12、0.71、0.67、0.61、0.94。

因此，按照 TOPSIS 评价值的大小，对潜在供应商进行排序，可得：

远久建材有限公司＞广州大梁商贸有限公司＞增利钢结构制造有限公司＞中铁物资集团华南有限公司＞仪征华扬建筑材料有限公司＞桂林景煌贸易有限公司＞扬州美邦工程材料有限公司。由此可以得出，公司在购买钢材时首选的应是远久建材有限公司，而公司在采购实践中的首选供应商也确实是远久建材有限公司。

### 6.1.3 供应商数量的确定方法

通常，企业为降低采购风险，应与多个供应商签订采购合同，由多个供应商共同供给物资。这种采购方式，需要在组织招标或询价采购、供应商管理方面投入更多的资金与人力，在一定程度上增加了采购成本。此外，由于物资由多家供应商供给，每一家的采购批量不会很大，因此在这种小批量采购下可能无法享受供应商的折扣优惠，即使能够享受到折扣优惠，折扣也不会太多。若企业为降低采购成本，选择与一家供应商合作，因采购批量较大，能够享受到较高的采购优惠折扣，但如果该合作供应商出现断货的情况，那么施工企业就无法正常施工。故选择一种合适的方法确定供应商数量就显得尤为重要。

1. 供应商数量与供应风险、供应成本间的关系

**(1) 供应商数量与供应风险的关系**

施工企业在采购物资时，可选择与一家供应商合作，也可以选择向多家供应商采购。在与一家供应商合作时，若该供应商因原材料短缺或设备故障，致使其不能及时向用料单位提供物资时，那么施工企业工程就面临着停工的风险。若施工企业与多家供应商合作，那么当其中一家或多家供应商不能及时交货时，施工企业可及时与其他供应商联系，协商增加采购批量的事宜，以保证工程的正常施工，有效地降低了供应风险。也就是说，供应商数量越多，供应风险越低。风险问题属概率论问题，因此讨论供应商数量与供应风险的关系时，应利用概率论思想来解决。

为简化讨论，这里的供应风险是指供应商发生不能及时交货的风险，用发生此事件的概率表示供应风险水平。此外，供应商之间独立供货，发生不能及时供货的供应商数量是随机的且供应链上的各供应商发生该事件的概率是相同的，因此满足二项分布的基本要求。供应风险表达式如下：

$$R_S = \sum C_n^i R^i (1-R)^{n-i} \tag{6-13}$$

其中，$R_S$ 表示整个供应系统的风险，$R$ 表示单个供应商的供应风险，$n$ 表示供应系统上供应商的数量，$i$ 表示不能及时交货的供应商数量。

**（2）供应商数量与采购成本的关系**

因供应商数量、采购批量、采购折扣、采购成本之间存在一定的相关关系。因此，在讨论供应商数量与采购成本之间的关系时，应主要考虑采购折扣以及供应商协调组织费用的问题。此外，采购成本可分为直接成本和间接成本[1]：直接成本是指施工企业向供应商支付的货款；间接成本是指施工企业向多个供应商采购物资时，所发生的组织协调费用。因影响直接成本与间接成本的变量不同，故应分别讨论供应商数量与直接成本、间接成本之间的关系。

◆ 供应商数量与直接成本的关系。在物资需求量一定的情况下，供应商数量越多，向每一家供应商采购的批量就会越少，享受到的优惠折扣越低，在一定程度下，直接成本相对增加。下面用具体数学公式表示三者之间的关系。

为简化讨论，假定施工企业向各供应商订购物资的批量相等。则在总需求量$Q_D$一定的情况下，向 $n$ 个合作供应商分别采购的批量 $Q$ 为：

$$Q=\frac{Q_D}{n}$$

在实际采购中，采购折扣会随着采购批量区间的不同而不同，通常采购批量区间数值越大，享受的折扣优惠越高。用 $d$ 表示采购享受的折扣，采购折扣变化趋势满足分段函数的特性。因此，用分段函数的形式表示采购折扣的变动趋势，如下式所示：

$$d=\begin{cases} d_1, 0<Q\leqslant Q_1 \\ \cdots, \cdots\cdots \\ d_i, Q_{i-1}<Q\leqslant Q_i \\ \cdots, \cdots\cdots \end{cases} \tag{6-14}$$

其中，$0<Q_{i-1}<Q_i$，$0<d_{i-1}<d_i$。

根据直接成本与采购量、采购价格以及采购折扣之间的关系，确定直接成本的计算公式，其表达式如下所示：

$$C_1=Q_D P(1-d_i) \tag{6-15}$$

---

[1] 何平．基于现代物流理念的建筑施工企业物资管理问题［D］．南京：中南大学，2008：23.

其中，$C_1$ 表示直接成本，$Q_D$ 表示物资总需求量，$P$ 为市场均衡价格，$d_i$ 表示满足向各供应商采购的批量在区间［$Q_{i-1}$，$Q_i$］之间所享受的折扣。

◆ 供应商数量与间接成本的关系。随着供应商数量的增加。采购单位采购物资时所产生的组织协调费用随之增加。根据施工采购管理经验，采购时所产生的组织协调费用是供应商数量的一次函数，表达公式如下：

$$C_2=a+bn \tag{6-16}$$

其中，$C_2$ 表示间接成本，$a$ 表示固定管理成本，$b$ 表示每增加一个供应商所增加的组织协调费用。

因此，施工企业向 $n$ 个供应商采购物资的总成本为：

$$C=C_1+C_2=Q_D P(1-d_i)+a+bn \tag{6-17}$$

## 2. 供应商数量优化模型

因为既要使供应风险最低，又要使采购成本最低，两者均满足的话较难平衡。针对此问题，假设一方既定，即假定最大风险水平既定或最大供应成本既定，并运用运筹学原理，构建出供应商数量最优化模型。

**(1) 模型一：假定最大风险水平已知且记为$R_m$**

目标函数：$\min C=C_1+C_2=Q_D P(1-d_i)+a+bn$

约束条件：$R_s=\sum_{i=0}^{n} C_n^i R^i (1-R)^{n-i} \leqslant R_m$

$1\leqslant n\leqslant n_m$

其中，$n_m$ 表示供应商数量的上限。

**(2) 模型二：假定最大供应成本已知且记为$C_m$**

目标函数：$\min R_s=\sum_{i=0}^{n} C_n^i R^i (1-R)^{n-i}$

约束条件：$C=C_1+C_2=Q_D P(1-d_i)+a+bn\leqslant C_m$

$1\leqslant n\leqslant n_m$

## 3. 供应商数量优化模型工程实践

为进一步说明模型的构建过程以及模型的可行性，仍以 6.1 中四公司某建设项目采购钢模板为例。四公司某建设项目每年需采购钢模板 5 000 吨，批量订货的价格折扣率如下所示（订购量Q单位：百吨）：

$$d=\begin{cases}0, 0<Q\leqslant 3\\ 0.03, 3<Q\leqslant 5\\ 0.05, 5<Q\leqslant 8\\ 0.10, 8<Q\leqslant 10\\ 0.16, 1<Q\leqslant 12\\ 0.20, 12<Q\leqslant 15\\ 0.30, 15<Q\leqslant 20\\ 0.32, 20<Q\leqslant 23\\ 0.35, 23<Q\end{cases}$$

在上节，四公司某建设项目使用 TOPSIS 评价方法，对其 7 个潜在供应商进行了优劣排序，为确定合作供应商，需进一步确定合作供应商的数量，以期达到降低采购成本的目的。

四公司某建设项目的间接费用可表达为$C_2=2\,000+3\,000n$。市场均衡价格为 6 240 元/吨。依据历史采购经验，设定各供应商发生不及时交货事件的概率为 0.1，即单个供应商的供应风险 $R=0.1$，企业希望将供应链风险控制在 0.1 之内，因此$R_S=0.1$。下面运用模型一，求出采购成本最低的供应商数量。

根据以上定义，模型一可以表述为：

$$\text{Min}=Q_D P(1-d_i)+3\,000n+2\,000$$

约束条件：$R_s=\sum_{i=0}^{n} C_n^i\,(0.1)^i\,(0.9)^{n-i}\leqslant 0.1$

$1\leqslant n\leqslant 7$

针对上面的模型一，利用 Matlab 软件得出最优目标值为：$n=4$。最低采购成本为 $C=2\,029.4$ 万元，供应链对应的系统风险$R_S=0.062$。

因此，根据本节的供应商数量优化，以及上节中对各供应商进行的评价排序，可以确定，四公司某建设项目如果选择远久建材有限公司、广州大梁商贸有限公司、增利钢结构制造有限公司、中铁物资集团华南有限公司四家供应商，就既可以保证物资采购质量，同时可以减低物资供应风险以及物资采购成本。

## 6.2 合作供应商管理

### 6.2.1 建立合作供应商考核制度

为保证合作供应商供应物资的质量，提高合作供应商的服务水平，保证合作供应商不断进取、积极向上，施工企业应建立合作供应商考核制度。

#### 1. 即时考核

这里即时考核的意思是指，供应商每次物资供应完毕后，采购单位相关人员应及时对供应商物资供应情况进行考核，便于及时发现物资供应过程中存在的问题，及时与供应商就有关问题进行协商处理。

在即时考核时，若发现供应商存在不良问题，应及时告知供应商并要求供应商限期整改。对给施工企业带来重大损失的供应商，应建立不良记录档案，并依法追究相应的责任，造成严重影响的准入供应商，应取消资格，且两年内不得再次申请准入。

#### 2. 季度或年度考核

通过收集各方面数据信息，对供应商实施季度或年度考核，主要考核供应商的物资质量、价格、服务水平、交货及时性等，并由供应商考评小组填制《供方评价表》(见附表6-3)，出具考评意见。根据考核结果，将供应商分为A、B、C、D四类，并定期公布考核结果，公告存在的主要问题，实施相应的奖惩（供应商考核等级划分及管理要求见表6-2)，促进供应商进行改进。考核采取打分制（打分标准参考表6-3)。60分以下的供应商为不合格供应商，称为D类供应商，对于D等级供应商，直接取消合作资格并更新《合格供方名册》；60分（含60)至80分之间的供应商为C类供应商，对此类供应商，应限制其交货品种和规格；80分（含80)至90分之间的供应商为B类供应商，对此类供应商提出改进意见，并指导其进行整改；90分（含）以上的供应商为A类供应商，对A类供应商应在采购数量、货款支付等方面给予优待。对合作供应商分级管理可以确保物资供应的质量，有效降低采购成本；可以了解供应商在哪些方面存在问题，并将这些问题及时告知供应商，有助于与供应商建立良好的合作关系；可以给供应商敲响警钟，能使供应商保证提供的物资质量；可以激发供应商的各方面潜能。

**表 6-2　　　　供应商考核等级划分及管理要求**

| 供应商等级划分 | | 不同等级的管理要求 |
|---|---|---|
| A类 | 90（含）分以上 | 在采购批量、资金拨付等方面给予优先 |
| B类 | 80（含）～90 分 | 提出改进意见，并指导其进行整改 |
| C类 | 60（含）～80 分 | 限制其交货品种和规格 |
| D类 | 60 分以下 | 取消合作资格 |

**表 6-3　　　　供应商评价打分标准表**

| 序号 | 评审内容 | | 分值 | 评分标准 |
|---|---|---|---|---|
| 1 | 品质部分 | 40 | 36～40 分 | 质量可靠，技术先进 |
| | | | 30～36 分 | 质量可靠，技术一般 |
| | | | 25～30 分 | 质量基本能满足要求，技术先进 |
| | | | 20～25 分 | 质量、技术基本能满足要求 |
| | | | 20 分以下 | 质量基本不能满足要求 |
| 2 | 交期部分 | 25 | 25 分 | 如期交货得分 |
| | | | 每批减 2 分 | 延迟 1～2 日 |
| | | | 每批减 5 分 | 延迟 3～4 日 |
| | | | 每批减 10 分 | 延迟 5～6 日 |
| | | | 不得分 | 延迟 7 日以上 |
| 3 | 价格部分 | 20 | 12～20 分 | 价格公平合理，报价迅速 |
| | | | 9～12 分 | 价格尚属公平，报价缓慢 |
| | | | 6～9 分 | 价格稍微偏高，报价迅速 |
| | | | 3～6 分 | 价格稍微偏高，报价缓慢 |
| | | | 0 分 | 价格甚不合理或报价十分低效 |
| 4 | 服务部分 | 15 | 11～15 分 | 诚意改善，按期更换 |
| | | | 7～11 分 | 尚能诚意改善，偶尔拖延 |
| | | | 3～7 分 | 改善诚意不足，经常拖延 |
| | | | 0 分 | 置之不理 |

### 6.2.2 建立供应商战略合作关系

对于在合作供应商评价中连续3次以上被评为A等级的供应商，采购单位可与其建立战略合作伙伴关系，以期达到长期合作的目的。对于施工企业来说，与供应商建立长期合作关系，能够使物资质量得以保障，保证物资及时供应；可适当降低物资库存量，能够有效地降低库存管理成本，并能提高仓库的利用率；避免了多次组织招标或询价、零星采购等采购活动，有效地降低了人力资本以及物资采购成本；能够促进供需双方的技术交流，促进供应商产品的开发，进而使企业工程获得供应商的技术支持。因此，施工企业应摒弃传统的“竞争多于合作”的供需合作模式，传统的供需合作模式不利于施工企业的长期发展和提高企业竞争力，因此，必须加以转变，引入现代企业供应链管理理念，建立供应商战略合作关系。供应商合作关系主要有四种，如图6-2所示。由图6-2可以看出，战略合作伙伴关系在产品需求响应程度以及竞争力上都较高。这充分说明，施工企业应与供应商建立长期合作伙伴关系并与之签订战略合作伙伴关系协议。

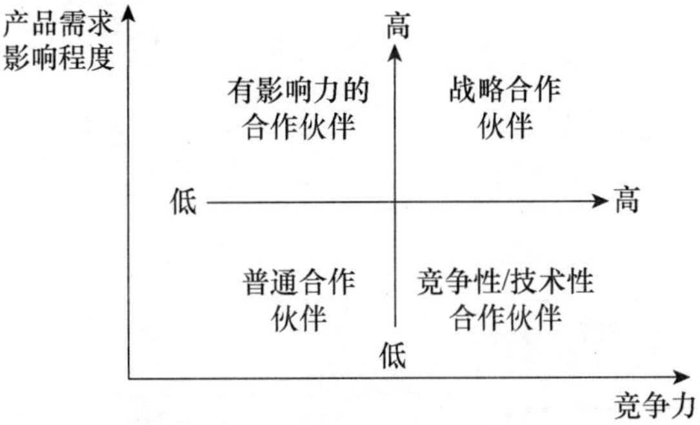


**图6-2 供应商合作伙伴分类图**

施工企业与战略合作伙伴的合作仅通过战略合作伙伴协议维持是不够的，施工企业应加强与战略合作伙伴之间的信息沟通，并给予适当的奖励，以维持长期合作关系。

**(1) 加强双方的信息沟通**

施工企业与战略合作伙伴之间应加强信息沟通。当施工企业对物资的需求发生变化时，应及时将变更信息通知战略合作伙伴，便于其有充足的时间准备；战略合作伙伴应不断开发新的产品，不断改进技术水平，并与施工企业分享其进步与成果，以实现双方信息的无缝连接；此外，施工企业与战略合作伙伴之间应加强信息在双方传递的效率。

**（2）建立奖励制度**

为维护长期合作伙伴关系，应对战略合作伙伴实施一定的奖励措施。奖励可通过以下三个方面予以实施：给予价格优惠但是要适度；优先支付货款，可以提高供应商资金周转率；实行信息共享激励措施，有利于供应商及时做出响应。

## 6.3 供应商管理流程图

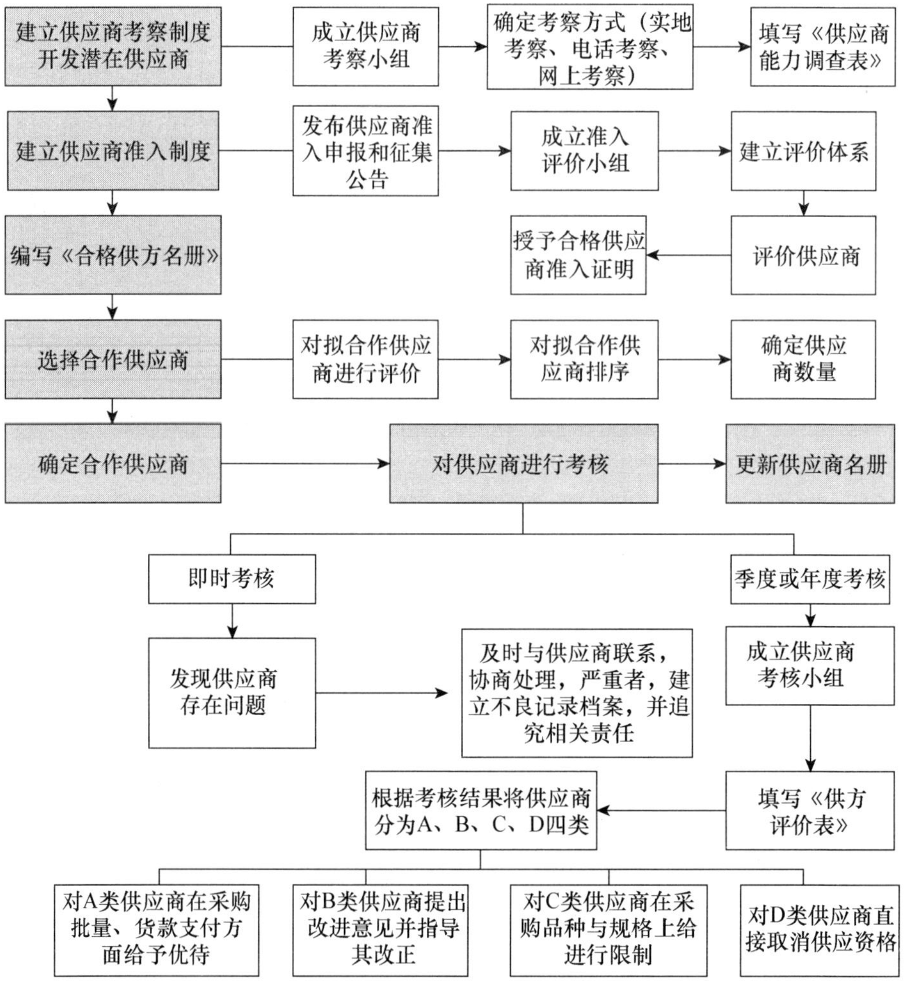


图 6-3 供应商管理流程图

# 附　件

**附表 6-1　　　　　　　　　　供方能力调查表**

编制单位：　　　　　　　　填制日期：　　　　　　　编号：

<table>
<tr><td>企业名称</td><td colspan="2"></td><td>企业法人代表</td><td colspan="2"></td><td>成立时间</td><td></td></tr>
<tr><td>企业地址</td><td colspan="3"></td><td>法人代表委托人</td><td colspan="3"></td></tr>
<tr><td>联系人</td><td></td><td>邮箱</td><td></td><td>电话</td><td></td><td>传真</td><td></td></tr>
<tr><td>企业类型</td><td></td><td>注册<br>资金</td><td>万元</td><td>固定<br>资产</td><td>万元</td><td>资信等级</td><td>A□<br>AA□<br>AAA□</td></tr>
<tr><td colspan="4">供应物资名称/规格型号</td><td>年度产值</td><td colspan="3"></td></tr>
<tr><td rowspan="8">情况调查</td><td colspan="3">主要生产、检测设备</td><td colspan="4"></td></tr>
<tr><td colspan="3">技术人员/生产人员状况</td><td colspan="4"></td></tr>
<tr><td colspan="3">产品质量标准</td><td colspan="4"></td></tr>
<tr><td colspan="3">营业执照、质量体系认证等证实文件</td><td colspan="4"></td></tr>
<tr><td colspan="3">产品质量</td><td colspan="4"></td></tr>
<tr><td colspan="3">交货的及时性</td><td colspan="4"></td></tr>
<tr><td colspan="3">产品价格</td><td colspan="4"></td></tr>
<tr><td colspan="3">售后服务</td><td colspan="4"></td></tr>
<tr><td>考察人/日期</td><td colspan="7"></td></tr>
<tr><td>调查小组<br>评价意见</td><td colspan="7">（评价人/日期）</td></tr>
<tr><td>评审结论</td><td colspan="7"></td></tr>
</table>

**附表 6-2　　　　合格供方名册**

填制单位：　　　　　　　　　　　　　　　　编号：

| 序号 | 供应商名称 | 档案编号 | 审定日期 | 物资名称 | 规格型号 | 详细地址 | 联系人 | 电话 | 邮箱 | 传真 |
|---|---|---|---|---|---|---|---|---|---|---|
| | | | | | | | | | | |
| | | | | | | | | | | |
| | | | | | | | | | | |
| | | | | | | | | | | |
| | | | | | | | | | | |
| | | | | | | | | | | |
| | | | | | | | | | | |
| | | | | | | | | | | |
| | | | | | | | | | | |

**附表 6-3　　　　供方评价记录**

填制单位：　　　　　　　　　　　　　　　　编号：

<table>
<tr><td colspan="2">供应商全称</td><td colspan="6"></td></tr>
<tr><td colspan="2">物资名称</td><td colspan="2"></td><td colspan="2">规格型号</td><td colspan="2"></td></tr>
<tr><td>评价地点</td><td></td><td>评价时间</td><td></td><td>评价组织人</td><td></td><td>记录人</td><td></td></tr>
<tr><td colspan="2">参评部门及人员</td><td colspan="6"></td></tr>
<tr><td colspan="2">评价内容</td><td colspan="6"></td></tr>
<tr><td colspan="2">评价结果</td><td colspan="6"></td></tr>
<tr><td colspan="2">审　　批</td><td colspan="6"></td></tr>
</table>

第 7 章

# 采购物资合同管理

随着工程规模的增加、工程结构的复杂性，对物资的品种以及数量需求也越来越大，与此同时，采购合同也日益复杂。为使工程按时竣工，充足的原料供应以及良好的原料质量应是根本保证。因此，采购物资合同管理在物资管理中就显得较为重要。因工程质量状况除受施工作业影响外，还受物资质量的影响，而采购合同则是物资质量的保障，因此，施工企业采购物资合同管理与施工企业的生产经营活动密切相关。另外，通过有效管理采购物资合同，可降低法律风险。故施工企业应将合同作为物资管理中的重点管理对象。在施工企业中，对于每批采购价值大于 10 万元或交货时间超过 3 个月以上的物资，必须签订采购合同。

## 7.1 采购物资合同的内容

考虑到因采购物资合同条款不明引起的经济纠纷时有发生，课题组进一步对采购合同内容进行研究。采购物资合同应包括以下条款：

（1）合同范本中应主要包括以下内容：

◆ 采购物资的基本信息，主要包括物资的名称、规格型号、采购数量、采购单价、采购金额、生产厂家、质量标准及要求等；

◆ 订购基本信息，包括物资供应周期、每次供应数量、交货地点、供应方式等；

◆ 物资的运输方式、物资的合理损耗限额及计算方法；

◆ 供应物资的包装要求、包装物的回收；

◆ 物资验收的方法、验收标准、不合格物资的处理方式；

◆ 供需双方对物资质量负责的条件以及期限；

◆ 货款支付方式、支付条件及支付期限；

◆ 变更或解除的条件、程序；

◆ 违约责任；

◆ 解决争议的方法；

◆ 其他约定事项。

（2）采购物资的交付主要包括产品的交付方式和交付期限。

（3）交货检验主要包括交付物资的数量检验和质量检验。

## 7.2 采购物资合同管理过程

### 7.2.1 合同订立管理

合同在订立之前应对合同类别进行分类，以实现重要合同重点审核和重点管理。在签订过程中，应遵循合同签订相关原则及要求、审核要求、评审流程，使合同签订规范化、制度化，以降低合同风险。具体管理如下：

#### 1. 合同分类管理

在对采购物资合同进行管理时，应首先对采购合同分类，以便对重要合同重点管理。在实际管理工作中，根据物资采购金额将物资采购合同分为重要合同和一般合同。一般来讲，采购金额50万元（含）以上的合同为重要合同，采购金额50万元以下的合同为一般合同，但合同重要性的界定也要根据具体施工企业的规模来界定。因重要合同涉及采购金额较大，且对施工企业的正常施工影响较大，因此，应对此类合同严格审核、重点管理，以避免合同管理不善引起经济纠纷。

#### 2. 物资采购合同内容审核

物资管理部门负责草拟合同文本，合同草拟文本成型后，应由专人对草拟文本内容进行审核，以消除后期经济纠纷的隐患。专人审核后，对草拟文本内容提出修改意见，物资管理部门根据修改意见修正合同内容，形成合同修正稿。具体审核内容如下：

（1）审核合同标的、数量以及质量条款。合同标的条款中，应详尽列出物资的名称、规格型号、物资商标、生产厂家等信息；合同数量条款中应重点审核物资的计量单位，应使用国家认可的计量单位，根据标的特点，有些还需注明标的正负误差、合理磅差等；质量标准条款中采用国家标准、行业或企业标准的，要写明标准名称、代号或编号。

（2）货物送（提）货方式条款的审查。如果货物由供应商装车并运输到需求方，那么货物在路上的风险应由供应商负责，一切损失应由供应商承担；如果买方亲自提货，那么货物在途中的风险由提货方负责，一切损失自行承担。所以，交（提）货方式条款中，为规避风险，需求方应尽可能在条款中约定货物由供应方送货。

（3）货款支付条款的审核。货款支付条款的规范性、有效性是保障合同正常履行的重要方面。作为物资需求方，为保证企业资金周转能力以及物资质量，在价款的支付条款中应禁止出现“预付款”条款，尽可能约定物资到场验收合格后，按照物资供给量支付货款。且条款中应注明在哪些情况下，买受方可以拒绝付款，如供应商所交物资存在质量问题等。

（4）违约责任的审核。在合同条款中应注明哪些情况属违约情况，并明确违约金的金额或是违约金的计算方法。

（5）合同争议解决条款的审核。解决争议方式主要是仲裁或诉讼。但是，在合同争议解决条款中只能约定一种方式。对于相对较专业的合同、合同纠纷涉及商业秘密或合同纠纷一方要求短时间内解决的，可以选择仲裁。

### 3. 合同签订有关原则及要求

物资管理部门在与合作方签订合同时，应严格遵循公司有关合同签订原则及要求，如发现未按照公司有关规定执行时，合同监督部门应追究有关部门或人员责任，如发生经济损失时，合同监督部门有权要求责任方赔偿公司损失。合同签订有关原则及要求如下：

（1）签订合同应当遵守国家法律、法规的规定，坚持平等、自愿、公平、诚实信用的原则。

（2）企业对外签订合同应由企业的法定代表人或由其书面授权（法定代表人签发的《法定代表人身份证明书》和《法定代表人授权委托书》）的委托代理人进行。

（3）签订合同前，物资管理部门应对对方进行初步审查，主要审查对方的资格、信誉等状况；审查供应商是一般纳税人还是小规模纳税人，如果是小规模纳税人是否由税务局代开增值税发票。公司应首选与一般纳税人签订采购合同，如果是零星物资，公司也可以与由税务局代开增值税发票的供应商签订采购合同；审查签约人的权限等信息，并要求对方提交《营业执照》《法定代表人身份证明书》《法定代表人授权委托书》等有关文件。

（4）签订合同应依法采取书面形式，并优先采用股份公司、集团公司或公司编制下发的合同示范文本，根据具体情况可在上述文本的基础上进行适当调整。政府部门有特别要求的，从其要求。

（5）签订合同应以企业法人名义进行，除双方法定代表人或其委托代理人签字外，应当加盖签约双方的公章或合同专用章，并明确合同生效条件和生效时间。

4. 合同评审

合同在正式签订前，应由合同分管部门和主管部门对合同进行评审，以规避潜在风险。由公司所属各单位具体实施但以集团公司为主体签订的合同，应由该项目部进行内部评审后，填制《项目合同评审表》（见附表7-1），报送公司合同管理部门进行评审，填制《公司合同评审表》（见附表7-2），公司合同管理部门评审后报送集团公司进行评审；由公司所属各单位具体实施但以公司为主体签订的合同，应由项目部进行内部评审后，填制《项目合同评审表》，报送公司合同管理部门评审，填制《公司合同评审表》并加盖公章。经公司合同管理部门评审通过后，方可签字盖章；如出现评审意见不一致时，应由合同主管部门向公司法律顾问提交书面报告，由总法律顾问进行决策。

### 7.2.2 合同变更和解除管理

合同成立所应具备的条件是合同的内容具体明确且与当事人意思表示一致。依据法律程序签订的符合法律规定的合同，受到法律的保护，任何一方均无权擅自变更或解除。合同变更只能是当事人共同合意变更，而只有依据法律规定及依据合同约定享有合同解除权时才可以解除合同。

1. 合同变更管理

合同相关条款的变动以及增加或减少相应的条款，都会引起合同的变更。引起合同变更的主要原因有：

（1）合同周期较长，在合同执行期间，因市场原因或经济形势波动，致使合同标的价格发生较大波动；

（2）物资的规格型号变化；

（3）对物资的质量要求有变化；

（4）对物资的技术要求有变化；

（5）因施工单位设计变更而引起的合同变更；

（6）增加或减少合同标的项或变更标的数量；

（7）施工进度变化，致使物资交货周期变化；

（8）合同货款的支付方式、运输方式或包装要求变化；

（9）其他情况引起的合同变更。

施工过程中需变更合同时，由变更合同需求方提出变更合同要求，并发出《变更合同通知》；接到对方发出的变更通知后，合同承办部门应分析合同变更要求并与供应商就具体变更事项进行协商；协商一致后，合同承办部门修改有关条款；修改后的物资采购合同应与订立一份新的合同一样，履行审批程序。合同的变更应注意以下两点：一是表明是双方当事人的共同意思，原合同双方应在变更协议上签字或盖章；二是明确变更的内容。

#### 2. 合同解除管理

在履行合同过程中，发生需要解除合同的情况时，应当书面通知对方，并说明理由；收到对方解除合同的通知时，应及时审查分析对方解除合同的理由是否合理、正当。如果合理、正当，合同双方应在友好、诚信的原则下签订解除合同协议；如果不合理、有失公正，则与供货方协商处理，如因解除合同而损害企业利益，应向对方提出书面索赔请求。

### 7.2.3 合同履约管理

课题组发现，施工企业与供应商的经济纠纷多发生在合同履约过程中。为规避经济纠纷风险，减少因经济纠纷引起的经济损失，有效地维护施工企业自身的合法权益，施工企业应加强合同履约管理。企业应从采购合同履约流程、合同预警、解决纠纷、合同考核等方面，切实规范合同履约管理。

#### 1. 建立物资采购合同履行流程

因物资采购合同履约过程的规范性可以有效地规避法律风险，避免引起经济纠纷，因此施工企业应建立规范的采购合同履行流程[1]。如图 7-1 所示：

---

[1] 彭海涛. 物资采购合同管理初探 [J]. 机械管理开发，2008，23 (5)：130-132.

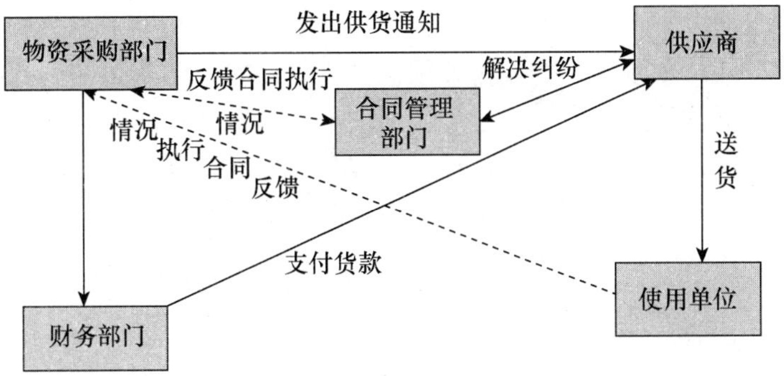


**图 7-1　采购合同履行流程**

如图 7-1 所示，使用单位需要采购物资时，将采购需求告知物资采购部门，物资采购部门通知供应商在约定时间内将标的交给使用单位，使用单位对物资进行验收后，填写物资验收单，并交给采购部门，采购部门对物资验收单审核无误后，将物资验收单及其他相关资料及时交于财务部门，财务部门对相关资料进行复核，按照合同约定的结算方式向供应商结算货款。合同正常履行完毕。

在履约流程中需要注意以下环节：

（1）物资的验收。物资到场后应由验收人员按验收程序对物资进行验收，以检验物资的包装是否完好；标的质量是否符合约定的质量标准；标的交付数量是否与合同约定的数量一致。

（2）货款的结算。货款在支付前，财务部门应对相关单据以及资料进行复核，如合同文本、物资验收单等，复核无误后方能支付货款。

（3）物资采购部门应及时向合同管理部门反馈合同执行情况，便于合同管理部门针对合同履约过程中存在的问题及时与供应商协调解决。

### 2. 合同预警管理

为保障物资采购工作的有序性、降低合同违约风险以及维护企业良好的形象，企业应加强对合同预警的管理工作。合同预警主要包括三个方面：

（1）合同到期预警。合同到期预警是指在合同期限届满某日前发出合同即将到期的信号，以便公司做好终止合同或续签合同的准备。公司加强合同到期预警管理工作，便于公司提前为采购做好准备工作，避免因合同到期影响物资的采购。

（2）合同付款预警。合同付款预警，适时提醒合同支付结算部门及时向供应商支付货款并索要发票，避免因货款未及时支付而发生经济纠纷。

（3）报税预警。报税预警，适时提醒合同支付结算部门及时去税务局报税，规避偷税漏税风险，以维护企业良好的对外形象。

### 3. 利用法律手段解决合同纠纷

若发生合同纠纷时，使用单位应及时将供应商违约情况及时告知物资采购部门，采购部门核实情况后及时将供应商违约情况反馈给合同管理部门，合同管理部门会同采购部门积极与供应商协调解决，协商不成，应通过法律手段如仲裁或诉讼的方式维护企业的合法权益。通过法律手段解决合同纠纷时，统一由法律事务部门进行登记、审查和办理授权委托，并由法律事务部门按照《法律事务管理办法》规定的程序进行处理。

### 4. 合同履约跟踪管理

合同管理部门应于每月月末将当月供应商的履约情况以及履约过程中存在的问题录入《合同履约跟踪表》内（见附表 7-3），并提交到法律事务部门。若合同一次性履约完毕，合同管理部门应在合同终止后的 3 个工作日内将其合同履约情况录入《合同履约跟踪表》内并提交到法律事务部门。法律事务部门应对合同管理部门提交的《合同履约跟踪表》进行汇总审查，并及时将汇总审查结果上报上级管理部门。此外，若合同管理部门对履约过程中存在的问题无法解决或解决较为困难时，可征询法律事务部门的意见。在征询其意见时，需递交相关材料，法律事务部门需在 3 个工作日内给出法律指导、提出解决意见并应协助合同管理部门进行解决。

### 5. 合同考核管理

公司合同管理部门应自合同签订日起每半年对采购合同履行情况进行一次考核，主要考核供应商供货的及时性、所提供产品的合格率、售后服务等是否符合合同条款的有关规定，合同执行过程中有无发生纠纷及处理纠纷的及时性等，并填制《采购合同履行情况评价表》（见附表7-4）。根据评价结果，将供应商的合同履约情况分为合格与不合格两类，对合同履约情况合格的供应商给予适当奖励（如及时支付货款等），对于评价结果不合格的物资采购合同，应分析原因，及时上报评价结果，限期整改或终止合同。公司各单位要认真对待合同评价工作，将其作为物资管理及风险内控检查的一项重要检查内容。

### 7.2.4 合同归档及监督检查管理

合同档案记录着合同的履约情况，是维护企业自身利益的凭证。如果纠纷发生，企业可依据合同档案的有关记录维护自己的权益。合同档案的管理是合同管理的重要环节，对合同档案的有效管理是合同管理的基本要求。合同归档管理主要包括合同资料档案管理及合同台账管理。合同监督是合同管理的重要内容，有效的合同监督既可以提高合同管理人员的管理水平，同时也能保证合同管理的质量。上级合同管理部门应定期或不定期检查施工单位的合同管理情况，以便及时发现合同管理中存在的问题，降低合同纠纷风险。

#### 1. 合同资料档案管理

合同资料归档主要是指合同原件及合同履行过程中的书面资料（合同变更、催货、到货、验收、质量保证金审核、产品质量纠纷等资料）进行归档管理。合同原件及合同履行过程中的书面资料是合同履行及履行情况考核的依据，是解决合同纠纷的有力工具；此外，合同中可能涉及企业的商业秘密。因此，企业应该将这些合同资料归档保管。其中涉及的催货、到货、验收、质量保证金支付审核等资料，由物资部专业人员进行收集、整理。合同档案资料按年度收集、整理，经物资部部长审核签字后，交档案管理员管理。

#### 2. 合同台账管理

物资采购部门应在供需双方签订采购合同的3个工作日内建立合同台

账。合同台账（见附表7-5）为表格式，一份合同对应一份合同台账。合同台账主要包括以下内容：合同的名称、编号；法务审核编号；合同签订日期；合同经办人及部门；合同纠纷解决方式；合同总价款、付款方式、付款时间；供需双方承担的违约责任；合同的执行情况；备注。当合同发生变更或解除时，合同经办人员应及时在合同台账的备注栏内注明。法律事务人员以及财务人员应定期或不定期审查合同的台账以及合同台账所附的资料，若发现合同台账的内容有误或资料不完整等问题时，应及时告知合同台账管理人员，并监督其更改相关内容或补充相关资料等。合同台账应分类存放，并装订成册，便于核查，同时能够有效地避免合同台账丢失。

### 3. 合同的监督检查

合同监督检查是合同管理的重要内容。合同管理部门和审计、纪委执法监察等部门要定期、不定期地检查合同的管理情况。主要监督检查以下内容：

（1）合同管理制度的制定与落实情况；

（2）合同管理档案建立情况；

（3）合同的签订情况；

（4）合同的履约情况；

（5）处理合同纠纷的情况；

（6）相关责任的追究情况等。

执行合同监督检查的相关部门应根据检查情况，采取不同的管理措施，以达到提高合同管理水平的目的。若存在下列情形者，执行合同监督检查的相关部门应下达整改意见书，提出相应的改进建议：

（1）被检查的单位合同管理制度不健全、不完善或是对上级下达的合同管理制度的落实不到位，应要求其在一定的时间内整改。

（2）在合同的签订、履行及管理环节中，未按合同管理制度的有关规定执行并给企业带来严重的经济损失的，应追究相应的行政责任和法律责任。

此外，对于在合同管理工作中表现优异，为企业避免或者挽回经济损失的单位或个人，应给予相应的奖励。

## 7.3　合同管理流程图

### 7.3.1　合同整体管理流程图

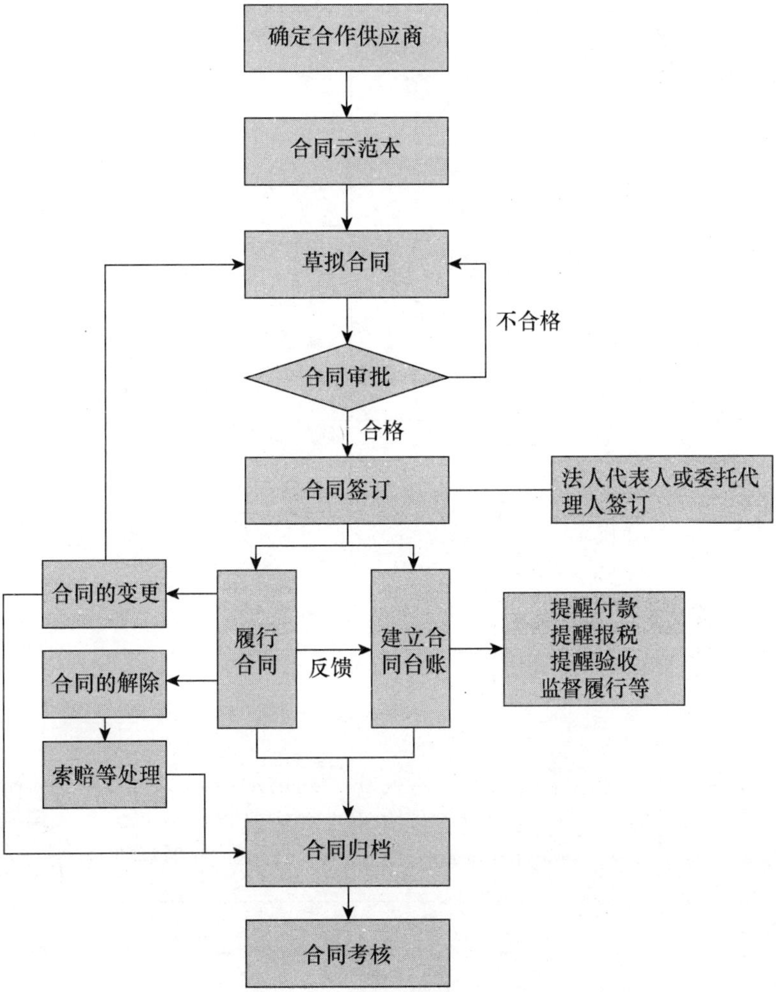


图 7-2　合同整体管理流程

### 7.3.2　合同订立审批流程图

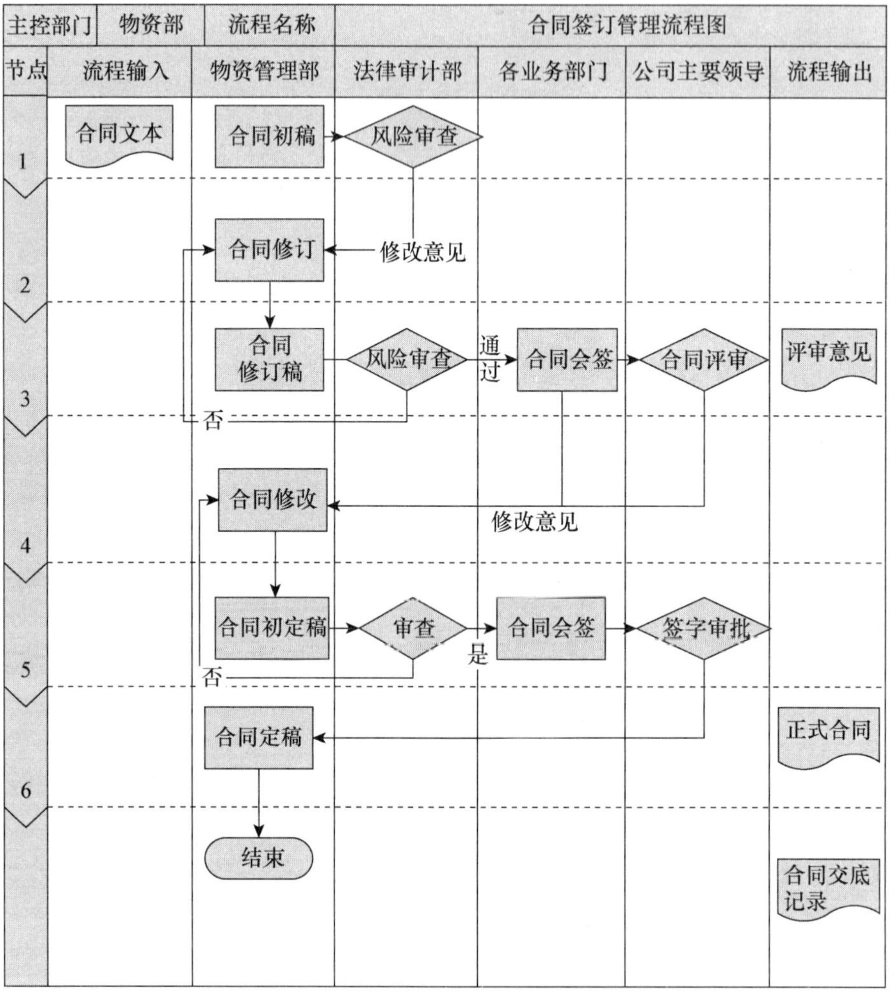


图 7-3　合同订立审批流程

## 附　件

**附表 7-1　　　____________________项目部合同评审表**

合同编号：

<table>
<tr><td>合同名称</td><td colspan="2"></td><td>合同额</td><td></td></tr>
<tr><td>合同<br>主要<br>内容</td><td colspan="4"></td></tr>
<tr><td rowspan="7">评<br>审<br>意<br>见</td><td>计划部<br>评审意见</td><td colspan="3"></td></tr>
<tr><td>物资部<br>评审意见</td><td colspan="3"></td></tr>
<tr><td>工程管理部<br>评审意见</td><td colspan="3"></td></tr>
<tr><td>安全质量管理<br>部评审意见</td><td colspan="3"></td></tr>
<tr><td>财务部<br>评审意见</td><td colspan="3"></td></tr>
<tr><td>项目总工<br>评审意见</td><td colspan="3"></td></tr>
<tr><td>项目领导<br>评审意见</td><td colspan="3"></td></tr>
</table>

附表 7-2　　公司合同评审表

合同编号：

| 合同名称 | | 合同额 | |
|---|---|---|---|
| 合同主要内容 | | | |
| 评审意见 | 申请单位意见 | | |
| | 计划经营部评审意见 | | |
| | 成本核算部评审意见 | | |
| | 物资部评审意见 | | |
| | 工程管理部评审意见 | | |
| | 安全质量管理部评审意见 | | |
| | 财务部评审意见 | | |
| | 法律事务部评审意见 | | |
| | 总法律顾问评审意见 | | |
| | 公司领导评审意见 | | |
| | 印章管理部门 | | |

**附表 7-3　　　　　　　　　合同履约跟踪表**

<table>
<tr><td rowspan="4">合同基本情况</td><td>合同名称</td><td colspan="3"></td></tr>
<tr><td>对方主体</td><td colspan="3"></td></tr>
<tr><td>合同标的</td><td></td><td>合同价款</td><td></td></tr>
<tr><td>委托负责人</td><td></td><td>生效日期</td><td></td></tr>
<tr><td rowspan="3">合同履行计划</td><td>交付项</td><td colspan="3">时间：　　　　　　　　项目：</td></tr>
<tr><td>验收项</td><td colspan="3">时间：　　　　　　　　项目：</td></tr>
<tr><td>付款项</td><td colspan="3">时间：　　　　　　　　项目：</td></tr>
</table>

附：1. 合同负责人在合同签订后请根据合同内容和实际情况认真制作合同计划对应填入上表；

2. 合同负责人请随时将对方履行情况认真填入下表。

附表 7-4　　采购合同履行情况评价表

评价项目：　　　　　　　　　　　　　　　　　　　　评价时间：

<table>
<tr><td>合同名称</td><td></td><td>签订时间</td><td></td><td>签订地点</td><td></td><td>合同编号</td><td></td></tr>
<tr><td>甲方</td><td colspan="7"></td></tr>
<tr><td>乙方</td><td colspan="7"></td></tr>
<tr><td rowspan="3">材料明细</td><td>材料名称</td><td>单价</td><td>数量</td><td>金额</td><td colspan="2">材料类别（甲供、甲控或自购）</td><td>备注</td></tr>
<tr><td></td><td></td><td></td><td></td><td colspan="2"></td><td></td></tr>
<tr><td></td><td></td><td></td><td></td><td colspan="2"></td><td></td></tr>
<tr><td>合同金额</td><td colspan="7"></td></tr>
<tr><td>合同变更情况</td><td colspan="7"></td></tr>
<tr><td rowspan="11">履行情况评价</td><td colspan="3">评价项目</td><td colspan="4">评价结果</td></tr>
<tr><td colspan="3">供应商供货是否及时</td><td colspan="4"></td></tr>
<tr><td colspan="3">供应商所供材料是否有不合格产品</td><td colspan="4"></td></tr>
<tr><td colspan="3">产品合格率</td><td colspan="4"></td></tr>
<tr><td colspan="3">出现不合格品后供应商采取的措施</td><td colspan="4"></td></tr>
<tr><td colspan="3">合同履行期间是否发生过纠纷或争议及解决结果</td><td colspan="4"></td></tr>
<tr><td colspan="3">货款支付情况</td><td colspan="4"></td></tr>
<tr><td colspan="3">履行完的合同是否执行了相关手续</td><td colspan="4"></td></tr>
<tr><td colspan="3">履行过程中的其他问题</td><td colspan="4"></td></tr>
<tr><td colspan="3">售后服务综合情况评定</td><td colspan="4"></td></tr>
<tr><td colspan="3">最终评价结果</td><td colspan="4"></td></tr>
<tr><td>评价小组签字</td><td colspan="7"></td></tr>
<tr><td>物资部门负责人签字</td><td colspan="7"></td></tr>
</table>

**附表 7-5　　合同台账**

台账编号：　　　　　　　　填制日期：

| | | | |
|---|---|---|---|
| 甲方名称 | | | |
| 乙方名称 | | | |
| 合同名称 | | 合同编号 | |
| 法务审核编号 | | 签约日期 | |
| 合同经办人 | | 经办部门 | |
| 对方联系人及联系方式 | | | |
| 纠纷解决方式 | | | |
| 合同总价款、付款方式、付款时间 | | | |
| 我方承担的违约责任约定 | | | |
| 乙方承担的违约责任约定 | | | |
| 合同执行情况 | | | |
| 备注 | | | |

**附表 7-6　　合同物资清单**

| 合同编号 | | | | 供应商 | | |
|---|---|---|---|---|---|---|
| 物资名称 | 规格型号 | 计量单位 | 数量 | 单价 | 金额 | 备注 |
| | | | | | | |
| | | | | | | |
| | | | | | | |
| | | | | | | |
| | | | | | | |
| | | | | | | |
| | | | | | | |
| | | | | | | |

第8章

# 现场物资管理

占工程直接费用85%以上的材料、半成品、成品都要通过施工现场，为生产建筑所消耗。因此，施工现场既是物资主要储藏场所，同时又是物资主要消耗场所，在现场浪费投资的可能性较大。因此，为降低工程成本，减少物资浪费损耗，施工企业应加强对现场物资的管理。施工现场物资管理主要包括物资到场的验收、搬运，保管、供应、盘点、核算，工程竣工后的物资退场、废料处理、物资的调拨等环节。课题组针对相关环节进行了深入研究，并在程序上、制度上加以规范，借以达到提高物资管理效率，降低物资成本的目的。

## 8.1 物资仓储管理

### 8.1.1 物资验收管理

物资验收工作对物资的质量起着监督和保障的作用。物资生产出厂虽然都进行了严格严查，但由于某些主观原因，可能会存在质量检查漏洞，即使物资出厂质量合格，但物资经过运输及装卸搬运环节，其质量、数量是否完整，还需要进一步检查。因此，物资验收管理是保障物资质量、数量、包装等良好的有效手段。课题组根据公司有关现场物资验收的现行规章制度，并结合施工企业现场实际管理情况，建议企业从物资验收方式、物资验收流程、物资验收时限、材质书的管理及不合格物资处理等方面加强现场物资验收工作。

#### 1. 物资验收方式

根据物资特性，将物资验收方式分为四种。本书中的验收方式，主要是指参与物资验收的人员结构、主体结构。根据物资特性，划分物资验收方式，一方面有利于保证物资验收的质量；另一方面可以节省人力，有效降低验收成本。具体验收方式为：（1）材料员验收。对于零星材料，其技术要求较低，为节约人力，由现场材料员按合同约定进行验收。（2）材料员、工长共同验收。对于一些专业水平要求较高的物资，为保证物资验收的质量，应由现场材料员和工长共同对其验收，需要取样试验的应由试验员取样检验，确定质量合格后办理验收手续。（3）专业工长、材料员、劳务队、保卫人员共同验收。为保证主材验收的质量以及进场主材的安全，主材的验收须由专业工长、材料员、劳务队、保卫人员共同参与验收，主材进场时实行“多人”签字制度；当材料管理人员较少时，如工程动工前期或是项目竣工期，也应确保验收时有两人以上在场，并共同签字确认。（4）业主、监理、施工单位共同验收。对业主提供、控制物资，为保证物资验收的质量以及明确验收主体责任，进场时由业主、监理、施工单位联合验收把关。

### 2. 验收流程

为提高验收工作效率，保证物资验收的质量，课题将物资验收工作分为三步：第一步检验单据是否齐全并检验单据相关参数与实物是否相符；第二步检验物资的包装、质量状况并核对物资数量；第三步做好进场物资的验收记录并对验收合格的物资按规定分批或定期办理《物资验收单》。为保证每一步验收工作的顺利进行，课题组进一步对验收工作细化，规范了每一步验收工作的流程，具体如下：

**（1）检验单据是否齐全及是否按单据收料**

具体检验流程为：

◆ 按计划、合同收料。验收人员应认真查看进场材料与采购计划、采购合同中所约定的名称、规格、型号、包装方式、生产厂商是否相符。

◆ 查看材质证明资料及送货凭证。查看材质证明是否随货同行，是否能够满足项目施工资料管理的需要，包括产品质量证明书、出厂合格证、产品检验报告、国家强制性产品认证书、产品生产许可证、质量体系认证证书、装箱单、发货单等，如果是进口材料或其他物资，必要时还须提供进口报关单、原地产证明书和商检证明；查看是否有《送货单》，《送货单》中填写内容与实际进场材料是否相符。

◆ 检查标签。检查标签是否存在，检查标签的内容是否完整，核对标签内容是否与材质证明相符。发现实物与单据不相符，做待验物资处理，及时与供应商取得联系。

**（2）检验物资的包装、质量状况并核对物资数量**

具体检验流程如下：

◆ 包装检验。对有包装的物资首先要检验物资包装是否完好无损。

◆ 物资数量检验。物资验收人员应依据物资特性确定检验物资数量的方法。在施工企业中，物资数量检验方法主要有点数法、过磅法、检尺法、量方法等。需要过磅的物资一定要过磅称重并填制《过磅单》（见附表8-1），需要用检尺的物资要严格使用检尺测量其长度并填制《检尺单》（见附表 8-2），按件数供货的物资要认真清点物资数量。有些物资可采取过磅和点数相结合来计量数量如钢材，即可在钢材的验收上采取过磅与点捆点根相结合的方法，既要把钢材的理论重量和实际重量控制在可控的范围内，又要逐捆清点根数做到材料的足量足数。对于具有下列情形，且无明确验收要求的，可采取抽查的方法，若抽查中发现数量或质量问题时应扩大抽查范围或全部重新检验：①与供应商合作关系比较稳定、证件齐全、包装完整。②包装状况良好，拆开包装检验物资质量易受损或是包装很难复原。③物资批量较大，全部检验困难较大且包装状况良好。④以理论换算的材料其规格整齐划一者。

◆ 外观质量检验。物资进场后，应由相关材料人员按照相关标准要求对物资的外观进行检验，主要包括裂纹、结疤、锈蚀、油污、毛刺、腐朽、弯曲、斜纹、钝棱、虫眼、偏差值等（部分材料外观质量检验内容详见表 8-1）；外观质量验收合格后需进一步实验的物资，由材料员填制《进场材料报检单》（见附表 8-3），上报实验室，通知实验员前来取样，及时对送检物资挂牌标识，注明检验状态。对已送检物资及时向实验员督促索要《物资检验报告》并调整检验状态。每月月末物资资料管理人员应对实验室出具的物资检验报告编号，建立《复验报告台账》（见附表 8-4），并与相关材质书一起装订成册存档，达到可追溯的目的。对质量检验不合格的物资，应按照不合格物资处理流程处理，并由验收人员及时填制《不合格物资通知单》（见附表 8-6）。对规格型号、数量、包装等不符合要求的物资做待验物资处理，由验收人员填制《待验物资记录》（见附表 8-5），由采购员与供货单位联系解决。

**(3) 做好进场材料的验收记录**

做好进场材料的验收记录，对进入现场的每一笔物资按进场时间、规格型号、包装状况、质量状况、试验结果、验收数量等都要填写情况。并由验收人员详细填写《物资验收记录》（见附表 8-7），物资检验和试验合格后，项目材料人员按规定分批或定期办理《物资验收单》（见附表 8-8），并由物资主管、业务、保管员共同签字并加盖公司章方为有效。对于新购的周转材料，应书面上报公司物资部进行备案，填制《新购周转材料备案表》（见附表 8-9）。此外，应对进场物资按月、按年进行统计登记，建立相应的台账，填制《主要材料进场台账》《材料进场台账》（见附表 8-10、见表 8-11 ）。

需要说明的是：对紧急放行的物资，验收人员可不按以上验收程序执行。当用料单位急需物资，来不及对所需物资进行验收时，可对该急需物资做紧急放行处理。由用料单位填制《物资紧急放行申请》（见附表 8-12）并及时向上级领导申报。上级领导审批后，方可做紧急放行处理。现场材料人员应对紧急放行的物资做好标示及相应的记录。若发生质量问题，可达到追溯的目的，便于及时追回和更换。此外，材料人员及工长应随时追踪紧急放行物资在使用过程中的质量状况，并做好质量状况记录，该记录应在规定的保管期内妥善保管且不得更改相关内容。在紧急放行的同时，物资验收人员应留出一定数量的样品进行检验，且检验结果应尽快完成，并将结果通知用料单位。

### 3. 物资验收时限

为了保证施工企业工程进度以及加快企业资金周转率，物资验收人员应在企业规定的时间内完成物资的验收工作。一般来说，验收人员应在一个工作日内完成验收，但对于采购批量较大或技术要求较高的物资，经物资主管批准后可适当延长验收时限，但验收时限不得超过七个工作日。

### 4. 材质书的管理

材质书是指建筑物资质量保证资料，它包括产品合格证、检验报告、材质证明书、生产许可证、特种劳动防护用品标志等相关证件。对材质书的有效管理，一方面，可以保证供应产品的质量及供应产品质量的可追溯性；另一方面，当施工过程中出现产品质量问题或发生经济纠纷时，材质书可作为维护企业权益的有力工具。

施工企业应从对材质书规范要求、材质书的交接、材质书的归档三方面加强对其的管理工作。具体管理要求如下：

（1）材质书规范要求。供应单位所提供的质量保证资料要求是出厂（场）原件，以保证材质书的真实有效性。若为复印件，则需在复印件上注明原件存放地点并加盖行政章或专用材质章，且章必须是鲜章，以保证材质书原件的可追溯性以及材质书复印件的有效性；此外，所有进场物资均应在材质书代表批量内，以使所有进场物资的质量均有保障。

（2）材质书的交接。材质书在传递、使用过程中，应做好记录，借用或使用都应由借用人或使用人在物资材质登记表上签字确认，以达到可追溯的目的。

（3）材质书的归档。材质书归档管理，可以完整保存与质量有关的证明文件。工程所使用的所有物资的材质书均应由项目技术部门归档保存，安全防护类物资的质量保证资料应归档保存于工程部门，此外，项目材料部门应保存材质书的复印件。

5. 不合格物资处理

不合格物资指经物资质量检验后发现没有达到用料单位质量标准或技术要求的产品。不合格物资主要包括两类：一般不合格物资和严重不合格物资。一般不合格物资是指不影响工程质量，但对工程的使用功能或施工的下道工序有一定的影响，经对物资处理后可满足施工要求，经济损失在5万元以内的不合格物资。严重不合格物资是指对工程质量、使用功能和下道工序有较大影响，经济损失在5万元以上的不合格物资。

为保证工程质量，物资验收人员应及时识别和发现不合格物资，并将不合格物资情况及时告知项目材料组，由项目材料组对发现的不合格物资及时单独堆放或隔离，并对不合格物资做出明显的“不合格”标识，避免施工人员误用。同时，项目材料组应在《不合格物资台账》中详尽注明不合格物资的名称、规格型号、生产厂家、批号、进场时间、不合格指标、不合格性质、处置方法等，以便备查。在施工过程中，施工人员发现使用的物资存在质量隐患时，应及时告知施工组长，施工组长核查确认后，应组织相关人员对同一批次的物资隔离并做好标识，及时通知材料员，材料员通知试验员重新取样试验，若检验结果显示确属不合格物资时，应及时通知项目材料组。

为保证工程质量、确保不合格物资处置得当，物资管理部门应严格按照评审流程处置，避免因处置不当而增加工程成本。当发现物资不合格时，项目技术人员应组织相关人员进行评审，以确定不合格物资的类别并提出处置意见。材料员应参与不合格物资的评审工作并填写《不合格品评审处置记录》（见附表8-13），经项目经理审查批准后，项目材料组着手准备处置事宜，并由物资材料人员填制《不合格物资台账》（见附表8-15）。若不合格物资的采购主体是公司采购部门，项目部应将不合格情况及时通知公司物资管理部门。对于不合格物资由业主提供的，项目部应及时将不合格情况通知业主，由其进行处置。对于降级使用、让步接收或改作他用进行处置的物资，由项目经理部填写《让步接收/降级使用申请表》（见附表8-14），由顾客及相关方批准后方可实施，并由材料人员记录使用部位，由工长在规定的时间内检查使用部位的工程质量情况。对于严重不合格物资，且采购主体为本施工单位的，项目材料组应直接拒绝收货或退货，并填制《材料退货台账》

（见附表 8-16），以便在供应商评价及合同履约评价中参考。

6. 材料进场验收及不合格物资处理流程图

**（1）物资现场验收流程图**

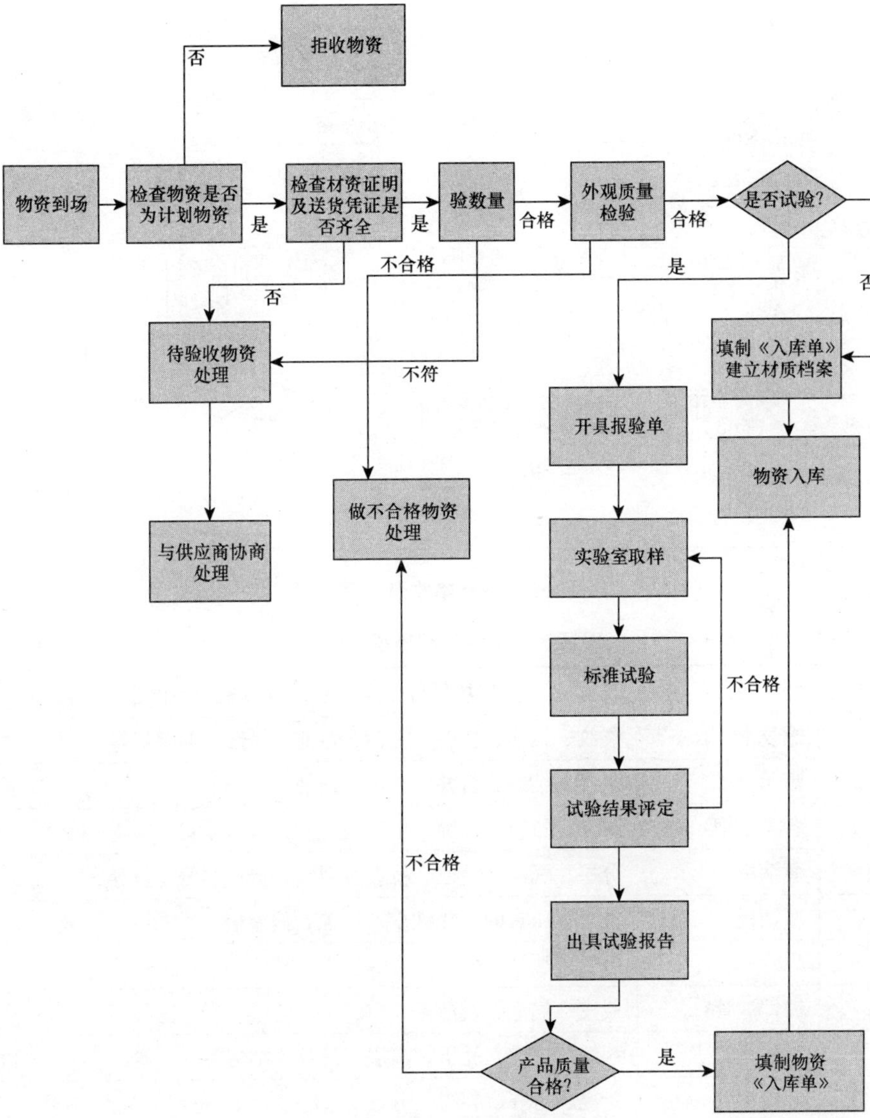


图 8-1　物资现场验收流程

（2）不合格物资处理流程图

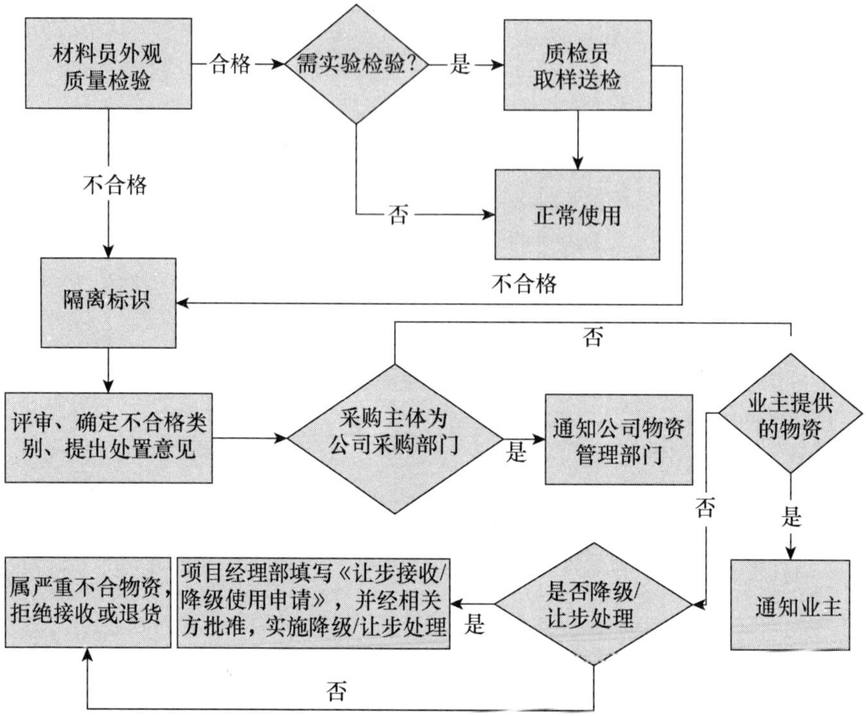


图 8-2　不合格物资处理流程

表 8-1　　现场部分材料外观质量检验内容

| 序号 | 名称 | 现场部分常用材料外观质量检验内容 |
|---|---|---|
| 1 | 螺纹钢 | 裂纹、结疤、折叠、油污、弯曲、锈蚀、偏差值等 |
| 2 | 盘元 | 裂纹、结疤、折叠、油污、锈蚀、偏差值等 |
| 3 | 各类型钢 | 弯曲、扭转、锈蚀、偏差值等 |
| 4 | 薄钢板 | 分层、气泡、结疤、拉裂、裂纹、折叠、偏差值等 |
| 5 | 厚钢板 | 夹渣及压入的氧化铁皮、锈蚀、偏差值等 |
| 6 | 焊管 | 折叠、裂缝、分层、搭焊 |
| 7 | 镀锌焊管 | 脱皮、气泡、锈渍等 |
| 8 | 无缝钢管 | 裂缝、折叠、轧折、离层、发纹、结疤等 |
| 9 | 螺旋钢管 | 折叠、搭焊、裂缝、分层等 |

续表

| 序号 | 名称 | 现场部分常用材料外观质量检验内容 |
|---|---|---|
| 10 | 镀锌铁皮 | 脱皮、气泡、锈渍、变形等 |
| 11 | 不锈钢板 | 凹凸、变形、光滑、平整度等 |
| 12 | 钢丝绳 | 毛刺、锈蚀、捻向等 |
| 13 | 木枋 | 节子、腐朽、裂纹、夹皮、虫害、钝棱、弯曲、斜纹等 |
| 14 | 胶合板 | 翘曲度、裂缝、虫孔、拼接缝、变色、腐朽、分层、鼓泡等 |
| 15 | 木质活动地板 | 鼓泡、开胶、边角缺损等 |
| 16 | 装饰层压板 | 干湿度、污斑、压划痕、色泽、光泽、分层、鼓泡、开胶等 |
| 17 | 刨花板 | 裂缝、局部松软、夹渣、边角缺损、压痕等 |
| 18 | 细木工板 | 节子、夹皮、补片、变色、裂缝、虫孔、腐朽 |
| 19 | 袋装水泥 | 时效、结块、破损等 |
| 20 | 白水泥 | 白度、结块、破损等 |
| 21 | 外加剂 | 受潮、变质 |
| 22 | 生石灰粉 | 受潮、细度、破损等 |
| 23 | 消石灰粉 | 细度、杂质、破损等 |
| 24 | 砂 | 含泥量、泥块、粒度、云母量、坚固性等 |
| 25 | 石子 | 含泥量、粒度、针片状颗粒含量等 |
| 26 | 加气制品 | 缺棱掉角、弯曲、裂纹、疏松、层裂等 |
| 27 | 红砖 | 弯曲、凸起、缺棱掉角、火候、偏差值等 |
| 28 | 水泥空心砖 | 缺棱掉角、裂纹、疏松、强度、偏差值等 |
| 29 | 轻骨料空心砖 | 缺棱掉角、裂纹、疏松、强度、偏差值等 |
| 30 | 烧结空心砖 | 缺棱掉角、弯曲、裂纹、欠火候等 |
| 31 | 天然大理石 | 翘曲、裂纹、砂岩、凹限、色斑、污点、缺棱掉角等 |
| 32 | 天然化岗石 | 色线、坑窝、色斑、裂纹、缺棱掉角等 |
| 33 | 水磨石制品 | 光泽度、出渣率、返浆、气孔、剥落、划痕、缺棱掉角 |
| 34 | 陶粒 | 粒度、火候、密度等 |
| 35 | 釉面砖 | 釉裂、变形、颜色、波纹、缺棱掉角等 |
| 36 | 陶瓷锦砖 | 釉裂、变形、颜色、波纹、缺棱掉角等 |
| 37 | 混凝土路面砖 | 裂纹、掉角、分层、色差、平面度 |

续表

| 序号 | 名称 | 现场部分常用材料外观质量检验内容 |
|---|---|---|
| 38 | 琉璃制品 | 粘疤、缺釉、裂纹、杂质、变形、釉泡、掉边角 |
| 39 | 卷材地板 | 裂纹、分层、褶皱、气泡、污染、图案变形等 |
| 40 | 塑料地板 | 缺口、龟裂、平面、光泽、色差、污染、伤痕 |
| 41 | 平板玻璃 | 气泡、波筋、划伤、砂粒、疙瘩、线道 |
| 42 | 钢化玻璃 | 爆边、划伤、缺角、结石、气泡、波筋等 |
| 43 | 夹层玻璃 | 气泡、杂质、裂痕、爆边、叠差、磨伤、脱胶 |
| 44 | 中空玻璃 | 污迹、露点、密封等 |
| 45 | 浮法玻璃 | 气泡、夹渣、划伤、雾斑等 |
| 46 | 玻璃马赛克 | 变形、缺边角、疵点、裂纹、皱纹、气泡 |
| 47 | 卫生陶瓷 | 斑点、缺釉、棕眼、坑包、裂纹、凹凸、烟熏等 |
| 48 | 防水剂 | 时效、破损、渗漏等 |
| 49 | 建筑涂料 | 色差、稠度、渗漏等 |
| 50 | 矿棉及制品 | 潮湿、破损、变质等 |
| 51 | 卷帘门窗 | 色差、流挂、剥落、锈蚀、拉毛、压痕等 |
| 52 | 混凝土排水管 | 光洁平整度、蜂窝、露筋、空鼓等 |
| 53 | PVC 管及管件 | 光滑平整度、气泡、痕纹、凹陷、色差等 |
| 54 | 电焊条 | 受潮、脱皮等 |
| 55 | 安全网 | 重量、原材、资质等 |
| 56 | 安全帽 | 光滑度、资质等 |

### 8.1.2 物资搬运管理

物资搬运管理是施工企业物资管理的必要环节。有效的物资搬运管理，能有效保障物资质量，降低操作人员伤害。物资在搬运时，为避免人为因素对物资质量的伤害，操作人员应严格按照搬运原则、搬运要求等实施搬运。

（1）现场物资人员应根据物资搬运及移动中的防护要求，合理确定搬运方式、合理选用搬运工具。操作人员应遵循安全操作规程，佩戴安全防护工具，确保人身安全；对物资采取相应保护措施，保持物资状态、包装、标识完好无损；确保移动中的物资处于完好状态。

（2）现场物资人员应根据物资的特性合理选择防护物品，一方面，便于操作人员搬运物资；另一方面，能够有效地避免物资丢失、损耗、变质等。

对于火工品类物资、易碎类物资以及其他不便于搬运的物资，现场物资人员应制定搬运方案，并与操作人员交底，现场监督指导操作人员搬运。

(3) 对于某些常用物资如水泥、砂石、地材等有其具体的搬运要求，现场物资人员应将具体要求告知搬运操作人员，必要时，可在实施搬运前对搬运操作人员进行培训，培训合格后方可上岗操作。此外，搬运操作人员在卸货时，应自上而下卸货，禁止推动；应轻拿轻放，禁止高空抛物；应分类搬运，禁止混搭搬运，避免混杂。堆放时，应注意合理苫垫，避免物资受潮、变质；堆码不宜过高，避免物资积压变形。

(4) 在途运输的物资应合理选择运输方式和运输路线，根据物品性能、性状进行分车，合理搭配装车，分批运输，符合政府主管部门的规定和安全要求，必要时派专人押运。押运人员应具备在途发生紧急情况时应急准备的基本响应能力，避免人员伤亡和环境污染现象的发生。

### 8.1.3 物资出入库管理

有效的物资出入库管理是保证物资安全的前提，是减少物资浪费的有效手段，是减少物资不合理损耗的有效途径，是降低工程成本的重要方面。因此，施工企业应加强物资出入库管理，使其制度化、规范化。

#### 1. 物资入库管理

物资入库管理是根据物资入库凭证（《验收单》《入库单》（见附表8-17）、《调拨单》（见附表8-18）等）办理物资入库手续，并对入库物资实施相应管理措施的过程。入库管理主要是对入库物资进行盘点、编码、标识，建立入库明细账、物资卡片等。物资入库首先要对入库物资进行盘点，并与物资入库凭证核对，如果不相符，拒绝物资入库，并将此问题向物资管理部门反映。物资入库后要对物资进行编码，物资的编码要根据施工企业自身的情况具体分析执行；且物资要分类别、分规格、分型号进行编码，即使类别相同，倘若规格型号不同，物资的编码也不相同。施工企业应对所有物资进行编码，便于对物资的统一管理。通过对物资的编码，管理层可通过计算机了解物资的动态，便于查询。仓库保管人员负责对每一种入库物资建立卡片，每一笔物资的出入库业务都及时、准确地在卡片上进行登记，仓库记账员应对入库物资建立收、发、存明细账，及时填写《物资出入库动态账》

（见附表 8-19），以记录物资的收、发、结存等信息；同时，建立物资出入库动态账是保证账物相符的重要途径。仓库记账人员应随物资的发放及时登记账目，以保证账目物资数量的准确性以及登账的及时性。然后对仓储物资设立标识牌（见表 8-2）进行唯一性标识，标明物资的名称、型号、数量、生产厂家、生产批号、生产日期、检验状态、检验日期、检验人、标识人等，以便查对和管理，物资入库管理主要内容如图 8-3 所示：

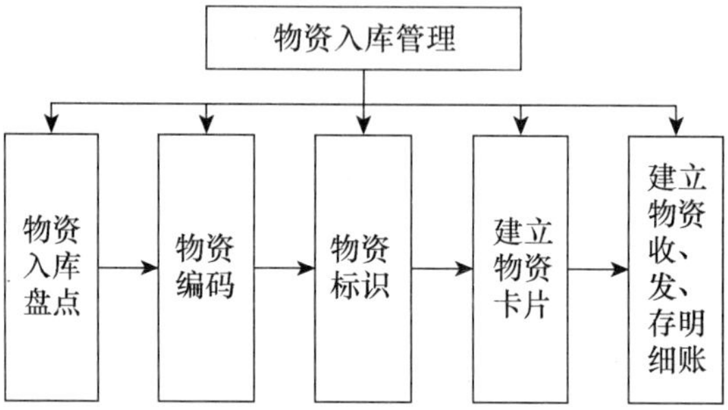


**图 8-3 物资入库管理内容**

**表 8-2 物资标识牌**

| | | | |
|---|---|---|---|
| 物资名称 | | 规格型号 | |
| 出厂编号（批号） | | 进场数量 | |
| 进料日期 | | 生产厂家 | |
| 生产日期 | | 使用部位 | |
| 检验状态 | | 检验人 | |
| 检验日期 | | 标识人 | |

2. 物资出库管理

物资出库是根据仓库出库凭证如《限额领料单》（见附表 8-20）、《领料单》（见附表 8-21）、《调拨单》《报损报废单》（见附表 8-22）等，向领料单位发放物资并办理出库手续的管理活动。要加强物资出库管理必须要实现制度化管理。材料发放前，首先办理领用材料授权委托书（样式见附表 8-24）。授权委托书由签订施工合同的法定代表亲自签字授权。如果施工队是单位的，还要加盖单位公章。没有领料授权委托书，物资部门不得发料。物资发料时，物资管理人员应填写《物资发料单》（见附表 8-23），注明物资的来源。发料单一式五联：第一联存根，第二联财务，第三联物资部，第四联收料单位，第五联保管员。物资出库必须持正式的符合规定的出库凭证方可出库，物资出库要实行“三检查，三核对”原则。三检查主要检查物资的数量、质量、包装袋等是否齐备完好；检查领料凭证是否正确；检查技术证件和有关资料是否齐全。三核对主要核对实物与账卡相核对，发料实物与发放凭证相核对，账卡与发放凭证相核对。物资的发放应遵守先进先出的原则，限额发料、退旧领新制度。物资备料后以及装车时，为防止可能出现差错，仓库人员必须进行复核，以保证物资名称、规格、数量以及质量与出库凭证相符。物资出库后，物资部材料人员应按月及时在《队伍领用材料台账》《队伍领（退）周转材料台账》《队伍领（退）小型机具台账》（见附表 8-25、8-26 和 8-27）上登记队伍领料台账，一方面便于分析队伍用料节超情况，另一方面便于与分包队伍对账。物资出库程序如图 8-4 所示：

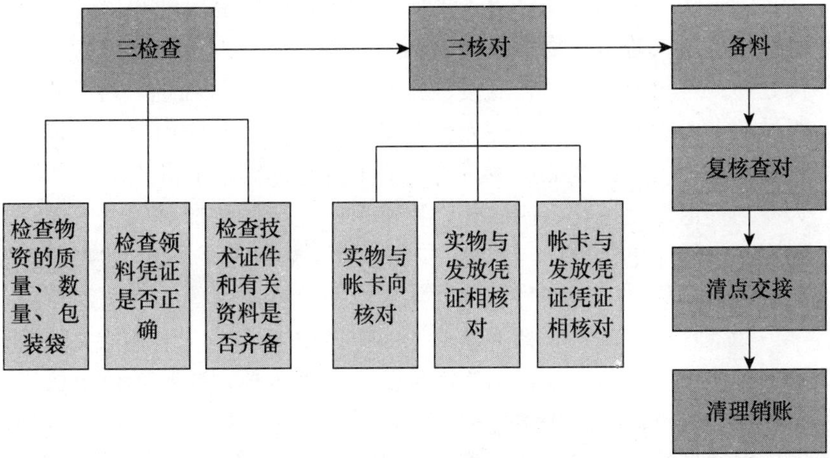


**图 8-4 物资出库程序**

### 8.1.4 物资退库管理

物资退库管理是提高物资利用率、降低物资成本、减少物资浪费、加强物资核算的重要途径。物资退库范围主要有：施工余料如不继续使用应及时退库；用料单位错领、仓库保管人员错发的物资应及时办理退库；专用物资在不同项目、不同施工单位间周转使用的应办理物资的领退手续；用料单位施工剩余物资且仍有使用价值的应及时办理退库。退库时应对退库物资价值做评估，评估时应遵循相关原则：

（1）所有材料凡因施工单位无计划造成超领、错领，且长期积压未使用过的，退库时一律按出库价的50%～60%折算；如在领料后30天内退库无损坏未使用过的，则按原价退库处理。

（2）施工所需的主材办理退库时，应由物资管理人员对退库物资的外观、性能进行检验，如发现存在外观、性能不良影响正常使用的问题，退库时一律不作价。

（3）由于施工方案变更致使已领且未使用的物资无法使用的，退库时应按照原来领用时的价格处理；对于已经使用的物资，退库时应以不高于领用价格的80%作价处理，同时出具工程部或修造厂审核依据。

（4）对于小型机具及周转材料的退库，应依据摊销后的剩余价值作为退库折价处理。

（5）施工队伍中途退场，对于未使用的劳保防护品、油料以及零配件等应及时组织退库。若退库物资距离领料时间在一个月以内，物资管理人员应按原价处理；若超过一个月，应按领料价格的80%折价处理。对于施工队伍未使用过的上述物资，物资管理人员应根据物资现有的使用价值以及物资的损坏程度，合理确定物资的退库折价，但不得超过领用价格的40%。

为使物资退库规范化、制度化，物资退库应严格按照有关程序办理。物资需退库时，退库单位应填写《退库申请单》（见附表8-28），注明退库物资的编号、物资名称、规格型号、退库数量以及退库原因等并由退库单位负责人签字。物资管理部门接收到退库单位的退库申请后，应组织相关人员对退库物资的价值进行评估，并提出资产价值评估报告单，用料单位审核无异议后签字确认。资产评估报告单应一式三份，一份由物资管理部门保管，一份交由退库单位保管，一份交由财务部门保管。退库单位应将《退库申请单》以及退库物资送至仓库管理部门处，以办理退库手续。退库时，仓库保管员应盘点退库物资，并与《退库申请单》的相关内容进行核对。需注意的是，仓库保管人员也应对退库物资执行严格的验收程序，验收合格后，填制《物资验收单》，退库单位对退库物资填制《退库单》（见附表8-29），办理完物资的退库手续后，物资方可入库。

### 8.1.5 物资保管

每种物资都有特性，施工企业物资管理人员应针对物资的特性，妥善保管。对物资妥善保管，有利于准确及时地为单位或工程项目施工生产和物资消耗提供供应和储存活动；有利于保证物资质量，减少损耗，减低材料成本；有利于合理储备，加强资金周转，提高经济效益；有利于确保物资的安全，避免物资丢失。因此，施工企业应加强物资的保管工作，提高物资保管水平，降低物资不合理损耗。物资保管不仅要对仓库物资进行保管，也应重视库外物资的保管，防止物资受潮、腐蚀、变质等，并做好物资的保养工作，将物资不合理损耗降到最低。物资管理人员或物资保管人员要对保管物资进行定期或不定期盘查，避免物资长期积压或丢失、损坏。

1. 仓库物资保管

仓库物资的合理规划，是物资有效保管保养的前提，是便于管理、安全作业的基础，是充分利用库房及设施的保障。仓库规划要布局紧凑，占地面积小，仓库利用率高，用料方便，符合安全要求，分区分类保管，并做好标识。具体规划如下：

(1) 建库位置应选择通风性和自然条件好的地方。为保障物资的质量，建造的库存应达到防水、防潮的目的，因此，应选择地势较高、水位较低且通风良好的地方建库。此外，建造的库房应便于物资运输，便于物料的收发，因此，应选择交通较为便利且距离施工现场较低的地方建库。

(2) 根据物资的物理和化学特征、仓库条件、消防要求，实行分区、分类、专柜、专储。对于性能要求不同、互有影响和互有抵触的物资，对湿度、温度要求不同的物资，对灭火方法不同的物资，都不能安排存储在一起。对危险品如火工品要同室分柜，即使是性能相近的危险品也不能混放，并对物资货位进行编号管理。

(3) 布置货架、货垛时，架间、垛间、垛与库墙体间距离要适宜，便于物资的收发。尤其是水泥，为避免水泥受潮变质，袋装水泥在堆码前，应用木板垫底，且高度应超过30厘米，距离内墙30米开外。为防止水泥积压结块，堆码不宜太高，高度应控制在10～15袋之间。对于大宗笨重物资，仓库要具备一定的搬运装卸条件。小型精密仪器要摆放在货柜货架上。

(4) 库存物资在堆码时应选择合适的堆码方式，便于盘点计数。在施工企业中，物资的堆码方法有交错式、阶梯式、三角式、装箱式、挂钩式、五五化堆码、十十化堆码等。对于小件物品，施工企业常采用五五化堆码方法。五五化堆码是指以五为基数，将物资堆码成五或五的倍数。采用五五化堆码方式堆码时，应注意堆码要整齐，上下要垂直，有利于盘点清查、发料控制、保持堆码的稳定性。此外，为便于物资的识别与查询，应对小件物资采取四号定码法进行编码化管理。四号定码法是用四位数字表示物资的存放位置以及物资的代码，四位数字分别代表物资存放的仓库号码、货架号码、层次号码、位次号码。对于大宗物资的堆码，可分成小的计数单位后再分层堆码；砂子、散装水泥、碎石等大堆料应堆码成型。

（5）仓库内物资布置时，要留出一定机动位置，用作物资待验、待发作业区。

（6）为保证物资的安全，仓库应设置消防栓、灭火器和其他消防装备，灭火器应设置在位置比较明显、取用方便、不影响安全疏散、不影响其性能及使用寿命的地方。

### 2. 库外物资保管

为减少物资不合理损耗，物资管理人员也应加强库外物资的保管工作。库外物资要求堆码合理、牢固，便于收发、盘点计量，苫盖牢固等。具体要求如下：

（1）库外物资的堆码要合理，对品种、规格型号、质量标准以及送货批次不同的物资，均分开堆放，并做好标识。堆放时，对易碎物资应轻拿轻放，避免碰撞；对易变形物资，堆码不宜过高，避免物资积压变形。发料要遵守“先进先出”原则，防止物资因长期积压而引起物资损坏；零星用料时应遵循“化整为零、破斤破两”的原则，减少物资的浪费。物资的堆放位置要合理，既要便于施工队用料，又要不影响施工作业；物资堆码的垛行、间距都要合理，便于物资的日期维护、收发、保管、盘点、消防安全等工作的进行。

（2）库外物资的堆码要牢固、整齐，且堆码要定量。为保证物资堆码的牢固，应首先保证垛位的稳定性较好。为保证物资的质量安全，物资的苫盖应合理、稳定。物资堆码时，应使每层、每批、每堆成整数，便于物资的发放与盘点。堆码要纵横成行，做到“一头齐”原则，包装标识朝外，便于查看。

### 3. 物资的保养

有效地物资保养工作，可以保障物资的质量，减少物资不必要的损耗。物资管理人员可具体从以下几点加强物资保养工作：

(1) 仓库内物资的性能可能受到仓库内温度与湿度的影响，进而影响物资的质量。特别是水泥，受仓库温度、湿度影响较大。因此，应对仓库的温湿度进行掌控。一方面，仓库内要悬挂干湿温度计，控制和调节库房内的温度。另一方面，仓库保管人员应保持仓库内干燥、通风，以降低仓库内的湿度。

(2) 注意金属材料的防锈并及时对其除锈。保管金属物资，要选择适宜的保管场所，金属材料尽量要入库，即使不能入库，在库外堆放也要进行妥善的堆码苫垫。金属物资生锈后要及时除锈，防止金属物资继续腐蚀，影响金属物资的质量。

(3) 周转材料及小型机具应定期维护。物资管理人员应定期组织相关人员对周转材料及小型机具进行维护保养，以保证周转材料及小型机具良好的性能及质量，为再次使用周转材料及小型机具做好准备。对于周转材料，维护保养人员应检查扣件的零部件情况，补、换相应的零部件并对扣件进行清洗上油；应调直弯曲的钢管并对钢管做除砼处理；对模板应进行面板更换、面板补洞处理并对面板做除砼处理；更换快拆件的零部件并对快拆件做除砼处理。对于小型机具应及时配齐损坏、丢失的配件，并及时清洗上油。

### 4. 定期或不定期盘查物资

保管人员应定期或不定期盘查储存物资，发现有超过有效期的物资、损坏报废的物资时，要及时填写《超时物资重新验证申请表》(见附表 8-30)、《物资报损报废申请表》(见附表 8-31) 向上级领导申请重新检验、报废处理等。仓库保管人员在对保管物资盘查特别是对业主提供的物资盘查时，应对丢失、损坏、不适用产品做好记录，及时填写《丢失、损坏、不适用产品记录》(见附表 8-32)，并上报物资管理部门。

## 8.2 限额领料管理

限额领料是根据工长安排给施工班组的工程量，按照施工预算、物资消耗定额计算物资需用量，以便控制发料数量，促使班组节约原材料的一种管理制度。限额领料制度能够有效地控制物资消耗，降低物资的浪费，明确节超责任，合理组织物资供应，因此，施工企业应建立限额领料管理制度。为完善限额领料制度，物资管理部门应在限额领料实施前制定合理的物资消耗系数及节约超耗奖惩率，确定核算单位和核算范围，并制定相应的领料办法。限额领料制度执行时，需要各部门积极配合，将限额领料制度落到实处。课题为规范限额领料制度，从限额领料制度的内容、业务分工及限额领料程序等方面进行研究，施工企业在制定限额领料及具体实施时可作为参考。

### 8.2.1 限额领料制度

#### 1. 确定物资消耗定额系数

实行限额领料必须有一定的标准限制。因此，在执行限额领料时，应提前制定物资消耗定额系数。物资消耗定额的制定，应先根据国家预算定额以及施工经验、往年数据，采用数理统计方法制定出合理的领用定额，然后依据领用定额与限领物资数量之间的关系，确定物资消耗定额系数。

#### 2. 确定物资节超奖惩率

节超奖惩率是对施工队节约材料或超耗材料实施奖惩的标准和依据，是约束施工队用材的有效手段，同时也是鼓励施工队节约用料的一剂良药。通常，物资节超奖惩率应控制在价值的5%～10%之内[1]。但具体实施时，施工企业应根据自身实际情况，并结合工程的复杂程度，制定一个科学合理的物资节超奖惩率。

---

[1] 王忠汉. 铁路施工企业如何实行限额领料管理 [J]. 现代商业，2013 (5)：100-101.

3. 确定核算的对象

限额领料应以施工班组为核算对象，每季或每月核算一次，分析施工队物资节超情况，避免核算周期过长，对物资的消耗不能及时有效地控制。此外，对于低值易耗品、劳保品实行以旧换新制度，以旧换新也属于限额领料的范畴。

4. 制定限额领料办法

施工企业应根据自身企业的特点，并考虑限额领料办法的可行性、可操作性，制定适合自身企业的限额领料办法。

5. 执行限额领料制度，并实施奖惩

限额领料办法一经确定，各部门都要严格执行，并将奖惩落到实处。

### 8.2.2 限额领料业务分工

限额领料应由物资部门牵头制定方案，并负责在方案执行过程中不断修改，使其不断完善。此外，施工企业实行限额领料制度，并非仅仅依靠物资部就能执行好这一制度，而是需要多个部门的配合，如工程部、安环部、财务部等。

项目经理主要负责制定限额领料实施细则，但要结合本项目的特点，制定适合本单位的实施办法，并负责审批物资部提交的限额领料奖惩申请单等。工程部主要负责编制限额领料单，并负责核算限额领料单的总量与物资总需求计划是否一致，确保限额领料制度真正达到限额的作用。物资部主要负责建立限额领料台账，执行限额发料；依据施工进度、施工任务完成情况，核算施工队伍当月用料节超情况，填制限额领料奖惩申请单报项目经理审批，审批通过后，交于财务部门。安环部主要负责检查、通报工程质量情况。财务部应定期核对材料实际成本与物资限额发料统计资料，确保限额领料数据真实、准确并兑现奖惩。

### 8.2.3 限额领料的实施过程

#### 1. 限额领料单的填制

根据工程部签发的作业任务单，按照施工预算分部分项工程量、消耗定额由现场专业人员适时计算物资用量，填写限额领料单。限额领料单应一式三份：一份工程部自留，一份交施工班组，一份交物资部。在填写限额领料单时，应注意内容的完整性、准确性，填写的规范性。

#### 2. 物资限额发放

仓库发料时应以限额领料单为依据，凭单发料。如果分批发料时，应分批逐日在限额领料单上记录实领数量，并在限额领料单上做好物资退库数量记录。超额领料时，需经工程部、总工批准。班组超额领料时，物资部门应拒绝发料，并将此情况告知工程部；工长依据施工现场实际情况做出决定；工长批准发料后，物资部方可发料，并在限额领料单的备注栏中注明，以便备查。因设计变更或是作业内容变动需变更限额领料单的，工程部应及时告知物资部和施工队伍，施工队伍应及时返还原领未用的材料。注意，退还数量、质量应与领用数量、质量一致，若有差额或质量受损则作为用料单位的超耗，月末按照限额领料制度的有关规定实施相应的惩罚。

#### 3. 建立限额领料台账

物资部应建立限额领料台账，作为物资发放的依据。登记限额领料台账时，应依据限额领料单发放记录逐笔登记。此外，应注意限额领料台账内容的完整性以及数据的真实性，以达到可追溯的目的。

#### 4. 实施奖惩

月末核算物资实际领用数量并与领用定额比较，根据物资定额消耗系数以及物资节约奖惩率计算出施工队伍的奖惩金额，实施奖惩，并公开奖惩公告，以体现限额领料的严肃性以及对限额领料的重视度。

### 8.2.4　限额领料管理流程图

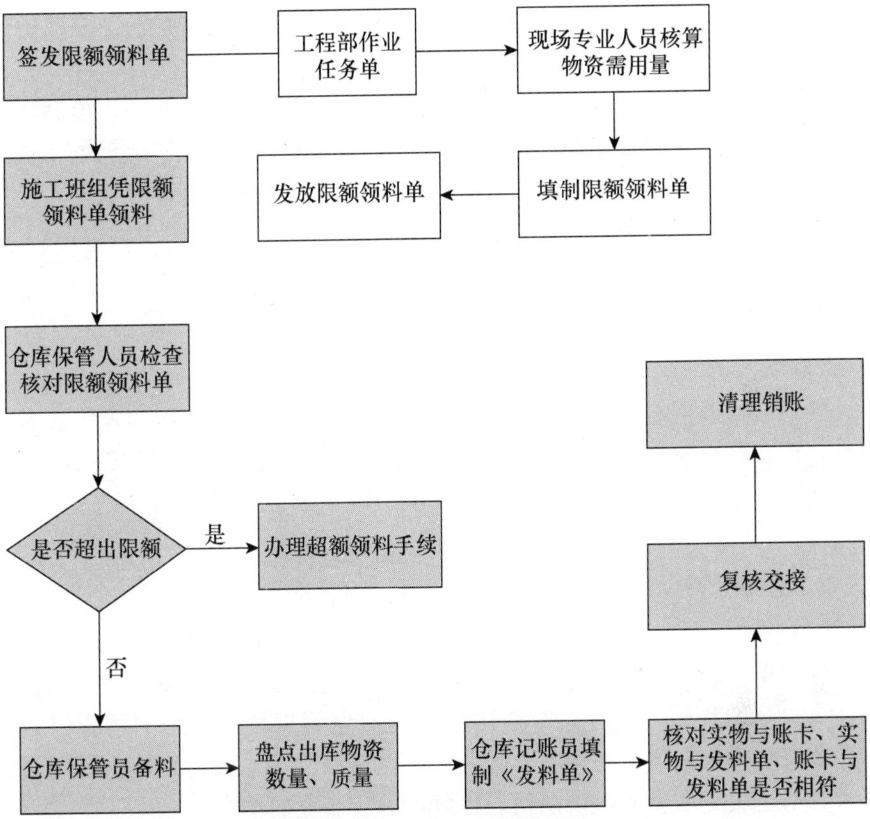


**图 8-5　限额领料管理流程**

## 8.3　现场物资监管

施工企业现场物资品种类别较多，且数量较大，监管不善易造成物资流失及浪费，进而增加施工企业物资成本，降低施工企业经济效益。当前，施工企业普遍存在以下现象：

◆ 物资验收人员与供应商勾结，造成“假送货”现象；物资过磅人员与供应商之间存在不法交易，致使过磅人员虚报物资数量，造成物资流失。

- 仓库保管人员监管物资不善或监守自盗，造成物资流失。
- 现场剩余物资或废旧物资没有及时回收、处理，造成物资流失。
- 物资消耗没有制定物资消耗控制标准，造成施工人员浪费现象严重。

除上述以外，施工企业还存在很多因监管不善造成物资流失浪费的现象，这里不再一一指出。

为有效地降低施工企业工程成本，增加企业的经营管理效益，提高物资管理效率，施工企业应采取相应的措施加强现场物资监管，避免现场物资流失、浪费。本书给出以下几点可操作性的建议，施工企业可参考执行，以达到加强物资监管，避免物资流失、浪费的效果。

### 1. 物资过磅时实行“两人以上”原则

物资在过磅房过磅时，应遵循“两人以上”在场原则，除物资过磅人员以外，还要有材料员在场，可以有效地避免过磅人员与供应商之间的不法交易。

### 2. 实行“谁领料，谁负责”的原则

领料单位领料时，领料人要在领料单上签字并注明领料时间，达到物资责任可追溯的目的。领料人对领用物资负有监管责任，领用的物资一旦流失，物资管理部门可归咎领料人的责任，并有权力要求其追回流失的物资或要求其对流失物资做出经济赔偿，以降低施工企业的损失。

### 3. 施行物资“施工代管”

“施工代管”主要针对周转材料类物资的管理，其他类物资也可参照实施。当施工班组在施工某一个分项工程时，物资管理人员可采取与其施工班组签订材料节超奖惩合同的方法控制材料的使用。以钢模板为例，物资管理部门按照施工方案计算钢模板的用量及周转次数，并将钢模板一次性配齐。施工完工后，根据交回的钢模板数量，减去合理损耗，计算出节超数量，按合同进行奖惩。

4. 实行“跟车”原则

直发外包劳务队的钢筋、水泥、木材、油料、碎石料、防水物资、砼加剂等重要物资，要由项目部专职材料员跟车到现场与对材料员一起清点、验收、核对无误，双方签字确认并卸车后，方能离开。

5. 现场剩余物资或废旧物资及时回收、处理

施工过程中，施工企业现场要设专人负责及时回收剩余物资、废旧物资的工作。要有专人定期定点清理现场，将剩余物资、废旧物资妥善保管，并建立台账；物资部门对劳保品和小型机具实行“以旧换新”制度，并将回收的劳保品和小型机具妥善保管，建立台账。并根据有无价值，对回收物资实施不同的处理措施。

6. 实行“夜间值班和巡逻”制度

借助项目公安及当地公安力量打击倒卖材料行为，并实行“夜间值班和巡逻”制度。项目部应采用不间断的夜间值班和巡逻制，每晚安排一名项目部领导和科室人员整夜不间断地在全线值班和夜间巡逻。当巡逻人员发现不法分子实施不法行为时要及时与当地派出所取得联系，可以有效地避免半成品、成品材料以及未及时处理的余料的丢失。

7. 制定物资消耗控制标准

制定物资消耗控制标准，有利于培养用料单位的节约用料意识；有利于约束用料单位用量；有利于在成本核算时，核算用料单位的节超情况，实施相应的奖惩，降低工程成本。课题组通过研究工程物资历史消耗数据，特制定出有关材料的消耗控制标准。

（1）钢筋控制标准。以项目钢筋废品率和节约率为控制指标。废品率是指项目的废品量与项目钢筋消耗量之间的比值，控制标准为2%以内；节约率是指钢筋节约量（钢筋预算量－消耗量）与预算量的比值，控制目标按工程计价方式分为：工程清单报价则控制目标为1.5%以上，工程定额报价则

控制目标为3%以上。

（2）商品混凝土和自拌混凝土控制标准。商品混凝土以节约率为控制指标。节约率是指商品砼的节约量与合同收入量之比，控制目标为2%以上。自拌混凝土以材料损耗系数为控制指标。材料损耗系数是指原料的超耗量与总的原料消耗量之间的比值。水泥、矿粉、添加剂控制目标为2%以内，砂的控制标准为4%以内，碎石的控制标准为2%以内。

（3）料具控制标准。主要以钢管、扣件、顶托的年损耗率为控制指标。其损耗率是指损耗量（含正常损耗和非正常损耗，不含正常消耗量）与实际进场总量的比值。钢管、扣件、顶托的控制目标分别为1%、2%、1%以内。

（4）零星材料控制标准。以零星材料的费用占有率为控制标准。费用占有率是指零星材料（不含可周转利用的电线、配电箱）费用占材料总费用的比率，控制目标为2.5%以内。

（5）模板木枋控制标准。根据模板接触面积，按9元/平方米控制模板木枋消耗费用。

### 8. 加强物资人员业务培训

因工程项目的复杂性、多环节性，故对物资管理人员的专业水平以及道德水平要求都较高。为提高管理人员的专业以及道德水平，施工企业应加强对物资人员的培训工作。集团公司、子公司物资部门要根据物资人员的知识结构和专业素质，制定年度培训计划，把政治思想教育与专业技术培训相结合，把学历教育和非学历培训相结合，把内部培训与外部培训相结合，切实提高物资管理人员的综合素质。施工企业各级物资工作人员应实行持证上岗制度，对于未取得相关资格证书且未经过集团公司培训的人员，均应参加集团公司的培训且考试合格后方发证上岗。物资人员的培训以集团公司统一组织为主，子（分）公司也应结合实际，采取多种形式，组织岗前专业培训。物资人员的培训应结合现场实际采取多种形式，不走过场，讲究实效。较偏远的工程项目部或参训人员较集中的地方，可以把课堂选在工地，因陋就简、因地制宜，利用业余时间进行培训。

### 9. 其他措施

可采取其他措施加强物资的监管。如项目经理部工程承包制中，项目部可根据施工现场情况以及物资管理人员的专业水平，合理安排人员岗位。对于专业性要求高的岗位，应实施一人一岗制；对于专业要求不是很高的岗位，可实行一人多岗制，达到施工现场由项目部人员监管的目的。另外，项目部内部引进奖惩制度。施工单位负责人负责现场物资监管工作，可以以施工队伍为单位。如果施工单位负责人抓住一起倒卖物资或偷盗物资事件，项目部应给予一定的奖励；如果施工单位发生了一起倒卖物资或偷盗物资事件，而施工单位负责人却没有及时发现或事后发现，项目部根据经济损失程度，给予适当的经济处罚，经济损失严重者，应给予一定的行政处分。

## 8.4 现场物资6S管理

6S管理作为施工企业的一种现场物资管理模式，主要包括“整理—整顿—清扫—清洁—素养—安全”六项内容。施工企业现场物资管理中应用6S管理，可以提高现场物资管理效率，保证现场物资的充分利用，提高物资使用效率，延长周转材料及小型机具的使用寿命，保证仓库环境整洁有序，加强危险品的保管，降低事故发生率等。因此，施工企业应重视6S在现场物资管理中的应用，并将其付诸实施。本书中的6S管理与传统意义上的6S管理有所不同，本书所讲的6S主要是针对施工现场物资的管理，在传统6S管理的基础上进行了改进，使其更能达到完善施工现场物资管理的效果。

### 1. 整理（Seiri）

在施工企业现场物资管理中，整理的要求主要有：

（1）对仓库以及库外保管的物资进行定期或不定期的整理，整理出积压、变形、破损、腐蚀、生锈、变质的物资，由技术人员或实验人员鉴定是否还有使用价值。如果有，则采取一定的方法对物资进行处理，如除锈、截材再利用等；如果没有使用价值，由相关人员提出申报并提出处理意见，待审批后进行处理。

（2）对作业现场的物资，由专人对工作场所的各种物资进行分类整理，区分为有用物资与无用物资，并将无用物资清理干净，妥善保管，做好登记，便于相关人员对无用物资进行回收与处理。

2. 整顿（Seiton）

在施工企业现场物资管理中，整顿的要求主要有两点：

（1）对仓库以及库存物资进行整理后，对引起物资损坏的原因进行分析，并对留下来的物资进行重新归置，必要时要对仓库物资的保管方式、方法做适当的调整，避免再次出现物资损坏的现象。

（2）对作业现场整理后留下的必要物资进行定点定位放置，并放置整齐，必要时加以标示。

3. 清扫（Seitso）

在施工企业现场物资管理中，清扫的要求主要是对钢筋、金属材料、周转材料以及小型机具等物资清扫干净，去除垃圾、灰尘和污迹，防止钢筋、金属材料等的腐蚀，延长周转材料及小型机具的使用寿命。

4. 清洁（Seiketsu）

在施工企业现场物资管理中，清洁是要求将上面3项实施的做法标准化、规范化并贯彻执行及维护。具体实施方案：

（1）安排专人执行以上3S管理工作或是将3S任务分配给作业队伍，或采取两者结合的方法，并明确责任。

（2）制定奖惩措施并评比考核，对表现优秀的作业队伍和个人给予适当的奖励，对表现较差的作业队伍和个人给予一定惩罚，使他们产生改进的压力。

5. 素养（Shitsuke）

在施工企业现场物资管理中，素养要求物资管理人员以及作业队伍养成良好的行为习惯，依规定行事，严格遵守物资管理有关条例，即物资管理人员严格按计划进行物资采购、供应；验收人员严格遵守验收程序对进入现场物资进行检验；仓库保管人员及记账人员按规定做好仓库物资的收、发、退等经济业务，并凭单发料；作业队伍领料要凭单领料，对分项工程完工未用物资及时办理退库手续等。只有物资管理人员、施工队伍提高自身素养，严格按照有关规定执行各经济业务，才能有效地提高物资管理效率，切实降低工程成本，提高企业效益。

6. 安全（Security）

在施工企业 6S 管理中，对于安全的要求，是指施工企业既要考虑到物资的安全同时也应考虑到人员的安全。主要包括以下内容：

（1）运输中的安全事项：运输时妥善保管或遮盖，捆绑牢固，重心稳妥，确保物资及采购人员的安全；卸车时应轻拿轻放，禁止高空抛物；按顺序自上而下卸车，禁止推动；使用合适的卸货工具卸货，节约人力，减少物资损坏。

（2）仓库要达到防风、防雨、防冻、防火要求，库外物资堆码要牢固，注意垫底苫盖，确保物资安全。

（3）对周转材料及小型机具等定期保养、维护，延长其使用寿命，确保周转材料及小型机具使用人员的安全。

（4）对危险、易爆物资进行妥善管理，并建立相应的管理制度（具体管理见第 9 章中火工品管理）。

施工企业应认真贯彻 6S 管理，并制定 6S 管理制度，使 6S 管理制度化、规范化。并对 6S 管理的执行情况进行评比考核，实施一定的奖惩，将 6S 管理纳入施工企业物资管理中，进而提高物资管理效率，降低施工企业成本。

## 8.5　物资盘点管理

物资盘点是指定期或临时对现场所有物资的数量进行清查，真实反映现场物资结存状况，并对现场所有物资的实际数量与账面数量进行核对、分析、处理等工作，保证物资消耗成本的准确性，以便更有效地促进项目物资管理。物资盘点能够真实反映各种项目的资产状况，加强物资过程管理。课题组从盘点时间、盘点人员、盘点过程管理、盘点结果处理及盘点工作考核等角度，针对企业加强物资盘点工作提出建议。

1. 盘点时间

物资盘点通常是月盘点，即每月月末对现场物资实施盘点。但对于辅助性材料、零星材料，即C类物资可实行季盘点，于每季季末实施盘点。施工企业的盘点时间应与报表时间统一，对于月盘点应要求每月二十八日前，项目部须将《物资材料盘点表》《周转材料盘点表》《小型机具盘点表》（见附表8-33、8-34和8-35）报上一级物资管理部门、财务部进行审核。项目部也可根据实际情况，每月增加盘点次数。工程某节点完成后，应对该节点材料进行全面盘点。项目竣工后，在工程交工阶段应对现场剩余物资进行全面盘点。

2. 盘点人员及盘点过程管理

盘点工作分为初盘和复盘两个阶段。

（1）初盘阶段。在初盘阶段，项目材料人员对现场材料相互盘点，且禁止直接盘点本岗位管辖区的物资情况；项目材料负责人应全程监督物资初盘工作，避免盘点人员徇私舞弊；项目材料人员对盘点范围内的材料盘点时，应按照采购物资进场时的计量方式精确统计材料，但因物资正在使用或属半成品等无法精确统计的，项目材料人员可要求专业工长配合进行估算。盘点过程中，盘点人员应根据清点结果，填写《物资盘点表》并由盘点人员签字确认，盘点表的内容包括物资名称、规格型号、计量单位、单价、账上存量、实际存量、盘点差异等，若需更改盘点表内的相关内容时，应用红笔在更改处签名，且不得撕毁该页表单。

（2）复盘阶段。初盘完成后，初盘人员应将《物资盘点表》转交于复盘人员。项目财务部门和公司物资部代表负责复盘工作，项目材料人员应协助复盘人员复盘。复盘从初盘先结束的部门开始，复盘采取抽盘的形式，且复查比例应不得低于30%。复盘人员应先复核初盘更改项目，然后复核价值较高的存货，最后复核库存量较大的存货。复核后，复盘人员将结果与初盘情况核对，若复盘与初盘间存在差异项，针对差异项，双方共同分析原因，确认后在物资盘点表上备注。若复盘发现，初盘中至少存在5%的错误，初盘人员应对盘点范围内的物资重新盘点。复盘完毕后，各盘点区域应对盘点表进行整理、汇总，并由盘点负责人及时归集盘点表、核对盘点张数，确认无误后及时交于物资部。

### 3. 盘盈盘亏处理

由于某些原因，如计量方式的不同、自然因素影响、管理不善、材料收发不准等，造成盘点时库存物资与账务不相符，盘点人员应及时做盘盈、盘亏处理。

（1）盘盈处理。盘点对账后发现盘盈时，将盘盈结果和原因报项目领导，经审批后进行账务处理。对于盘盈材料，可调拨到其他项目或重新按材料收入入账，以冲减材料成本。

（2）盘亏处理。盘点对账后发现盘亏时，盘点人员应及时，分析查找材料盘亏原因。经分析属客观因素造成材料的亏损，由盘点人员及时将盘亏结果及客观原因报项目部，经审核批准后由财务部进行账务处理；经分析属人为、管理不善造成材料的亏损，盘点人员应查明责任人并制定处理方案，并及时将盘亏结果及处理方案报项目部，经项目部或公司物资管理部门审核批准后，财务部方可进行账务处理，同时，盘点人员可追究相关人员责任，并将处理所得上交财务部冲减材料成本。为保证盘亏处理得当，规范盘亏结果及盘亏方案审批流程，课题组特设立了审批权限：对于月盘点盘亏金额在5万元以内的，项目部应负责审核批复；对于月盘亏金额在5万元以上的，项目部审核后，应上报公司物资管理部门审核批复。对盘点过程中发现的过期、变质、受潮、发霉、生锈、损坏、虫蛀等失效的物资，盘点人员应及时查明原因并由项目经理审批后处理，大宗材料还应报公司审批，经评审后做降级使用或做废材处理。盘点中发现施工现场存在大量的长期积压的物资，盘点人员应及时上报，由项目部领导做出退货或者调剂处理。

### 4. 盘点工作考核

为促进盘点人员对盘点工作更加积极、负责，使盘点工作高效、顺利进行，施工企业应建立盘点工作考核制度。

盘点工作结束后，由项目物资管理人员、财务人员及公司物资代表（初盘、复盘人员除外）组成盘点工作考核小组，公司物资部代表担任组长。被考核人员范围包括初盘人员、复盘人员，考核项目包括盘点业务、盘点后处理业务。盘点工作考核采取打分制并对考核结果按得分高低排序，排名前三名者，分别奖励 800 元、600 元、400 元，排名后三名且考核不及格者（未达到 70 分者），分别罚款 800 元、600 元、400 元。具体考核内容及打分细则见表 8-3 所示：

**表 8-3　　　　盘点工作考核表**

| 考核人员名单 | | | |
|---|---|---|---|
| 被考核人员 | | | |
| 考核地点 | | 考核时间 | |
| 考核项目 | 考核内容 | 分值 | 实际得分 |
| 盘点业务 | 1. 盘点前期准备工作充分 | 5 | |
| | 2. 盘点表填写认真、准确、清晰 | 10 | |
| | 3. 填写盘点记录表认真、准确、熟练 | 10 | |
| | 4. 修改盘点表的相关内容方法正确 | 10 | |
| | 5. 复核、填写复盘数据认真、准确 | 10 | |
| | 6. 处理初盘与复盘差异的方法正确 | 10 | |
| | 7. 盘点流程规范 | 5 | |
| 盘点后处理业务 | 1. 账目核对认真、准确 | 10 | |
| | 2. 编制盈亏报表及时、认真、正确、熟练 | 10 | |
| | 3. 盈亏原因分析合理、全面 | 10 | |
| | 4. 盘盈盘亏处理得当 | 5 | |
| | 5. 对盘点过程中发现的问题，能够提出实质性的建议 | 5 | |
| 合计 | | 100 | |

## 8.6 废旧物资管理

本书中的废旧物资主要是指建筑施工中产生的边角余料，在施工中不能继续使用，但残值有一定回收价值的物资。包括废钢材、废模板、废木枋及其他等。经考察发现，边角余料在现场物资中占有一定的比例，特别是临竣工项目或竣工项目，边角余料占到现场物资的 60%左右，如果项目部没有及时规范的处理废旧物资，将会给企业带来较大的损失。因此，课题组为提高企业经济效益、降低工程成本，在公司有关处理废旧物资的规章制度的基础上，进一步规范了废旧物资管理的有关内容，如废旧物资的回收、保管、处理权限、处理程序等，以期达到充分挖掘内部潜力，减少消耗，降低物资成本，避免公司财产流失的目的。

1. 废旧物资的回收、保管

使用单位等实物资产直接管理单位应设专人在当天工作结束后及时回收废旧物资，并由使用单位派专人定期将废旧物资移交物资部；物资部管理人员核对废旧物资的名称、规格型号、数量，并检查废旧物资的废旧程度，确认无误后，填写《物资入库单》，登入废旧物资收发存账目内并将《物资入库单》及时上交财务部门；财务部门根据相关单据及时进行账务处理并登记《废旧物资管理台账》（见附表 8-36）。入库的废旧物资应单独存放，并做好标识，由库管人员建立《废旧物资台账》（见附表 8-37），并定期统计废旧物资的种类及数量。废旧物资出库时，物资部应根据相关单据或文件办理废旧物资的出库，开具《物资出库单》并登记《废旧物资台账》，《物资出库单》需及时上交财务部；财务部门根据《物资出库单》以及其他相关单据进行账务处理。

2. 处理废旧物资的职责权限

对废旧物资的规范处理需要公司物资部、项目部、公司财务部、公司纪检监察部门分工协作，共同完成废旧物资的处理工作。公司物资部是废旧物资处理的归口管理部门，具体负责对废旧物资处理工作的监督和检查；负责废旧物资的处理招标，确定回收单位和回收价格。项目部是废旧物资处理的执行单位，负责废旧物资的确认鉴定、分类堆码，编制并提交废旧物资处理计划，参与并协助公司物资部门的招标活动，与回收单位协商回收事宜，监督并协助回收单位现场回收，收取回收单位押金，账务核算等。公司财务部门负责监督废旧物资资金处理过程并接受项目财务部门上交的废旧物资处理资金。公司纪检监察部门负责全程监督废旧物资处理过程。

3. 废旧物资处理流程

在对废旧物资处理前，项目内部应成立废旧物资处理工作小组，主要由项目书记、相关工长、材料员、技术人员、财务人员、施工队等组成，具体负责对废旧物资的确认鉴定、分类堆码、列出废旧物资清单、填制《废旧物资审批表》（见附表 8-38）以及后期废旧物资处理过程的管理工作。项目部对废旧物资清单及《废旧物资审批表》审核并签署审批意见后，上报公司物资管理部门。公司物资管理部门审核签署审批意见后，组织招投标事宜并确定回收单位。废旧物资处理的招标活动，应严格按照招标流程组织招标活动，招标流程详见本书第 5 章。这里需注意的是，在招标的资质审查环节，应重点审查回收单位的回收资质，是否具有有效回收许可证以及公安部门许可证。公司纪检监察部门应对公司物资部门招标确定的回收单位以及回收价格进行审核。回收单位在回收物资前应缴纳不少于所处理废旧物资价值的押金，由项目财务部开具收条，废旧物资处理后办理退款核算。回收单位在装车时，应由至少两个不同部门的人员实施全过程监控，在处理以重量为计量单位的废旧物资时，应要求回收单位押空车到项目指定的地点过磅，装车完毕后，应返回原过磅地点过磅。过磅时，应不少于三名废旧物资处理小组成员在场，并共同在过磅单上签字确认。在废旧物资计量过程中由项目部相关人员填制《废材处理单》（见附表 8-39），并上报公司物资部。装车完毕后，回收单位凭财务处开具的押金收条到项目物资部门办理出门证，凭出门证方可将废旧物资带离施工现场。废旧物资的处理资金应及时交于财务部门，便于财务部门及时冲减项目成本。公司财务部和物资管理部门每月应对各项目处理废旧物资的情况进行统计核对，若有违规、违纪现象，按公司有关规定进行查处。若项目或个人，不经允许擅自处理废旧物资，并将废旧物资所得据为己有，应对其通报批评，并以废旧物资处理所得的 2 倍作为罚款金额；如在处理废旧物资时，不按公司程序执行，出现受贿现象的，应对其按公司规定惩罚，情节较为严重者，应利用法律手段解决。废旧物资的处理流程如图 8-6 所示：

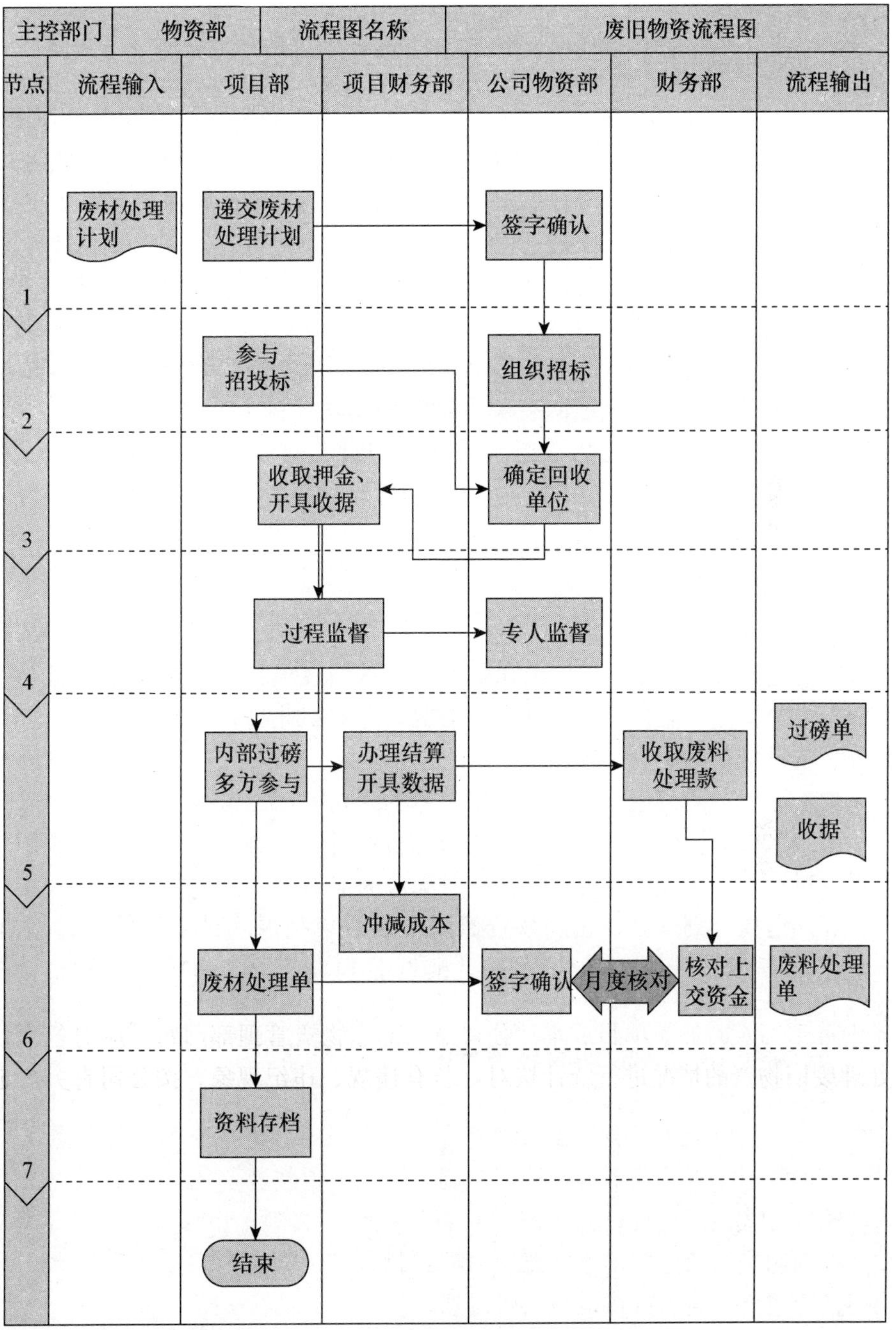


图 8-6　废旧物资处理流程

## 8.7 物资退场管理

项目竣工后，施工企业应组织物资退场，做到“工完、料尽、场地清”。做好物资的退场工作，可以有效地利用资源，降低成本，确保公司资产不流失。本书将退场物资分为五类：租赁类、采购合同约定类、劳务单位自行提供类、项目间可调剂利用类、废旧物资处理类。因租赁类物资、采购合同约定类物资在退场时可根据租赁合同、采购合同内的相关条款约定组织退场，劳务单位自行提供类物资由劳务单位自行组织退场，废旧物资处理类物资可依照上节所述废旧物资管理的有关内容实施退场，且为使物资退场规范化、制度化，故本章重点研究物资退场的管理职责、物资退场程序、物资调拨管理。

### 1. 物资退场管理职责及程序

物资退场管理工作主要由公司物资管理部门及项目材料组指导实施。物资部门主要指导、监督物资退场执行情况，并对在此过程中发生的纠纷予以解决。项目材料组负责具体执行物资退场。

物资退场主要经过上报退场计划、退场计划审批、具体实施三个阶段。

(1) 上报退场计划。材料组对废旧物资统计、分类、统一归置，并及时上报退场计划。通常，退场计划提交时间应为退场执行前 7 天。

(2) 退场计划审批。公司物资部门应及时审批退场计划，并对退场具体实施方案做出指导。项目材料组根据公司物资部门的指导积极实施退场。

(3) 具体实施退场。租赁类物资退还给出租单位，如租赁类物资有损坏、报废的，按合同有关规定予以赔偿；采购合同中约定的物资按合同约定执行；废旧物资应按照上节废旧物资管理的有关内容组织退场；退场物资中可调剂的物资需先按调剂流程调剂，调剂后仍有退场物资的，可将剩余物资采取招标方式做变卖处理；劳务单位自行提供的材料，由该单位自行退场，项目材料组进行核定并签字同意，由项目物资部门开具出门证，劳务单位凭出门证方可将其自行提供的材料带出场。

2. 物资调拨管理

为充分利用物资资源，提高物资利用率，提高项目部资金周转能力并鼓励项目使用材料时套材使用等，公司对项目间可调剂利用的物资实行物资调拨制度。项目间可调剂的物资主要有：工程用主要物资、周转材料及小型机具、临建材料、中小型设备及电线电缆、其他余料等。

实行物资调拨制度需要公司物资部、退场项目及调入项目之间合同协作。公司物资部门负责对调拨物资的盘点清查、确定接收单位，并对在物资调拨过程中发生的争议进行解决；退场项目负责积极主动联系接收单位，并与接收单位协商调拨的有关事宜，如调拨的时间、调拨物资的价格、调拨物资的运输方式以及运输费用等；调入项目积极与调出项目协商物资调拨的有关事宜、协助调出项目完成物资调拨工作并按公司要求优先使用调拨材料。

确定调拨价格时应遵守以下原则：

（1）调拨双方应在公平、平等、合理、自愿的原则下确定调拨价格。

（2）调拨价格应以市场价格为基准，在一定范围内浮动，应双方协商确定。

（3）双方协商不能达成一致时，公司物资部门应出面协调、仲裁，双方均应执行公司物资管理部门仲裁的结果。

（4）调拨物资的运输费用及其他费用由双方协调确定。原则上由调出单位承担运输费和上车费，调入单位可派人参与卸车验收，并承担卸车费用。

物资的调拨应按一定程序实施。项目阶段性完工后，对于需调拨的物资，以书面或电子邮件形式上报公司物资管理部门；公司物资管理部门派人到项目竣工现场进行盘点清理并做好统计记录，与未竣工项目部协商确定调入项目；退场项目材料组与调入项目部协商确定调拨价格、时间、运输、计量等相关事宜并根据协商结果具体实施物资调拨工作；经项目部调拨后仍有剩余的物资，统一放置在公司物资部指定的地点，由公司物资部采取招标议价的方式做变卖处理，变卖所得归原项目部所有。

## 8.8 物资现场管理流程图

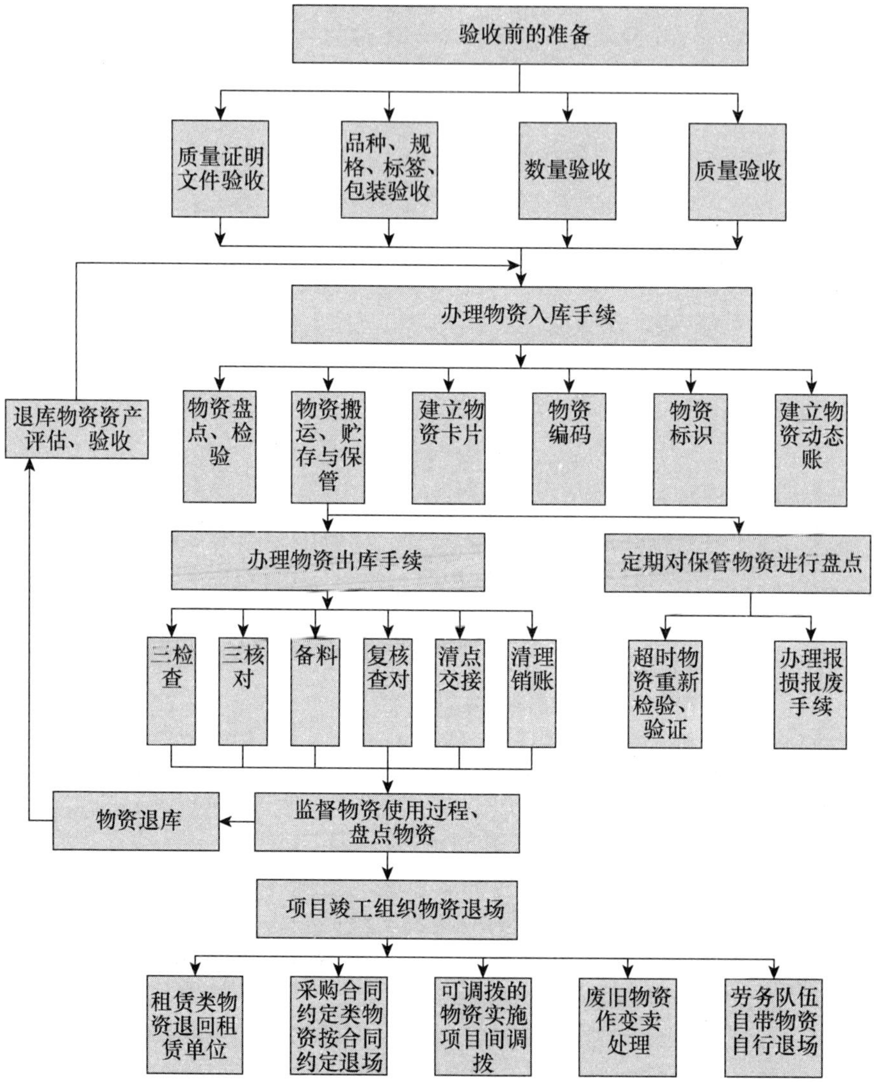


图 8-7 物资现场管理流程

## 附 件

**附表 8-1**

**过 磅 单**

年　　月　　日　　　　编号：

| | | | | | | | |
|---|---|---|---|---|---|---|---|
| 发货地点和单位 | | 收货地点和单位 | | 到货时间 | | 卸货时间 | |
| 品名 | | 单位 | 毛重 | 皮重 | | | 净重 |
| | | 吨 | | | | | |
| 运户 | | 车种 | | 车号 | | 司机 | |

**附表 8-2**

**检 尺 单**

年　　月　　日　　　　编号：

| | | | | | | | |
|---|---|---|---|---|---|---|---|
| 发货地点及单位 | | 送货地点及单位 | | 到货时间 | | 卸货时间 | |
| 型号 | 捆数 | 捆根 | 根米 | 小钢 | 合钢 | 吨数 | |
| | | | | | | | |
| | | | | | | | |
| 运户 | | 车种 | | 车号 | | 司机 | |

检尺人：　　　　验收人：　　　　司机：

附表 8-3　　进场材料报检单

编号：
年　　月　　日

| 委托单位 | | 受托单位 | |
|---|---|---|---|
| 取（制）样本 | | 取（制）样日期 | 年　月　日 |
| 送样日期 | 年　月　日 | 收样日期 | 年　月　日 |
| 实验编号 | | 使用部位或用途 | |
| 名称及炉号编号 | 规格型号 | 数量 | 备注 |
| | | | |
| | | | |
| | | | |
| 委托实验项目：<br>备注： | | | |
| 委托经办人姓名 | | 收样人姓名 | |

附表 8-4

## 复验报告台账

编制单位：　　　　　　　　　　　　　　　　　　　　　　　　　　编号：

| 序号 | 物资名称 | 规格型号 | 验收日期 | | 供货单位 | 计量单位 | 数量 | 复验报告编号 | | 检验状态 | 业务主管 | 实验室主任 |
|---|---|---|---|---|---|---|---|---|---|---|---|---|
| | | | 月 | 日 | | | | 原编号 | 自编号 | | | |
| | | | | | | | | | | | | |
| | | | | | | | | | | | | |

附表 8-5

## 待验物资记录

| 供应商名称： | | 发票号： | | |
|---|---|---|---|---|
| 到货日期： | | 发票日期： | | |
| 物资名称 | 规格型号 | 数量 | 包装 | 待验说明 |
| | | | | |
| | | | | |
| | | | | |

收料人：

**附表 8-6** **不合格物资通知单**

编制日期：

| | | | | | |
|---|---|---|---|---|---|
| 材料名称 | | | 规格型号 | | |
| 进场时间 | | | 代表数量 | | |
| 进场地点 | | | 材料负责人 | | |
| 试验负责人 | | | 检验日期 | | |
| 不合格<br>检验项目 | | | | | |
| 处理意见 | | | | | |
| 签发人 | | 签发日期 | | 接收人 | |

**附表 8-7** **物资验收记录**

填制单位： 编号：

| 合同编号 | 物资名称 | 规格型号 | 供货单位 | 数量 | | 到货时间 | 物资验收情况 | | | | | 验收说明 | 处理情况 | 记录人 | 验收时间 |
|---|---|---|---|---|---|---|---|---|---|---|---|---|---|---|---|
| | | | | 原凭证书 | 实收数量 | | 包装 | 外观 | 合格证编号 | 复验报告编号 | 质量判定 | | | | |
| | | | | | | | | | | | | | | | |
| | | | | | | | | | | | | | | | |

**附表 8-8** **物资验收单**

验收记录编号：

材料来源： 年 月 日 科目____第____号

| 序号 | 物资名称 | 规格型号 | 质量证明书编号 | 计量单位 | 数量 | | 金额 | | | | 备注 |
|---|---|---|---|---|---|---|---|---|---|---|---|
| | | | | | 原凭证数 | 实收数量 | 购入单价 | 总价 | 标准单价 | 总价 | |
| | | | | | | | | | | | |
| | | | | | | | | | | | |
| 采购金额合计 | | | | | 物资主管 | | 业务 | | 保管 | | |
| 验收说明 | | | | | | | | | | | |

盖章有效 经办： 送货人：

附表 8-9

**新购周转材料备案表**

编号：

| 项目名称 | | | | 购买日期 | 年　月　日 | | |
|---|---|---|---|---|---|---|---|
| 用　途 | | | | | | | |
| 材料名称 | 规格型号 | 单位 | 单价 | 数量 | 金额 | 预留残值（单价） | 备注 |
| | | | | | | | |
| | | | | | | | |
| | | | | | | | |
| | | | | | | | |
| | | | | | | | |
| | | | | | | | |
| | | | | | | | |
| | | | | | | | |
| 备案资料：1. 发票、备案表的扫描件　2. 备案表的电子版 | | | | | | | |

制表：　　　　物资部主管：　　　　财务主管：　　　　项目经理：

**附表 8-10**

**主要材料进场台账**

编制单位：

年　月

| 材料名称 | 规格型号 | 单位 | 本月情况 | | | 累计情况 | | 备注 |
|---|---|---|---|---|---|---|---|---|
| | | | 单价 | 进场数量 | 金额 | 进场数量 | 金额 | |
| | | | | | | | | |
| | | | | | | | | |

制表：　　审核：　　物资主管：　　项目经理：

**附表 8-11**

**材料进场台账**

编制单位：

| 年 | | 物资名称 | 规格型号 | 单位 | 实到数量 | 收货人 | 供货单位 | 进场材料通知单号 | 检验结果（试验编号） |
|---|---|---|---|---|---|---|---|---|---|
| 月 | 日 | | | | | | | | |
| | | | | | | | | | |
| | | | | | | | | | |

制表：　　审核：　　物资主管：　　项目经理：

附表 8-12　　　　物资紧急放行申请

编号：

<table>
<tr><td colspan="2">申请单位</td><td colspan="2"></td><td>申请人</td><td colspan="3">年　月　日</td></tr>
<tr><td colspan="2">使用部位</td><td colspan="2"></td><td>批准人</td><td colspan="3">年　月　日</td></tr>
<tr><td>序号</td><td>物资名称</td><td>规格型号</td><td>计量单位</td><td>申请数量</td><td>实发数量</td><td>发料人</td><td>领料人</td></tr>
<tr><td></td><td></td><td></td><td></td><td></td><td></td><td></td><td></td></tr>
<tr><td></td><td></td><td></td><td></td><td></td><td></td><td></td><td></td></tr>
<tr><td></td><td></td><td></td><td></td><td></td><td></td><td></td><td></td></tr>
<tr><td></td><td></td><td></td><td></td><td></td><td></td><td></td><td></td></tr>
<tr><td>紧急放行原因及风险分析</td><td colspan="7"></td></tr>
<tr><td colspan="2">检验/试验结果</td><td colspan="6"></td></tr>
<tr><td>验证记录</td><td colspan="3">验证人：　　年　月　日</td><td>不合格处置记录</td><td colspan="3">处置人：　　年　月　日</td></tr>
</table>

**附表 8-13　　　　不合格品评审处置记录**

项目部：　　　　　　　　　　　　　　　　　　编号：

<table>
<tr><td>不合格<br>物资名称</td><td></td><td>规格型号</td><td colspan="3"></td><td colspan="4">不合格品<br>数量</td><td colspan="3"></td></tr>
<tr><td colspan="2">发生时间</td><td></td><td colspan="7">发生地点</td><td colspan="3"></td></tr>
<tr><td>评审<br>负责人</td><td></td><td>评审<br>时间</td><td colspan="2"></td><td colspan="3">处置<br>负责人</td><td colspan="2"></td><td colspan="2">处置<br>时间</td><td></td></tr>
<tr><td colspan="13">不合格品的详细描述分析：</td></tr>
<tr><td>严重程度</td><td colspan="2">□严重　□一般</td><td colspan="6">检查人员</td><td colspan="4"></td></tr>
<tr><td colspan="13">不合格原因分析：<br><br>签名：</td></tr>
<tr><td rowspan="5">不合格<br>评审与<br>处置</td><td colspan="3" rowspan="5">□进行返工返修，以达到规定要求<br>□经返修或不经返修作为让步接收<br>□降级改作他用<br>□拒收或报废<br>□调整技术规范</td><td colspan="9">评审处置人员</td></tr>
<tr><td colspan="3">姓名</td><td colspan="4">单位</td><td colspan="2">职务/职称</td></tr>
<tr><td colspan="3"></td><td colspan="4"></td><td colspan="2"></td></tr>
<tr><td colspan="3"></td><td colspan="4"></td><td colspan="2"></td></tr>
<tr><td colspan="3"></td><td colspan="4"></td><td colspan="2"></td></tr>
<tr><td colspan="13">处置结果：<br><br>签名：</td></tr>
<tr><td colspan="13">验证：□转为合格　　□转为一般不合格　　□保持原水平<br><br>验证人：</td></tr>
</table>

附表 8-14　　让步接收/降级使用申请表

项目部：　　　　编号：

<table>
<tr><td>项目名称</td><td></td><td>申请单位</td><td></td></tr>
<tr><td>申请内容</td><td></td><td>申请日期</td><td></td></tr>
<tr><td colspan="4">不合格品情况：<br><br>记录人：　　　　日期：</td></tr>
<tr><td colspan="4">申请理由：<br><br>申请单位负责人：　　　　日期：</td></tr>
<tr><td colspan="4">申请单位审批意见：<br><br>申请单位审批人：　　　　日期：</td></tr>
<tr><td colspan="4">顾客及相关方意见：<br><br>顾客及相关方代表：　　　　日期：</td></tr>
</table>

**附表 8-15**

## 不合格物资台账

工程名称：

| 记录编号 | 不合格物资名称 | 生产厂家 | 规格型号 | 批号 | 进场时间 | 不合格指标 | 不合格性质 | 处置方法 | 评审人 | 处置人 | 审批人 |
|---|---|---|---|---|---|---|---|---|---|---|---|
| | | | | | | | | | | | |
| | | | | | | | | | | | |
| | | | | | | | | | | | |

制表：　　审核：　　物资主管：　　项目经理：

**附表 8-16**

## 材料退货台账

工程名称：

| 进场日期 | 材料名称 | 规格型号 | 单位 | 炉批号 | 进场数量 | 退场日期 | 退场数量 | 供应商 |
|---|---|---|---|---|---|---|---|---|
| | | | | | | | | |
| | | | | | | | | |

制表：　　审核：　　物资主管：　　项目经理：

**附表 8-17**

## 物资入库单

物资类别： 年　月　日 编号：

| 供应商名称 | | | | | 检验日期 | | | |
|---|---|---|---|---|---|---|---|---|
| 发票编号 | | | 合同号/订单号 | | 验收单号 | | | |
| 序号 | 物资名称 | 规格型号 | 计量单位 | 入库数量 | 单价 | 金额 | 检验结果 | 备注 |
| | | | | | | | | |
| 发票金额 | | | | | | | | |
| 运费 | | | 其他费用 | | 金额合计 | | | |
| 部门负责人 | | | 采购员 | | 保管员 | | 会计员 | |

**附表 8-18**

## 调 拨 单

编号：

调出单位： 调入单位：

发料仓库： 工程项目：

| 物资名称 | 规格型号 | 计量单位 | 数量 | | 调拨价 | | 财务复核价 | |
|---|---|---|---|---|---|---|---|---|
| | | | 调出量 | 调入量 | 单价 | 金额 | 单价 | 金额 |
| | | | | | | | | |
| | | | | | | | | |
| 调出单位 | 押货人： | 调配人： | 项目负责人： | 日期： | 年　月　日 | | | |
| | 运货人： | 发料人： | 联系电话： | 发料日期： | 年　月　日 | | | |
| 调入单位 | 签收人： | 联系电话： | | 签收日期： | 年　月　日 | | | |

**附表 8-19**

**物资出入库动态账**

| 序号 | 收料日期 | 材料名称 | 生产厂家 | 规格型号 | 计量单位 | 入库数量 | 发料日期 | 领料单位 | 领料数量 | 领料人签字 | 库存数量 |
|---|---|---|---|---|---|---|---|---|---|---|---|
| | | | | | | | | | | | |
| | | | | | | | | | | | |

物资主管： 库房保管： 制表：

**附表 8-20**

**限额领料单**

年 月 日 编号：

工程名称： 使用部位： 领料单位：

<table>
<tr><th rowspan="2">序号</th><th rowspan="2">材料名称</th><th rowspan="2">规格型号</th><th rowspan="2">计量单位</th><th rowspan="2">消耗定额</th><th rowspan="2">领用限额</th><th rowspan="2">调整数量</th><th colspan="3">实发</th><th rowspan="2">备注</th></tr>
<tr><th>数量</th><th>单价</th><th>金额</th></tr>
<tr><td></td><td></td><td></td><td></td><td></td><td></td><td></td><td></td><td></td><td></td><td></td></tr>
</table>

<table>
<tr><th rowspan="2">日期（月/日）</th><th colspan="3">领用记录</th><th colspan="3">退料记录</th><th rowspan="2">限额结余数量</th></tr>
<tr><th>数量</th><th>领料人</th><th>发料人</th><th>数量</th><th>领料人</th><th>收料人</th></tr>
<tr><td></td><td></td><td></td><td></td><td></td><td></td><td></td><td></td></tr>
<tr><td></td><td></td><td></td><td></td><td></td><td></td><td></td><td></td></tr>
</table>

**附表 8-21**

**领 料 单**

年 月 日　　　　编号：

工程名称：　　　　使用部位：　　　　领用单位：

| 序号 | 物资名称 | 规格型号 | 计量单位 | 数量 | | 价格 | |
|---|---|---|---|---|---|---|---|
| | | | | 请领 | 实领 | 单价 | 金额 |
| | | | | | | | |
| | | | | | | | |
| 金额合计 | | | | | | | |

审批：　　　　发料人：　　　　收料人：

**附表 8-22**

**报损报废单**

编号：

年 月 日

| 序号 | 物资编号 | 物资名称 | 规格型号 | 供应单位 | 计量单位 | 报损报废数量 | 损坏程度 | 处理措施 | 备注 |
|---|---|---|---|---|---|---|---|---|---|
| | | | | | | | | | |
| | | | | | | | | | |
| 物资主管 | | | 技术员 | | | | 保管员 | | |

**附表 8-23**

**物资发料单**

根据____号通知单　　　　　　　　　　　　　　　　　　____号、第____号

自购或顾客供：____　　　　　　　　　　　　　　　　____年____月____日

| 序号 | 物资名称 | 规格型号 | 质量证明书编号 | 计量单位 | 应发数量 | 实发 | | | 使用工号名称 | 备注 |
|---|---|---|---|---|---|---|---|---|---|---|
| | | | | | | 数量 | 单价 | 金额 | | |
| | | | | | | | | | | |
| | | | | | | | | | | |
| 金额合计 | | （大写） | | | | （小写） | | | | |
| 发料单位 | | 主管单位 | | 物资主管 | 发料人 | 收料单位 | | | 单位主管 | 收料人 |
| | | | | | | | | | | |

**附表 8-24**

## 授权委托书

______项目部：（以下简称：项目部）

兹委托姓名：________身份证号码：________姓名：________身份证号码：________全权负责本施工队现场所需材料的申报、验收、验货、对账、签单等事宜，授权人由于每月底前往项目部设备物资部，与物资部进行材料领用款的对账，授权人的签字有效性如同本人。

若有变动，本人（队）将以书面形式通知项目部，如果本人（队）未及时通知项目部，所造成的一切经济责任和法律后果由本人（队）承担！

特此申明与授权！

施工队名称：

施工队队长：

电话号码：

身份证号：

年　　月　　日

**附表 8-25**　　　　　　　　　　**____队伍领用材料台账**

编制单位：　　　　　　　　　　　　　　　　　　　　　　年　　月

| 材料编号 | 材料名称 | 规格型号 | 单位 | 本月领用 | | 本年领用 | | 累计领用 | |
|---|---|---|---|---|---|---|---|---|---|
| | | | | 数量 | 金额 | 数量 | 金额 | 数量 | 金额 |
| | | | | | | | | | |
| | | | | | | | | | |

制表：　　　　　　审核：　　　　　　物资部部长：　　　　　　施工队伍：

**附表 8-26**　　　　　　　　　　**____队伍领用（退）周转材料台账**

编制单位：　　　　　　　　　　　　　　　　　　　　　　年　　月

| 材料名称 | 规格型号 | 单位 | 本月领用数量 | 累计领用数量 | 本月退还数量 | 累计退还数量 | 未退还数量 | 备注 |
|---|---|---|---|---|---|---|---|---|
| | | | | | | | | |
| | | | | | | | | |
| | | | | | | | | |
| 制表： | | 审核： | | 物资部部长： | | 施工队伍： | | |

**附表 8-27**

## ____队伍领用（退）小型机具台账

编制单位：　　　　　　　　　　　　　　　　年　　月

| 材料名称 | 规格型号 | 单位 | 本月领用数量 | 累计领用数量 | 本月退还数量 | 累计退还数量 | 未退还数量 | 备注 |
|---|---|---|---|---|---|---|---|---|
| | | | | | | | | |
| | | | | | | | | |
| | | | | | | | | |
| 制表： | | 审核： | | 物资部部长： | | 施工队伍： | | |

**附表 8-28**

## 退库申请单

退库单位：　　　　　　年　月　日　　　　　　编号：

| 序号 | 物资编号 | 物资名称 | 规格型号 | 计量单位 | 退库数量 | 退库原因 | 备注 |
|---|---|---|---|---|---|---|---|
| | | | | | | | |
| | | | | | | | |
| 退库单位负责人 | | | 退料人 | | | 仓库主管 | |

附表 8-29

**退 库 单**

年 月 日　　　　编号：

退库单位：　　　　金额单位：　　元

| 序号 | 物资名称 | 规格型号 | 计量单位 | 退库数量 | 退库原因 | 实退 | | | 备注 |
|---|---|---|---|---|---|---|---|---|---|
| | | | | | | 数量 | 单价 | 金额 | |
| | | | | | | | | | |
| | | | | | | | | | |
| 合计 | | | | | | | | | |

退库部门负责人：　　　　退库人：　　　　仓库：

附表 8-30

**超时物资重新验证申请表**

年 月 日　　　　编号：

| 序号 | 物资名称 | 规格型号 | 计量单位 | 数量 | 出厂时间 | 入库时间 | 有效时间 |
|---|---|---|---|---|---|---|---|
| | | | | | | | |
| | | | | | | | |

批准人（项目专业技术人员或质检员）：　　　　保管员：

**附表 8-31**

**物资报损报废申请表**

项目名称：　　　　年　月　日　　　　编号：

| 序号 | 物资名称 | 规格型号 | 计量单位 | 数量 | 单价 | 金额 | 备注 |
|---|---|---|---|---|---|---|---|
| | | | | | | | |
| | | | | | | | |
| | | | | | | | |
| 报损、报废原因说明 | | | | | | | |

批准人（项目有关技术人员或质检员）：　　　　保管员：

**附表 8-32**

**丢失、损坏、不适用产品记录**

填制单位：　　　　编号：

| 序号 | 日期 | 物资名称 | 规格型号 | 计量单位 | 数量 | 丢失损坏不适用状况及原因分析 | 处置建议 |
|---|---|---|---|---|---|---|---|
| | | | | | | | |
| | | | | | | | |
| | | | | | | | |

单位主管：　　年　月　日　　技术主管：　　年　月　日　　记录人：　　年　月　日

**附表 8-33**

**物资材料盘点表**

填报单位： 年 月 日 第____页共____页

金额单位：元

| 序号 | 物资名称 | 规格型号 | 计量单位 | 实列数 | | 账列数 | | 盈（+）亏（—） | | 不符原因处理意见 |
|---|---|---|---|---|---|---|---|---|---|---|
| | | | | 数量 | 金额 | 数量 | 金额 | 数量 | 金额 | |
| | | | | | | | | | | |
| | | | | | | | | | | |
| | | | | | | | | | | |

项目负责人： 财务负责人： 物资负责人： 制表：

**附表 8-34**

**周转材料盘点表**

填报单位： 年 月 日 第____页共____页

| 进场日期 | 材料名称 | 规格型号 | 单位 | 进场数量 | 现场数量 | 存放地点（或使用人） | 备注 |
|---|---|---|---|---|---|---|---|
| | | | | | | | |
| | | | | | | | |
| | | | | | | | |

项目负责人： 财务负责人： 物资负责人： 制表：

**附表 8-35**

**小型机具盘点表**

填报单位： 年 月 日 第____页共____页

| 进场日期 | 材料名称 | 规格型号 | 单位 | 进场数量 | 现场数量 | 存放地点（或使用人） | 备注 |
|---|---|---|---|---|---|---|---|
| | | | | | | | |
| | | | | | | | |
| | | | | | | | |

项目负责人： 财务负责人： 物资负责人： 制表：

**附表 8-36**

**废旧物资管理台账**

| 序号 | 物资名称 | 规格型号 | 计量单位 | 废旧数量 | 废旧原因 | 处理方式 | 处理所得 | 备注 |
|---|---|---|---|---|---|---|---|---|
| | | | | | | | | |
| | | | | | | | | |

**附表 8-37**

**废旧物资台账**

| 日期 | 物资名称 | 规格型号 | 计量单位 | 入库数量 | 出库数量 | 结存数量 |
|---|---|---|---|---|---|---|
| 年/月/日 | | | | | | |
| | | | | | | |
| | | | | | | |

**附表 8-38** **废旧物资审批表**

填报单位： 年 月 日

编号：

| 物资名称 | 规格型号 | 计量单位 | 预计数量 | 预计变现价值 | |
|---|---|---|---|---|---|
| | | | | 单价 | 金额 |
| | | | | | |
| | | | | | |
| | | | | | |
| | | | | | |
| | | | | | |
| | | | | | |
| 合计 | | | | | |
| 项目物资部意见 | | | | | |
| 项目工程部意见 | | | | | |
| 项目经理意见 | | | | | |
| 公司物资部意见 | | | | | |
| 公司财务部意见 | | | | | |
| 公司工程部意见 | | | | | |

注：本表应一式三份，项目部和公司物资部、财务部各一份。

**附表 8-39** **废材处理单**

处理单位： 年 月 日 收购单位：

| 材料名称 | 单位 | 车号 | 数量 | | | 本期单价 | 金额 |
|---|---|---|---|---|---|---|---|
| | | | 毛重 | 皮重 | 净重 | | |
| | | | | | | | |
| | | | | | | | |
| | | | | | | | |
| | | | | | | | |
| | | | | | | | |
| 合计金额（小写） | | | 合计金额（大写） | | | | |
| 备注： | | | | | | | |

单位主管： 材料负责人： 经警： 过磅员：

物资部经理： 物资部协调员： 工长： 施工队：

第9章

# 分项物资管理

课题中的分项物资主要指周转材料、小型机具及二三项料、火工品、油料、混凝土、分包物资、甲供物资、甲控物资。因分项物资在管理权限、计划、采购、运输、验收、保管、使用、核算、结算、项目竣工后管理等方面与其他物资有所区别，且分项物资在施工企业物资管理中占有相当重要的位置，因此本章在物资管理综合研究的基础上，着重对分项物资在上述某些方面的管理予以具体化。

## 9.1 周转材料管理

周转材料是指施工生产过程中能够多次使用并可基本保持原来形态而逐渐转移其价值的材料，包括标准和组合式钢模板，桥梁（墩、台、柱、梁）钢模板，竹（或木）模板衬砌台车（架），标准组合式钢脚手架，周转用钢管、工字钢、槽钢、钢轨、钢板桩、挂篮、贝类架（片）、木脚手架、方木、活动板房等辅助施工材料。周转材料是施工企业施工中必不可少的材料，同时，周转材料管理是施工企业物资管理的一部分，因此，施工企业应重视对周转材料的管理，充分利用周转材料资源，提高周转材料的周转率，切实降低工程成本，提高企业经济效益。为规范周转材料的管理，课题组从周转材料管理权限及职责，周转材料调配、租赁及采购管理，收尾项目的周转材料管理等几个方面进行了研究，规范了相关环节。

### 1. 周转材料管理权限及职责

集团公司物资管理部门、集团公司直管项目部、工程公司物资管理部门是周转材料的主要管理部门。集团公司物资管理部门负责监督集团公司周转材料的采购、租赁、加工、自制、调配、价值评估、报废、回收管理。集团公司直管项目部物资管理部门负责监督本项目的周转材料的采购、租赁、加工、自制、调配、价值评估、报废、回收管理。工程公司物资管理部门负责监督所属项目部、工区的周转材料的采购、租赁、加工、自制、调配、价值评估、报废、回收管理。各级项目部、各工区负责周转材料的使用、保管、整修，同时应协助上级物资管理部门做好统一调配工作。

### 2. 周转材料调配、租赁及采购管理

项目中标上场后，工程公司、直管项目部在组织项目部、工区工程技术

人员编制施工方案的同时应编制周转材料需求计划。工程技术人员在编制施工方案时，应在满足施工进度要求以及保证成本费用较低的情况下，合理制定周转材料的使用方案。应尽量使用现有的，减少新置；对一些不常用和特殊规格的周转材料，应避免选购，以避免购置后周转材料使用机会不多，造成闲置，占用资金。具体做法如下所述：

项目部、各工区物资管理部门根据工程技术人员的周转材料需求计划并盘点所需周转材料实际库存情况，编制周转材料采购计划并上报上级物资管理部门审批。集团公司、工程公司先进行内部调配，确定无法调配时，由周转材料使用单位根据已审批的采购计划编制《周转材料采购审批表》（见附表 9-1）并上报上一级物资管理部门，经审批后按采购权限组织集中采购或租赁。

实现物资的动态调配，需要各个部门的配合，各个物资管理部门应建立《周转材料管理台账》（见附表 9-2）登记各个项目现有周转材料的数量、使用状况、调配情况等，周转材料管理台账随物资报表一同上报上级物资管理部门。施工企业除建立《周转材料管理台账》用于上报上一级物资管理部门外，项目内部也应建立《自有周转材料管理台账》《调转周转材料管理台账》以及《租赁周转材料管理台账》（见附表 9-3、9-4 和 9-5）以便项目内部管理、使用。此外，项目内部应根据各工点使用周转材料的情况，合理调配周转材料，以实现对周转材料的动态管理，达到充分利用周转材料资源的目的。项目完工后，物资管理人员应检查周转材料的使用价值以及使用性能，若周转材料性能良好，具有使用价值，应及时上报上级物资管理部门，由上级物资管理部门确定调入单位，调入调出单位在上级物资管理部门的监督指导以及协调下组织调配事宜。周转材料调转流程如图 9-1 所示。

项目部、工区根据施工需要从外部租用周转材料时，首先要按周转材料管理权限上报审批。上报审批后，物资人员应认真做好当地租赁市场调查，如需求量大，应采取公开招标方式竞价租赁；如数量小，可采取货比三家比价租赁，切实把租赁价格（不含可抵扣增值税）限制到最低，同时要认真签订租赁合同，明确双方责任。租赁的周转材料应由使用单位验收，项目部、工区和使用单位要签订责任状，确定使用单位责任负责人，制定奖罚措施，严禁丢失、损坏，保证使用状况良好，如发生损坏和丢失，则按合同规定赔偿标准进行赔偿。周转材料在租赁期间，物资部材料管理人员应做好周转材料租赁费用的统计工作，按月及时填制《周转材料租赁统计表》（见附表 9-6）。周转材料使用结束后，项目部、工区要督促使用单位及时回收、清理，送还租赁单位，结清账目，终止租赁合同。向外部劳务队租用项目部、工区自有周转材

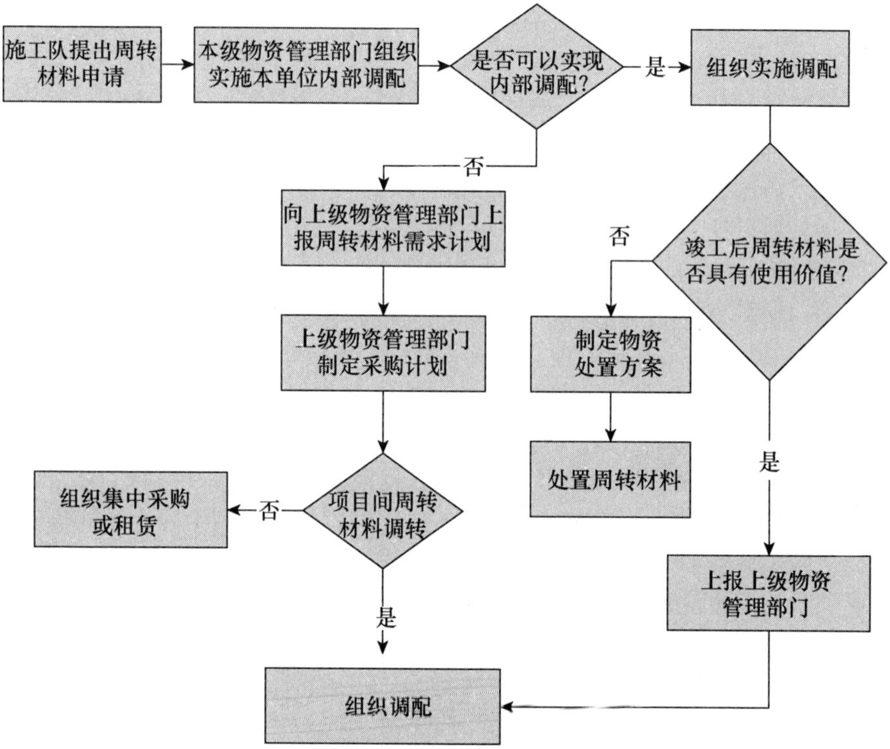


**图 9-1 周转材料调转流程**

料时，应参照当地的周转材料租赁价格和外部劳务队结算（至少不能少于该项目规定对周转材料应该分摊的费用）。调拨给分包队伍使用的本项目或工区租赁的周转材料时，由分包队伍承担期间的租赁费和损耗，周转材料的进场数量交接由项目材料部门与分包队伍共同负责，其租赁费和损耗赔偿费用由项目材料部门按月开具调拨单，财务部门按月在分包工程款里进行扣除。

### 3. 收尾项目的周转材料管理

收尾项目的周转材料管理主要包括两个方面：周转材料的保养、周转材料处理。

**（1）周转材料的保养**

项目完工后，项目部应组织相关人员对周转材料进行维护保养，以保证周转材料良好的性能及质量，为再次使用周转材料做好准备。维护保养人员应检查扣件的零部件情况，补、换相应的零部件并对扣件进行清洗上油；应调直弯曲的钢管并对钢管做除砼处理；对模板应进行面板更换、面板补洞处理并对面板做除砼处理；更换快拆件的零部件并对快拆件做除砼处理。维修费用由项目承担。各项目周转材料退场时，未进行最后一次例行保养的，由公司料具站和项目材料组认真核实周转材料的数量和具体状况后，由公司料具站进行维修保养，费用由退场项目承担。

**（2）周转材料处理**

对周转材料的处理主要包括对租赁周转材料的处理以及对自有周转材料的处理。

◆ 租赁周转材料的处理。租赁的周转材料要及时退场，在退场时应优先退还扣件，其次是退顶托和钢管等周转材料，并有项目管理人员押车退还。

◆ 对自有周转材料的处理。上级物资主管部门要派人到竣工项目部，共同对周转性材料进行盘点清理，并经项目经理确认，填写《竣工项目周转材料状况统计表》（见附表9-9），并对周转材料的调拨可行性进行分析。对可调拨到其他项目使用的，按物资调拨流程实施调拨（详见第8章中的物资调拨管理）；对于有使用价值、暂不能调剂到其他项目使用的，应由项目部继续保管；确实不能使用需报废处理的周转材料，项目部（工区）主管领导召集物资、工程、计划、财务等部门共同鉴定后，填报《周转材料报废申请表》（见附表9-8）报上级物资主管部门审核，呈主管领导审批后予以报废处理，残值纳入财务收入。

### 4. 对周转材料使用管理的检查与处罚

集团公司直管项目部物资管理部门应每季度对各工区周转材料使用情况进行一次检查；工程公司物资管理部门应每半年对所属项目部、工区周转材料使用管理情况进行一次检查；集团公司物资管理部门应每年对各直管项目部、工程公司周转材料使用管理情况进行一次检查。对不按管理权限审批，不按招标程序采购周转材料的项目部、工区，一经发现，将对其在集团公司范围内进行通报批评。对项目部、工区管理不善，造成周转材料丢失、损毁的，项目部要确认责任人，对项目经理和相关责任人除了通报批评外，还要根据造成经济损失的大小，按相关规定给予纪律处分和经济处罚。

## 9.2　小型机具及二、三项料管理

小型机具是指单价在5万元以内，未列入单位固定资产（按国家有关规定，单价 2 000 元以上能反复使用的小型施工机械都要列入固定资产管理)，能反复使用的小型施工机具。二、三项料是指根据不同工程的特点确定了主要材料（含全部甲供、甲控材料）后的其余的材料，主要指五金材料、工具料、电料、部分油漆化工材料、部分水暖卫材料、劳保用品、杂品等物资。对小型机具及二、三项料的有效管理，可以提高小型机具的使用寿命，避免二、三项料的浪费，有效地降低物资成本，提高物资管理效益。因小型机具及二、三项料的管理权限、小型机具及二、三项料的采购与租赁管理以及小型机具及二、三项料管理的检查与处罚管理与周转材料的管理权限、管理模式相似，物资管理部门可参考周转材料在这三方面的管理方式加强小型机具及二、三项料的管理。本节着重从其他方面为企业加强对小型机具及二、三项料的管理提出建议。

### 1. 计划管理

项目上场后，工程技术人员编制施工方案的同时，应根据施工计划安排，编制《小型机具配置计划》(见附表 9-10)；根据工程概况，编制《常用二、三项料需用计划》(见附表 9-11)，明确材料名称、规格型号、预估数量等。物资部门应根据工程技术人员编制的《小型机具配置计划》及《常用二、三项料需用计划》，并盘点相应物资的实际库存情况，编制物资采购计划，经项目领导审核批复后，上报上级物资管理部门，由上级物资管理部门组织物资的采购、租赁或调配工作。工程公司应把各项目上报的采购计划进行汇总并据此编制集中采购计划，作为采购的依据。项目部所属施工单位对小型机具及二、三项料有需求时，需提前编制需求计划，经工程部门审核、项目领导审批后，将批复的需求计划上交物资管理部门，物资管理部门应首先盘点库存情况，若库存物资不能满足施工单位的需求时，应审查各工点小型机具及二、三项料的使用情况，以确定能否通过内部调配满足施工单位的需求，若仍不能满足施工单位的需求，应上报公司物资部门，由公司物资部门实施集中采购、租赁或调配。

### 2. 小型机具及二、三项料使用过程管理

**(1) 小型机具的使用过程管理**

◆ 小型机具的验收、入库及资料保管。小型机具采购后，物资管理人员

应做好相应的验收工作，包括小型机具的性能、质量证书等。验收合格后可入库保管或现场使用。材料人员应及时填制《小型机具采购台账》（见附表9-12）以便备查。此外，应建立相应的卡片，每一个小型机具对应一张卡片。月末将《小型机具管理台账》（见附表9-13）上报公司部备案。

◆ 小型机具的发放。小型机具发放时，物资管理人员应依据《配置计划》进行发放，并建立《小型机具发放台账》（见附表9-14）进行登记，用于明确使用单位和责任人。

◆ 小型机具的保管。为达到责任的可追溯性，提高小型机具使用单位以及操作人员的责任感，施工企业应制定“谁使用，谁负责任”的保管原则。同时，应要求使用单位及操作人员做好小型机具的维护保养工作。当天施工作业完成后，操作人员应对小型机具的零部件以及机体进行检查，并采取相应的措施加以维护，如紧固螺母、清洗、上油等。项目部应每月定期组织人员检查、盘点一次，并做好记录，检查、盘点时发现小型机具遗失的，根据损失大小追究使用单位或操作人员的责任；检查、盘点时发现小型机具有损坏但经维修后可以使用的，相关责任人应以维修费用的5倍予以赔偿，但不得超过小型机具的采购价格；检查、盘点发现小型机具损坏且维修后无法使用的，应要求使用单位或使用人员以该小型机具采购价格的2倍予以赔偿。

◆ 小型机具的使用。现场在用的小型机具应在其机身显著处贴上标签，注明小型机具的使用操作流程、安全注意事项。操作人员应为了解其性能并懂维护的人员。操作人员在使用小型机具时应严格按照其使用说明书和铭牌规定使用。施工队伍在施工过程中要求更新小型机具时，需严格遵守“以旧换新”制度，必须先上交报废的原小型机具，并经项目负责人批准后方可领用新的机具。物资保管人员应对收回的报废小型机具集中存放，并在小型机具管理台账上做好备注。当天施工任务完成，机具停用后，使用单位须对机具进行维修保养。小型机具退场时，项目部应组织人员对小型机具进行检查，确认其零部件是否完整，对机具丢失、部件不完整或不维修保养的施工队伍，应视其程度对施工队实行经济处罚。

◆ 小型机具的报废。对于性能不良的小型机具，经维修后仍不能正常使用的，应做报废处理。需报废处理的小型机具，必须实行“联签制度”，即由项目部或工区填报《小型机具报废审批表》（见附表9-15），项目部主管领导召集物资、计划、施工、财务等部门共同鉴定后，报上一级物资主管部门审核、主管领导审批后予以报废处理。报废处理时，应由物资部门牵头，由来自两个或两个以上部门的至少三人共同经办，并签字确认，确保相关手续齐全。残值纳入财务管理，冲减工程成本。

**（2）二、三项料的使用过程管理**

◆ 二、三项料的验收入库。二、三项料采购后，应由验收人员、物资保管人员等点收入库，保管员须建立物资出入库动态明细账，进行收发登记，并做好库存材料的管理工作。

◆ 二、三项料的发放。项目物资管理部门须根据计划部门提供的单位工程二、三项料数量或含量（金额）进行《二、三项料限额发放台账》（见附表 9-16）登记，有效控制施工队对二、三项材料的消耗数量，对超过限额的单位，需经项目负责人批准后方可办理领料手续。保管人员应严格按照物资管理部门开具的发料单上注明的材料名称、规格、数量发放。物资管理部门开具发料单时，应严格按照各施工队负责人批复的需用计划开具。施工队需更新工具料及劳保用品时，应先上交废旧的工具料及劳保用品，经检验确已报废且无法使用时予以更换，并由保管人员做好登记。

◆ 项目物资管理部门定期考核。项目物资部门应定期对二、三项料消耗进行核算考核，对超耗单位应责令其分析超耗原因，并进行适当处罚。

### 3. 收尾项目的小型机具及二、三项物料管理

项目竣工后，项目部物资管理部门要及时做好小型机具的回收、整修和保管、保养工作。为了提高小型机具的使用寿命，必须及时回收小型机具，进行精心的维护和保养，及时配齐损坏、丢失的配件，使小型机具始终处于良好状态，提高利用率。工程公司要派人到各项目或各工区，共同对小型机具进行盘点清理，并经所在项目部或工区经理签字确认，填写《竣工项目小型机具状况统计表》（见附表 9-17），便于调剂。对有使用价值、暂不能调剂到其他项目使用的，应由项目部或工区继续保管；对有盘亏（丢失、损坏）的，查明原因，最后由项目经理或工区长确认；对剩余的二、三项料也要认真进行盘点，并及时转入需要的项目使用，如没有需要的项目，要先与供应商协商回收，协商不成，也要尽可能地以高价格进行处理，残值交财务冲减成本。同时，对超量采购的相关责任人追究责任。

## 9.3 火工品管理

火工品是指施工企业隧道、路基、桥梁基础开挖、开山采石等爆破工程

中经常使用的炸药、雷管、导火索、导爆索、塑料导爆管等。本着对社会群众、财产安全认真负责的态度，施工企业应加强对火工品的管控。

1. 火工品安全管理权限

项目分部主管领导对火工品安全管理负总责，为第一责任人；项目分部物资部是火工品的主管业务部门，为第二负责人；项目分部对项目部负责，第二责任人对第一责任人负责。项目部物资部、安质部、办公室负责人对管内火工品的安全管理工作实施监督检查。公司安质部对各项目部火工品安全管理实施监督、检查和执行处罚，每月定期或不定期对各项目部火工品的安全管理情况组织检查或抽查，发现隐患及时填写并下发安全隐患整改通知单，对重大隐患责令各项目部限期整改并上报主管领导。公司安质部应经常督促各项目部对火工品的安全管理进行自查自纠，发现隐患及时整改。

2. 火工品库房的选址和建库

在建立火工品的库房时，应由火工品使用单位提出建库计划，并将库房的安全措施、人员配备以及库房管理等有关资料上报当地公安机关，由当地公安机关审核批复后，在指定的地点，依据建库标准建立火工品库房，并办理“储存许可证”“使用证”等许可证书。火工品库房在使用之前需经当地公安部门的验收，验收合格后方可使用。

在建库时，应注意以下几点：

(1) 火工品库房应建在地势较高、通风条件良好的地段，并注意保持库房通风、干燥。

(2) 炸药库与雷管库必须保持安全的距离，两库应至少保持30米的距离。

(3) 移动火工品的建库应依照相关标准。一般标准为：库房墙体应为24厘米以上的砖/石料实心墙，且水泥砂浆砌筑，库顶采用混凝土浇筑或抹厚10厘米以上的混凝土加固层，房檐距地面不小于2米。

(4) 库房围墙四周应设警戒线，墙头装设刺铁线，高度不能低于2米，周围设置明显的警戒标志。

(5) 库房应配备消防设施并定期对消防器材的性能和有效期限进行检查。

（6）库房应配备防盗报警装置和录像设备，实行技防犬防相结合。

（7）库区应建避雷设施一套，并需经当地气象部门验收合格后库房才能投入使用。

（8）库区需有严禁吸烟、用火等警示标志，避免引发安全事故。

### 3. 火工品的购买和运输

火工品的采购运输要按公安部门的规定，办理购买证、运输证后方能购买、运输，并在运输证有效期内进行运输。项目分部主管领导应检查项目分部物资部是否及时办理火工品购买证及运输证，不允许其无证购买和运输。火工品在运输时，应严格按照火工品分割规则装运，不得随意混装运输。

**（1）火工品的购买**

项目部购买火工品时，需经分部主管领导批准后，由相关人员凭购买证到当地民爆公司购买。

**（2）火工品的运输与押运**

火工品的运输、押运由民爆公司负责组织押运到施工现场炸药库。从施工现场炸药库押运到施工现场，由该项目部物资部门和安质部门负责。在运输、押运过程中应注意以下事项：运输车辆必须符合安全规定；炸药与雷管应分车装运；押运人员应由熟知性能和安全常识的人负责，且由取得作业证的人员担任；运输路线应选择人烟较少或远离居民区的路线；运输过程中不得随意装卸物资等。

### 4. 火工品的储存和使用

**（1）火工品的储存**

因火工品属危险品，易燃易爆，因此对火工品的存储应严格按照有关规定执行。

◆ 对火工品的保管。对于性质相抵触的火工品（见表 9-1）应分库储存，性质可相容的火工品可同库储存；库内相对湿度一般应控制在 45%～70%的范围内，温度控制应在 15～30 摄氏度的范围内；火工品存放时应尽量专储专柜分类存放，且雷管应放置在保险箱内，避免相互之间受影响；如不设储柜时，对火工品堆码应合格，以达到防潮、防湿的效果，一般火工品堆码应垫高 200～300 毫米，硝铵炸药垛高一般不得超过 1.8 米，胶质炸药垛高不得超过 1.5 米，且不得靠墙堆码，堆垛离库墙不小于 2 米，垛间应留有通道。

◆ 加强对火工品的监管。项目部应设专人保管火工品，且专人需经过当地公安机关的培训并取得作业许可证后方可上岗。火工品保管员除具备专业资格外，还应具有政治觉悟高、责任心强的素质。为保证 24 小时均有保管人员在职，项目部应至少设 3 名保管人员；此外，应实行技防与犬防相结合的措施加强对火工品的监管工作，库房内应安装监控与报警装置，库外应养犬。

◆ 规范火工品的收发流程。火工品入库时，应由物资管理人员、库房保管人员对到库物资进行清点，并办理入库手续，保管人员及时登记入账。领用火工品时，应由办理领料手续的人员领取，并负责将剩余火工品送还仓库。库房保管员负责填写好《火工品管理进库、出库、消耗、清退登记台账》(见附表 9-18)。

**(2) 火工品的使用**

对火工品使用应从以下几点加强管理：

◆ 领料单位根据当天用量填写《火工品现场使用申请》(见附表 9-19)，工程部门核定爆炸物品当天用量并签字，由安全员、现场值班负责人核定共同签认，经分部领导审核批复后，由爆破员和安全员共同到库房领取，保管员开具发料单并及时登记入账。此外，火工品管理人员应制定《火工品物资使用流程监督卡》(见附表 9-20)，便于对火工品使用过程进行监督，明确相关责任人的责任，降低安全隐患。

◆ 当天爆破作业结束后，由爆破员对现场爆破做好记录并将记录结果上报。若当天有多个爆破作业时，各爆破班组之间应办理火工品中间交接手续，并由安全员签认，爆破员交接签认。

### 5. 火工品的管理机制及管理制度

**(1) 火工品的管理机制**

各项目部分部应成立专门的火工品管理小组以加强对火工品物资的管理。组长由项目分部经理担任，副组长由分部副经理担任，小组成员主要由安全部门、物资部门、工程部门、爆破员、保管员组成。

**(2) 火工品的管理制度**

当天爆破作业所剩的爆破物品必须当天退库，办理相应的退库手续，并由保管人员登记入账；爆破人员不准带爆破物品回工棚、宿舍或随意放在库外，如火工品管理小组发现不及时退库的一次罚款500元，在宿舍内发现有下列火工品之一者：炸药（每公斤）、雷管（每发）、导火索、导爆索（每米），罚当事人500元，罚施工单位1 000～10 000元。火工品管理小组应定期或不定期对爆破施工现场及工棚、宿舍进行检查，如发现有违反规定者，按规定实施罚款；火工品管理人员应定期或不定期盘点库存，盘查时若发现有失效的火工品时，应及时办理出库手续，并做好相应的记录。在火工品管理小组有关人员的监督下，由保管人员在指定地点妥善销毁，并及时清理销毁现场，不允许保管人员随意丢弃或掩盖火工品。盘查发现有长期积压的火工品时，应立即上报火工品管理小组，由火工品管理小组组织人员按原供应渠道及时退回供应单位。

**表9-1　　性质相抵触的火工品名称表**

| 爆破器材名称 | 黑索金 | 梯恩梯 | 硝铵类炸药 | 胶质炸药 | 水胶炸药 | 浆化炸药 | 乳化炸药 | 苦味酸 | 黑火药 | 二硝基重氮酚 | 导爆索 | 电雷管 | 火雷管 | 导火索 | 非电导爆系统 |
|---|---|---|---|---|---|---|---|---|---|---|---|---|---|---|---|
| 黑索金 | + | + | + | − | + | + | − | − | − | − | + | − | − | + | − |
| 梯恩梯 | + | + | + | − | + | + | − | − | − | − | + | − | − | + | − |
| 硝铵类炸药 | + | + | + | − | + | + | − | − | − | − | + | − | − | + | − |
| 胶质炸药 | − | − | − | + | − | − | − | − | − | − | − | − | − | − | − |
| 水胶炸药 | + | + | + | − | + | + | − | − | − | − | + | − | − | + | − |
| 浆化炸药 | + | + | + | − | + | + | − | − | − | − | + | − | − | + | − |
| 乳化炸药 | − | − | − | − | − | − | + | − | − | − | − | − | − | − | − |
| 苦味酸 | + | + | − | − | − | − | − | + | − | − | + | − | − | − | − |
| 黑火药 | − | − | − | − | − | − | − | − | + | − | − | − | − | + | − |
| 二硝基重氮酚 | − | − | − | − | − | − | − | − | − | + | − | − | − | − | − |
| 导爆索 | + | + | + | − | + | + | − | + | − | − | + | − | − | + | − |
| 电雷管 | − | − | − | − | − | − | − | − | − | − | − | + | + | − | − |
| 火雷管 | − | − | − | − | − | − | − | − | − | − | − | + | + | − | + |
| 导火索 | + | + | + | − | + | + | − | − | − | − | + | − | − | + | − |
| 非电导爆系统 | − | − | − | − | − | − | − | − | − | − | − | − | + | − | − |

注：1. “−”表示不可同库存放，“+”表示可同库存放。
2. 硝铵类炸药包括硝铵炸药、铵油炸药、铵松腊炸药、铵沥腊炸药、多孔粒状铵油炸药、铵梯黑炸药。

## 9.4 油料管理

随着施工企业机械化程度不断提高，对油料的需求也不断增加。故施工企业应将油料管理纳入物资管理范畴内。施工企业中所用到的油料主要包括原油、汽油、柴油、煤油、燃料油等。本节主要从油料的运输、验收和保管、使用和核算等方面规范施工企业油料管理。

1. 油料的运输

运送油料的罐车应安装好的接地链条，防止积集大量静电荷发生火灾；油罐车上要设置灭火器具；禁止运输过程中运输人员及押运人员在车内或车附近吸烟；不准在发动机工作时向油箱加油；控制车速。行车时，车速要降低，一般不超过20～30公里/小时，转弯时要减速，不准使用紧急制动；行车距离需加大，在平道上不得小于50米，在坡道上不得小于300米。

2. 油料的验收

油料到场时，由油料管理人员及现场材料员依据供应商提供的发票或送货单进行验收。验收时，应检查油罐车铅封是否完好，是否存在跑、冒、滴、漏现象；以油罐为单位，对到场油料过磅验收；检验油料的密度并与油料参数核对，并进行体积换算，以检验油罐内油料的体积是否与发货单标注的体积相符。如果检验发现油料密度以及油料体积与发料单上标注的不符且偏差超出了可接收的范围，验收人员应将情况如实上报，由物资管理人员与供应商取得联系并协商解决，问题尚未解决前油料不得入库。每次到货油料必须取样留存备查，以达到可追溯的目的。此外，验收人员应全程监督油料从运输车辆加至油罐的过程，避免油料运输人员通过某种手段虚增油料重量、体积等。

3. 油料的保管

施工企业应设立油库，不同油料应分类存放。油料库和油罐应实施双锁双控，即油料库和油罐上分别上两把锁，由油库管理人员和门卫分别保管一把钥匙，只有当两人同时在场时才能实施油料的发放，可以有效地达到相互监督的目的，避免偷盗、倒卖以及超额发料现象的发生。物资管理人员或用料人员进入油库前，应检查随身携带的物品，避免带入易燃易爆的物品，引起安全事故。油库内应禁止吸烟，使用明火等。取料时，禁止使用发火光的机具，且应戴口罩站在上风，避免挥发气体，造成身体不适。物资管理人员应每月定期盘点油料库存，并与账、卡核对，若账、卡、物不相符，应及时分析原因并追究相关责任人的责任。管理人员应适时了解油料动态，保证有足够的储备，确保工程用量。注意，测量油罐内的油料时，应使用油料专用尺子测量；油料在保管过程中应定期或不定期地检查装油容器，避免装油容器有跑、冒、滴、漏现象。

4. 油料的使用及核算

项目部应配置数显加油机，便于对发料的控制，同时发料应按凭证上的加油量进行加油。项目部自有车辆及外租设备（车主不包油）用油应办理加油卡片，加完油由油料管理人员和司机共同在加油卡片上签字。司机应每人一个加油本，根据车辆的性能、耗油量、载重量等情况，确定科学、合理的每百公里耗油标准，根据行车里程，按照耗油标准确定加油量。对于租赁的设备且租赁方不提供油料的，进场后应由油料员对其油箱加双锁，钥匙分别由油料员和领工员保管，即两人同时在场时方能打开油箱。每次需加油时，由现场领工员或现场材料员电话通知油料员，油料员及时上报设备管理负责人，经批准后，油料员应在规定时间内给设备加油，加油时要求司机、油料员、领工员都在场并现场签认加油记录表。对用料实行“日清月结”制度，在月底由油料员会同统计员、核算员将每台车辆、机械油料消耗情况填入《油料费单车核算统计表》（见附表9-21），并上报财务部门，财务部门根据每台车辆、机械节超情况，按规定给司机提取奖金或罚款。具体奖惩可按如下实施：司机节约的油料按节约价值10%提取节约奖，其中2%留给单位，8%发给司机；超耗按超耗价值的20%扣罚司机及单位。

## 9.5 混凝土管理

随着施工企业规模的不断扩大以及现在工程结构的复杂性和工程质量的

严苛，对混凝土的需求也急剧增加。因此，施工企业应加强对混凝土的管理，为工程质量提供保障。施工企业所使用的混凝土一般分为两类，一类是商品混凝土，即从供应商处购买的混凝土；另一类是拌和站混凝土，是施工企业自产的混凝土。为加强混凝土的管理，本节从商品混凝土以及拌和站混凝土两个方面进行了研究。

### 9.5.1 商品混凝土管理

课题组对商品混凝土开盘到商品混凝土结算整个管理流程进行了系统的研究，并在公司相关现行规章制度的基础上，进一步加强了过程管理，规范了核算及结算管理程序。

#### 1. 过程管理

对商品混凝土过程的管理主要包括开盘前管理、计划管理、进场验收管理、现场浇筑管理、浇筑收尾管理。

**(1) 混凝土开盘前管理**

混凝土搅拌站所用的原材料必须经项目试验部门检测合格方可使用，未经项目试验检验部门同意不得变更原材料产地，混凝土配合比必须经项目试验部门审核批准。

**(2) 计划管理**

每次浇筑混凝土之前，应由项目工长填写《混凝土日常需用计划》（见附表 9-22），注明架子队伍名称、强度等级、坍落度、方量、浇筑部位、浇筑方式、进场时间、添加剂等。混凝土日常需求计划应及时上报项目商务经理和项目经理审核批准，经签字确认后由项目工长报出。

**(3) 进场验收管理**

汞车进入现场时，司机应在汞车的显著位置悬挂该车混凝土的强度等级，以防误用或混用。商品混凝土进场后由现场材料员、项目质检部门、工长、施工队和保卫人员等共同对进场商品混凝土进行验收（验收具体流程详见第 8 章物资验收）。对商品混凝土方量检验时要求对进入施工现场的混凝土车均过磅检验，并由验收人员、搅拌站负责人或司机共同在过磅单上签字确认，当发现有磅差时（方量不足），应做好磅差记录，立即通知混凝土供应商，在混凝土供应商未回复处理意见之前不得浇筑混凝土。对商品混凝土的质量检验应由项目试验部门与项目质检部门共同完成，项目试验部门主要负责对商品混凝土的强度等级、坍落度、拌合物温度以及含气量等进行试验检验，项目质检部门主要负责根据项目试验部门的实验结果以及商品混凝土供应商提供的技术资料，结合国家有关混凝土质量标准，再次对混凝土的质量进行检验、验收。保卫人员应负责记录商品混凝土车辆的进出情况。

**（4）现场混凝土浇筑管理**

混凝土浇筑前，技术部门应对混凝土架子队及混凝土工长进行技术交底，以保证浇筑的质量；混凝土工长应在浇筑前仔细检查浇筑设备安装稳定性情况，以及保温或降温措施是否到位。混凝土浇筑过程中，混凝土工长应严格按照技术部门的技术交底组织、指导、监督现场混凝土的浇筑，当有异常情况时，应停止浇筑作业并及时通知技术部门，技术部门针对异常情况进行现场勘查，若勘查发现造成异常的原因是由混凝土自身质量原因引起的，应及时告知混凝土供应商，由混凝土工长做好取证工作，并由项目商务部门与混凝土供应商协商处理；若引起异常的原因是浇筑人员浇筑不规范引起的，由混凝土工长做好记录，并做好取证工作，月底由项目商务部门依据记录，在结算单中扣除。

**（5）收尾管理**

混凝土浇筑收尾阶段，混凝土工长应会同搅拌站前台工长根据现场实际情况，控制混凝土发料方量。若浇筑完毕，但混凝土仍有剩余时，材料员应及时核查实际消耗方量、剩余方量，并在小票上注明实际消耗方量，便于项目商务部门月底结算时扣除。项目对每次浇筑余留的混凝土可以再次利用的，由相关需用人注明使用部位和方量。

### 2. 商品混凝土核算

项目材料部门负责按标号、浇筑部位、进场时间、验收质量情况等信息形成《商品混凝土进场统计表》（见附表 9-23），并由验收人员签字确认。项目商务部门负责按月或浇筑节点与商品混凝土供应商核对混凝土采购消耗的情况，分析计划量与实际消耗量的节超情况，并根据分析结果追究有关责任人的责任，形成《商品混凝土对比分析表》（见附表 9-24），并由供方主管、计划部门、财务部门、物资主管共同签字确认。

3. 混凝土的结算管理

项目材料员以及项目商务人应及时将《商品混凝土进场记录》《商品混凝土对比分析表》以及过磅单、磅差记录、浇筑过程中的质量不良记录等上交预算员，预算员以此为依据，并按照合同约定的结算方式，编制《商品混凝土结算单》(见附表9-25)，商品混凝土结算单必须由项目经理、材料负责人、商务负责人共同签字，商品混凝土供方经办人或负责人签字，双方盖章后，报物资管理部门和商务管理部门，经审核确认后方为有效结算单据。项目材料部门在每月25日前需将混凝土结算单上交公司物资管理部门。混凝土结算应按照实际消耗方量结算，避免因采用施工图纸计算量结算产生较大误差。

### 9.5.2 拌和站混凝土管理

因对拌和站混凝土的过程管理与商品混凝土的过程管理大同小异，因此，本小节主要从拌和站物资管理人员配置划分、拌和站混凝土供应、拌和站混凝土管理等方面加强对拌和站混凝土的管理工作。

1. 拌和站人员配置划分

拌和站收料人员编制隶属项目部物资部，统计人员编制隶属拌和站。虽然隶属关系这样划分，但收料人员、统计员在业务上属于双重管理，即收料人员也要服从拌和站领导管理，同样统计员也必须服从项目部物资部领导管理。收料员、统计员必须相互配合、相互沟通、数据共享。

2. 拌和站混凝土供应

拌和站供应混凝土的量，既反映了现场施工进行得顺利程度，也能体现盈亏情况，规范混凝土的供应管理，是拌和站管理工作的重中之重。拌和站混凝土供应流程如图9-2所示：

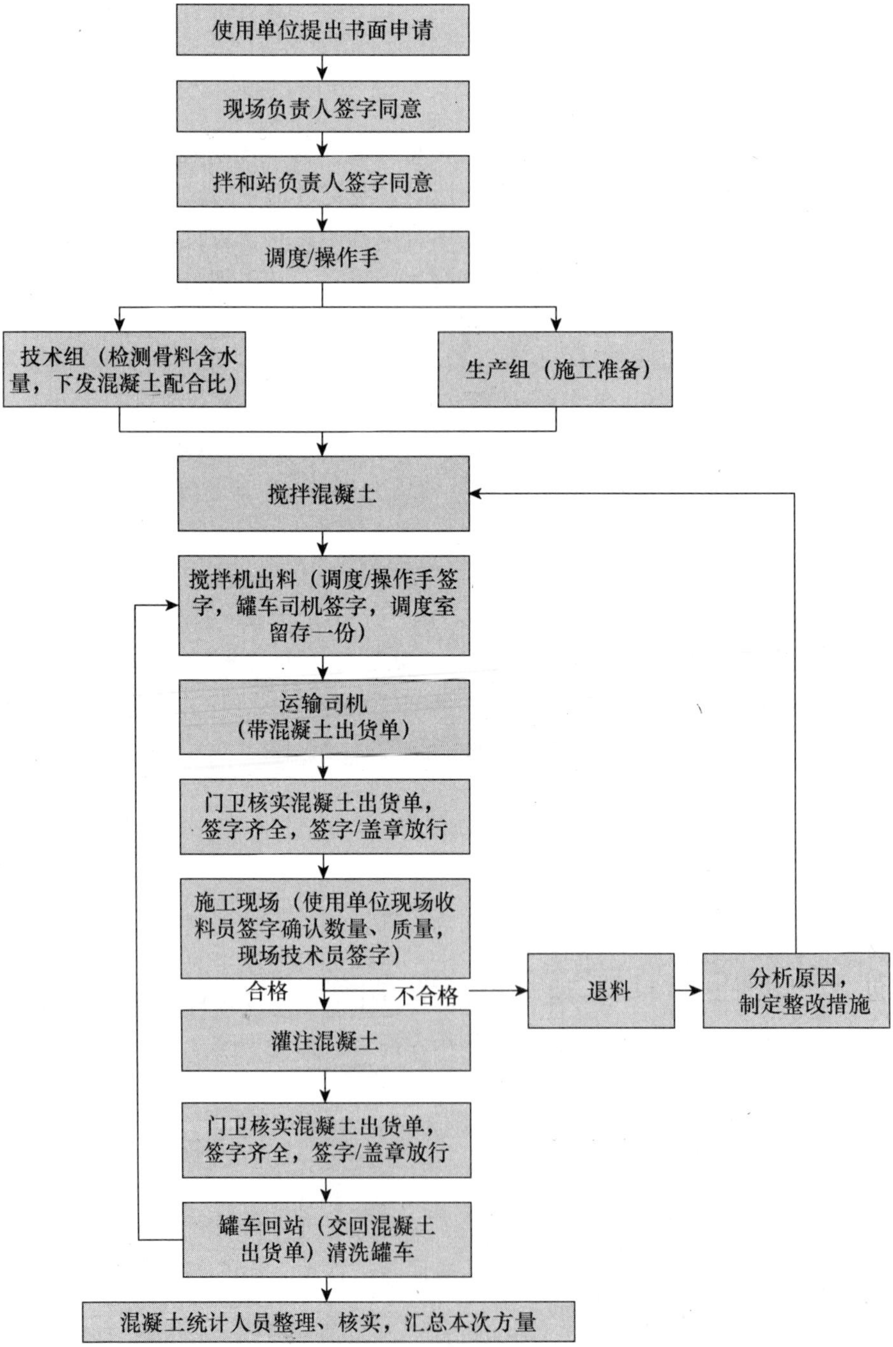


**图 9-2　拌和站混凝土供应流程**

3. 拌和站混凝土成本管理

一次混凝土浇筑结束后，混凝土统计人员整理本次单据，逐张核对拌和站电脑数据、调度室、使用单位、拌和站单据是否一一吻合，如发现单据存在缺失，当天解决，补齐单据，如不能解决，应如实向拌和站主管和物资部主管汇报。核实完后，将本次方量反馈给现场技术员，由现场技术员核对实际方量与理论方量之差是否在允许范围之内。此外，拌和站统计员还应每天及时统计发出混凝土的数量、队伍签字回单数量及每台混凝车、运输车运输的混凝土量，并根据混凝土施工配合比统计出各种材料的消耗量，及时报拌和站收料人员。收料人员每天根据消耗量，再复核材料的库存量，制定第二天的材料计划，上报项目部物资人员。同样，收料人员也要每天及时统计出所收的材料报给拌和站统计人员，以便统计人员每月进行材料节超分析。材料节超分析书面报项目物资部。需说明的是，混凝土节超分析主要包括混凝土节超分析、混凝土原材料节超分析。混凝土节超分析书面材料包括《混凝土节超分析编制说明》《队（班组）混凝土节超分析表》《混凝土节超分析汇总表》，混凝土原材料节超分析书面资料包括《混凝土原材料节超分析编制说明》《混凝土原材料计算表》《混凝土原材料节超分析表》（见附表 9-26—附表 9-31）。

## 9.6 分包物资管理

分包物资是指按照公司与分包单位签订的合同中规定由分包单位提供的材料。由于施工进度的要求或施工技术的要求，施工企业往往将部分工程外包给分包单位，同时，也要求分包单位提供承包工程所需物资。因此，施工企业应将分包物资纳入到物资管理的范畴内，可以有效地保障工程质量，提高物资管理效率。本节主要从分包物资合同管理、分包物资采购管理、分包物资验收管理、分包物资退场管理等方面，为企业加强对分包物资的管理提出建议。

1. 分包物资的合同管理

工程部门与分包单位签订分包合同时，应在分包合同中明确注明应由分包单位提供的物资名称、规格型号、质量标准等，同时应明确材料改为由项目提供时调拨价格的确定方式。若项目材料部门就分包合同中有关材料的条款与分包单位发生争议时，项目材料部门应及时上报项目商务部门，由项目商务部门进行协调解决。

2. 分包物资的采购管理

分包物资的采购主要有两种方式：

（1）分包单位自行采购。属分包队伍自行采购的物资，公司必须对物资质量进行监督、检查，并要求分包单位及时将进场物资的质量证明文件上报项目物资管理部门，并由相关责任人签字确认。工程项目部应禁止其使用所在工程项目部的公章签订物资采购合同，工程项目部应对其采购合同的内容进行审查，禁止其在合同中有任何与公司有责任关系的文字出现。为保证分包单位提供的物资能够满足工程质量、安全的要求，并能保证物资的及时供应，项目材料部门和质量技术部门应在分包单位签订采购合同之前，对分包物资供应商的资质、信誉、生产能力、财务能力、物资质量、服务水平、运距等方面进行考察，必要时抽取样品进行质量检验。

（2）委托公司采购。分包单位若不自行采购物资，可委托公司对所需物资进行采购。委托公司采购时，分包单位可指派代表参与并监督公司采购过程。

3. 分包物资的验收管理

分包物资的验收管理应区分物资是分包单位自行采购的还是委托公司采购的物资，根据具体情况实施不同的验收管理。属分包单位自行采购的物资，到场后，项目物资管理部门应组织相关人员对物资的质量证明文件、质量进行检验，对检验不合格的材料按照不合格物资处理流程处理（具体详见第 8 章不合格物资处理）。对于进场物资的数量检验由分包单位自行负责。属委托公司采购的物资，应由分包单位与项目物资管理部门共同验收，验收合格后，物资主管以及分包单位负责人共同签字确认。物资管理部门依据合同有关调拨条款的约定，办理向分包单位调拨物资的相关事宜。采取委托公司采购的，分包单位应与物资管理部门每月对账一次。

4. 分包物资的退场管理

分包单位自行提供的材料退场时，项目材料部门应组织人员全程监督分包单位物资退场全过程。为保证项目部自身资产的安全，应严格执行分包单位退场出门制度。分包单位退场时，应上报物资退场申请，由项目领导审核签字后，由项目材料部门开具出门证。出场时，项目保卫人员应核实其出门证，经检查无误后方可放行，并扣留出门证、装订成册。对于属分包单位委托公司采购的物资退场时，可委托公司按照公司退场的有关规定组织退场，其退场组织费用由分包单位承担，退场物资处理所得归分包单位所有。

## 9.7 甲供、甲控物资管理

甲供物资是甲方供应物资的简称，是指在工程承包合同中约定，由业主招标采购供应的物资，甲控物资是甲方控制物资的简称，是指在工程承包合同中约定，在业主监督下由工程承包单位采购的物资。对甲供、甲控物资进行有效的管理，能够有效地提高物资管理效率，保证物资的质量，确保工程项目的顺利进行。课题组通过研究甲供、甲控物资的责任主体及物资特性，并结合公司现行规章制度，特制定有关管理办法。

1. 甲供、甲控物资计划管理

工程承包合同签订后，公司市场部应向物资部和项目经理部对有关甲方提供或甲方控制物资协议或条款进行交底，编制甲方提供或控制物资清单，清单应注明物资名称、规格型号、数量、预算单价、技术或质量要求。项目部计划人员根据公司市场部的交底以及清单，依据施工进度、施工作业任务，并结合物资库存情况，编制科学、合理的甲供或甲控物资需用计划。甲供物资的需用计划经项目经理审核批准后，由项目材料部门及时上报业主和业主指定的供应商，并监督、跟踪相关方对计划的落实情况，若发现有严重影响施工进度或工程质量的情况时，应及时通知项目经理部和项目物资部；甲控物资的需求计划也需经项目经理审核批准后，由项目材料部门及时将计划上报公司物资部门。

2. 甲供、甲控物资的采购

甲供物资的采购由甲方书面通知项目部采购供应商的基本信息，项目部根据甲方的书面通知与其指定供方协商相关物资进场事宜，如进场时间、进场数量等。甲控物资的采购由公司物资部在甲方的监督下依据甲方的要求与公司招标办具体协商招标方式，报公司领导批准后实施招标采购活动。

3. 甲供、甲控物资进场验收

对甲供、甲控物资，进场时由业主、监理、施工单位共同对其验收（具体验收流程详见第8章物资验收），对甲供物资经检验不合格的，项目部及时将情况通知甲方，由甲方进行处置；对甲控物资经检验不合格的，项目部应将情况及时上报公司物资部，由公司物资部做出处置意见并将不合格情况上报甲方。甲供、甲控物资经检验合格后应单独隔离存放，并挂牌标识。

4. 甲供、甲控物资的现场消耗管理

对甲供或甲控物资严格实行限额领料制度。甲供物资发料时应在发料单上注明“顾客财产”。在月末盘点时发现甲供物资盘亏时，项目材料组应及时将情况上报项目领导和公司物资部，由项目领导及公司物资部分析盘亏原因并采取相应的措施应对。

5. 甲供、甲控物资的结算

对甲供、甲控物资项目部应单独登记台账，便于核算与结算。对于甲供物资，项目材料组应每月定期与供应商对账，并将对账结果书面上报甲方以及项目相关人员。对于甲控物资的结算，应按照采购合同的有关规定办理结算。

# 附　件

**附表 9-1　　　　　　　　周转材料采购审批表**

单位名称：（公章）

| 序号 | 周转材料名称 | 规格型号 | 单位 | 数量 | 预计单价 | 预计总价 | 备注 |
|---|---|---|---|---|---|---|---|
| | | | | | | | |
| | | | | | | | |
| | | | | | | | |
| | | | | | | | |
| | | | | | | | |
| | | | | | | | |
| | | | | | | | |
| | | | | | | | |
| 参与投标厂家 | | | | | | | |
| 项目部意见 | 单位领导：（签字）　　年　月　日 | | | | | | |
| 上级业务部门意见 | 部门领导：（签字）　　年　月　日 | | | | | | |
| 上级单位领导意见 | 单位领导：（签字）　　年　月　日 | | | | | | |

填报人：　　　　　　　　　　　　　　　　填报时间：

附表 9-2

**周转材料管理台账**

填报单位：　　　　单位：元　　　　编号：

| 序号 | 周转材料名称 | 规格型号 | 计量单位 | 原值 | | | 现值 | | | 成本摊销情况 | | 在用 | | 闲置 | | 待报废 | | 其中调转情况 | | | | 生产商 | 使用项目工号 | 本期计划项目使用 | 工程设计单 | 备注 |
|---|---|---|---|---|---|---|---|---|---|---|---|---|---|---|---|---|---|---|---|---|---|---|---|---|---|---|
| | | | | | | | | | | | | | | | | | | 调出 | | 调入 | | | | | | |
| | | | | 单价 | 数量 | 金额 | 单价 | 数量 | 金额 | 已摊销 | 未摊销 | 数量 | 金额 | 数量 | 金额 | 数量 | 金额 | 数量 | 金额 | 数量 | 金额 | | | | | |
| | | | | | | | | | | | | | | | | | | | | | | | | | | |
| | | | | | | | | | | | | | | | | | | | | | | | | | | |

附表 9-3

**自有周转材料管理台账**

| 序号 | 物资名称 | 规格数量 | 计量单位 | 已摊销成本 | 采购详情 | | | 在用详情 | | 闲置详情 | | 待废详情 | | 使用工号 | | | | 备注 |
|---|---|---|---|---|---|---|---|---|---|---|---|---|---|---|---|---|---|---|
| | | | | | | | | | | | | | | （使用工号） | | （使用工号） | | |
| | | | | | 采购日期 | 采购数量 | 采购金额 | 数量 | 金额 | 数量 | 金额 | 数量 | 金额 | 数量 | 金额 | 数量 | 金额 | |
| | | | | | | | | | | | | | | | | | | |
| | | | | | | | | | | | | | | | | | | |

附表 9-4　　调转周转材料管理台账

| 序号 | 物资名称 | 规格型号 | 计量单位 | 物资调入 | | | | 物资调出 | | | | 备注 |
|---|---|---|---|---|---|---|---|---|---|---|---|---|
| | | | | 调入日期 | 调出单位 | 数量 | 金额 | 调出日期 | 调入单位 | 数量 | 金额 | |
| | | | | | | | | | | | | |
| | | | | | | | | | | | | |

附表 9-5　　租赁周转材料管理台账

| 序号 | 物资名称 | 规格型号 | 计量单位 | 使用工号 | 租赁日期 | 租赁数量 | 租赁金额 | 租赁结束日期 | 备注 |
|---|---|---|---|---|---|---|---|---|---|
| | | | | | | | | | |
| | | | | | | | | | |

附表 9-6　　周转材料租赁统计表

编制单位：　　　　年　月

| 出租单位 | 出租材料名称 | 规格 | 型号 | 本月租赁费 | 累计租赁费 |
|---|---|---|---|---|---|
| | | | | | |
| | | | | | |
| | | | | | |
| | | | | | |
| | | | | | |
| | | | | | |
| | | | | | |
| | | | | | |
| | | | | | |
| | | | | | |
| | | | | | |

制表：　　审核：　　物资部部长：　　项目部

附表 9-7　　项目割锯申请

NO：

| 申请部门 | | 申请人 | |
|---|---|---|---|
| 材料名称 | | 材料规格 | |
| 割锯队伍 | | 使用部位 | |
| 申请时间 | | 割锯时间 | |
| 割锯方案： | | | |
| 材料部门意见： | | | |
| 项目领导意见： | | | |
| 分公司意见： | | | |

注：1. 如果割锯方案比较复杂，请另外附图文说明。2. 如有大批量或价值量大的固定资产须有分公司领导审批后方能割锯。

**附表 9-8　　　　周转材料报废申请表**

填报单位：　　　　　　　　　　　　　　　　填报日期：　　年　月　日

<table>
<tr><td>周转材料名称</td><td></td><td>规格型号</td><td></td><td>数量</td><td></td></tr>
<tr><td rowspan="2">周转材料原值（元）</td><td colspan="2" rowspan="2"></td><td>已摊销成本（元）</td><td colspan="2"></td></tr>
<tr><td>净值（元）</td><td colspan="2"></td></tr>
<tr><td>预计处理金额</td><td colspan="2"></td><td>是否将款交到项目财务</td><td colspan="2"></td></tr>
<tr><td rowspan="6">鉴定小组意见</td><td rowspan="6"></td><td rowspan="6">参加鉴定人员</td><td>姓名</td><td>职务</td><td>签字</td></tr>
<tr><td></td><td></td><td></td></tr>
<tr><td></td><td></td><td></td></tr>
<tr><td></td><td></td><td></td></tr>
<tr><td></td><td></td><td></td></tr>
<tr><td></td><td></td><td></td></tr>
<tr><td>申请变卖处理理由</td><td colspan="5"></td></tr>
<tr><td>周转材料所在单位领导意见</td><td colspan="5">单位领导：（签字）　　　　年　月　日</td></tr>
<tr><td>上级主管业务部门意见</td><td colspan="5">单位领导：（签字）　　　　年　月　日</td></tr>
<tr><td>上级领导审批意见</td><td colspan="5">单位领导：（签字）　　　　年　月　日</td></tr>
</table>

**附表 9-9**

### 竣工项目周转材料状况统计表

编制单位：

| 序号 | 周转材料名称 | 计量单位 | 上场时投入 | | 实际发生 | | | | | | 账面数 | | 实际盘点 | | 盘盈、盘亏数量及金额 | | 新旧程度 | | |
|---|---|---|---|---|---|---|---|---|---|---|---|---|---|---|---|---|---|---|---|
| | | | | | 报废处理 | | 丢失 | | 发出未收回 | | | | | | | | | | |
| | | | 数量 | 金额（元） | 数量 | 金额（元） | 数量 | 金额（元） | 数量 | 金额（元） | 数量 | 金额（元） | 数量 | 金额（元） | 数量 | 金额（元） | 完好 | 需整修 | 待报废处理 |
| | | | | | | | | | | | | | | | | | | | |
| | | | | | | | | | | | | | | | | | | | |

单位负责人：　　　　物资负责人：　　　　编制人：

**附表 9-10**

### 小型机具配置计划

单位名称　　　　时间：　年　月　日

| 序号 | 小型机具名称 | 规格型号 | 单位 | 数量 | 预计进场时间 | 预计使用结束时间 | 备注 |
|---|---|---|---|---|---|---|---|
| | | | | | | | |
| | | | | | | | |

审批人：　　　　审核人：　　　　制表人：

**附表 9-11**

### 常用二、三项料需用计划

项目名称：________　　　　日期：　年　月　日

| 序号 | 物资名称 | 规格型号 | 计量单位 | 项目预计需用总数量 | 质量要求 | 备注 |
|---|---|---|---|---|---|---|
| | | | | | | |
| | | | | | | |

审批人：　　　　审核人：　　　　编制人：

附表 9-12

**小型机具采购台账**

| 序号 | 物资名称 | 规格型号 | 购买单位 | 单价 | 数量 | 金额 | 制造厂 | 出厂编号 | 使用单位 | 进场时间 | 技术状况 | 备注 |
|---|---|---|---|---|---|---|---|---|---|---|---|---|
| | | | | | | | | | | | | |
| | | | | | | | | | | | | |
| 合计： | | | | | | | | | | | | |

附表 9-13

**小型机具管理台账**

单位：　　　　　　　　　　年　月　日

| 类别 | 管理号码 | 机具名称 | 规格型号 | 生产厂家 | 购置时间 | 原值 | 净值 | 已摊销成本 | 技术状况 | 现存放地 | 看管人 | 单位 | 项目 | 备注 |
|---|---|---|---|---|---|---|---|---|---|---|---|---|---|---|
| | | | | | | | | | | | | | | |
| | | | | | | | | | | | | | | |

单位领导：　　　　　　　　　　制表：

附表 9-14

**小型机具发放台账**

| 序号 | 小型机具名称 | 单位 | 规格 | 数量 | 领用人 | 发放人 | 上次领用日期 | 本次领用日期 | 领用周期 |
|---|---|---|---|---|---|---|---|---|---|
| 1 | | | | | | | | | |
| 2 | | | | | | | | | |

**附表 9-15　　小型机具报废审批表**

申报单位：　　　　　　　　　　　　　　　　　　　　第　　号

<table>
<tr><td>小型机具名称</td><td></td><td>规格型号</td><td></td><td>数量</td><td></td></tr>
<tr><td rowspan="2">小型机具原值（元）</td><td rowspan="2" colspan="2"></td><td>已摊销成本（元）</td><td rowspan="2" colspan="2"></td></tr>
<tr><td>净值（或估值）（元）</td></tr>
<tr><td>预计处理金额（元）</td><td colspan="2"></td><td></td><td colspan="2"></td></tr>
<tr><td rowspan="6">签订小组意见</td><td rowspan="6"></td><td rowspan="6">参加签订人员</td><td>姓名</td><td>职务</td><td>签字</td></tr>
<tr><td></td><td></td><td></td></tr>
<tr><td></td><td></td><td></td></tr>
<tr><td></td><td></td><td></td></tr>
<tr><td></td><td></td><td></td></tr>
<tr><td></td><td></td><td></td></tr>
<tr><td>申请变卖处理理由</td><td colspan="5"></td></tr>
<tr><td>小型机具所在单位领导意见</td><td colspan="5">单位领导签字　　　　　　年　月　日</td></tr>
<tr><td>上级主管业务部门意见</td><td colspan="5">单位领导签字　　　　　　年　月　日</td></tr>
<tr><td>上级领导审批意见</td><td colspan="5">单位领导签字　　　　　　年　月　日</td></tr>
</table>

填表人：　　　　　　　　　　　　填表时间：　　年　月　日

说明：一张表填写不完的，可以后附明细清单。

附表 9-16

## 二、三项料限额发放台账

<table>
<tr><td rowspan="2">工程项目</td><td rowspan="2"></td><td rowspan="2">工程造价</td><td rowspan="2" colspan="3"></td><td rowspan="2" colspan="5">施工单位</td><td rowspan="2" colspan="4"></td><td colspan="3">开工时间</td><td colspan="3">年 月 日</td></tr>
<tr><td colspan="3">竣工时间</td><td colspan="3">年 月 日</td></tr>
<tr><td>项目总工</td><td></td><td>项目负责人</td><td colspan="3"></td><td colspan="3">物资负责人</td><td colspan="2"></td><td colspan="4">财务负责人</td><td colspan="3"></td><td>施工单位负责人</td><td colspan="2"></td></tr>
<tr><td rowspan="2">材料名称</td><td rowspan="2">规格型号</td><td rowspan="2">计量单位</td><td rowspan="2">施工图纸数量</td><td rowspan="2">临时施工数量</td><td rowspan="2">变更数量</td><td rowspan="2">合计</td><td colspan="11">（ ）年供应数量</td><td rowspan="2">合计数量</td><td rowspan="2">剩余供应数量</td><td rowspan="2">剩余工程量计划消耗数量</td></tr>
<tr><td>月</td><td>月</td><td>月</td><td>月</td><td>月</td><td>月</td><td>月</td><td>月</td><td>月</td><td>月</td><td>月</td></tr>
<tr><td></td><td></td><td></td><td></td><td></td><td></td><td></td><td></td><td></td><td></td><td></td><td></td><td></td><td></td><td></td><td></td><td></td><td></td><td></td><td></td><td></td></tr>
<tr><td></td><td></td><td></td><td></td><td></td><td></td><td></td><td></td><td></td><td></td><td></td><td></td><td></td><td></td><td></td><td></td><td></td><td></td><td></td><td></td><td></td></tr>
</table>

附表 9-17

## 竣工项目小型机具状况统计表

编制单位：

<table>
<tr><td rowspan="3">序号</td><td rowspan="3">小型机具名称</td><td rowspan="3">计量单位</td><td rowspan="2" colspan="2">上场时投入</td><td colspan="6">实际发生</td><td rowspan="2" colspan="2">账面数</td><td rowspan="2" colspan="2">实际盘点</td><td rowspan="2" colspan="2">盘盈、盘亏数量及金额</td><td rowspan="2" colspan="3">新旧程度</td></tr>
<tr><td colspan="2">报废处理</td><td colspan="2">丢失</td><td colspan="2">发出未收回</td></tr>
<tr><td>数量</td><td>金额（元）</td><td>数量</td><td>金额（元）</td><td>数量</td><td>金额（元）</td><td>数量</td><td>金额（元）</td><td>数量</td><td>金额（元）</td><td>数量</td><td>金额（元）</td><td>数量</td><td>金额（元）</td><td>完好</td><td>需整修</td><td>待报废处理</td></tr>
<tr><td></td><td></td><td></td><td></td><td></td><td></td><td></td><td></td><td></td><td></td><td></td><td></td><td></td><td></td><td></td><td></td><td></td><td></td><td></td><td></td></tr>
</table>

单位负责人： 物资负责人： 编制人：

**附表 9-18**

## 火工品管理进库、出库、消耗、清退登记台账

填报单位：　　　　炸药库房：　　　　物资部长：　　　　安质部长：　　　　保管员：　　　　编号：

| 年 | | 记账凭证 | 进库 | | | | | | | 出库 | | | | | | | 消耗 | | | | | | | 清退 | | | | | | | 库存 | | | | | | 安全员、爆破员、保管员签字 |
|---|---|---|---|---|---|---|---|---|---|---|---|---|---|---|---|---|---|---|---|---|---|---|---|---|---|---|---|---|---|---|---|---|---|---|---|---|---|
| | | | 来源 | 炸药（公斤） | | 导爆管（米） | 导爆索（米） | 雷管（发） | | 使用单位 | 炸药（公斤） | | 导爆管（米） | 导爆索（米） | 雷管（发） | | 消耗地点 | 炸药（公斤） | | 导爆管（米） | 导爆索（米） | 雷管（发） | | 退还单位 | 炸药（公斤） | | 导爆管（米） | 导爆索（米） | 雷管（发） | | 炸药（公斤） | | 导爆管（米） | 导爆索（米） | 雷管（发） | | |
| 月 | 日 | | | 乳化 | 硝铵 | | | 瞬发电雷管 | 毫秒延期电雷管 | | 乳化 | 硝铵 | | | 瞬发电雷管 | 毫秒延期电雷管 | | 乳化 | 硝铵 | | | 瞬发电雷管 | 毫秒延期电雷管 | | 乳化 | 硝铵 | | | 瞬发电雷管 | 毫秒延期电雷管 | 乳化 | 硝铵 | | | 瞬发电雷管 | 毫秒延期电雷管 | |
| | | | | | | | | | | | | | | | | | | | | | | | | | | | | | | | | | | | | | |
| | | | | | | | | | | | | | | | | | | | | | | | | | | | | | | | | | | | | | |
| | | | | | | | | | | | | | | | | | | | | | | | | | | | | | | | | | | | | | |

**附表 9-19** **火工品现场使用申请**

______项目分部：

兹有我单位（爆破、安全员）______同志前往______炸药库领取以下爆炸物品，使用部位：______预定使用时间为____年____月____时____分，请核实给予发放。

| | 2＃岩石乳化炸药（kg） | | 岩石改性铵油炸药（散装）（kg） | | 煤矿用乳化炸药（卷装）（kg） | | 导爆管 | 导爆索 | 瞬发电雷管 | 毫秒延期电雷管（即：非电雷管）（计量单位：发） | | | | | | | |
|---|---|---|---|---|---|---|---|---|---|---|---|---|---|---|---|---|---|
| | φ | φ | φ | φ | φ | φ | 米 | 米 | | 1段 | 3段 | 5段 | 7段 | 9段 | 1段 | 13段 | 15段 |
| 申请数量 | | | | | | | | | | | | | | | | | |
| 实发数量 | | | | | | | | | | | | | | | | | |
| 申请单位： | | | | | 领料人： | | 年 月 日 | | | 现场工程师： | | | | | 年 月 日 | | |
| 项目领导： | | 年 月 日 | | | 安质部： | | 年 月 日 | | | 物资部： | | | | | 年 月 日 | | |

**附表 9-20** **火工品物资使用流程监督卡**

根据　　号发料单　　　　物监字　　号

| 品种数量 / 摘要时间 | | 炮眼数（个） | 总深度（米） | 领退数量 | | | | | |
|---|---|---|---|---|---|---|---|---|---|
| | | | | 炸药（公斤） | 火雷管（枚） | 非雷管（米） | 导火线（米） | 导爆索（米） | |
| 领料 | 月 日 点 分 | | | | | | | | |
| 使用 | 月 日 点 分 | | | | | | | | |
| 退料 | 月 日 点 分 | | | | | | | | |
| 具体使用场地 | | 爆破员：　　年 月 日 | | | | | | | |
| 流程监督 | | 现场指挥 | 现场监督 | 业务主管 | 领料人 | 退料人 | 发料经办 | 退料经办 | |
| | | | | | | | | | |
| 备注 | | 第一联业务存查　第二联由退料人交仓库保管员存查 | | | | | | | |

**附表 9-21**

**油料费单车核算统计表**

项目部名称：　　车牌号：　　车辆权属：　　统计时间：

车辆型号：　　辆排量：　　油耗标准：　　油料规格：

| 序号 | 出车时间 | 工作内容 | 出车前里程表读数 | 收车后里程表读数 | 实际行驶里程（Km） | 累计行驶里程（Km） | 加油量（L） | 累计加油量（L） | 单价 | 金额 | 累计金额 | 驾驶员 | 负责人 |
|---|---|---|---|---|---|---|---|---|---|---|---|---|---|
| | | | | | | | | | | | | | |
| | | | | | | | | | | | | | |
| 合计 | | | | | | | | | | | | | |

**附表 9-22**

**混凝土日常需用计划**

工程名称：　　施工合同号：

工程编号：　　施工图纸号：

| 架子队名称 | 材料名称 | 强度等级 | 坍落度 | 计量单位 | 预计方量（$m^3$） | 浇筑部位 | 浇筑方式 | 进场时间 | 添加剂 | 备注 |
|---|---|---|---|---|---|---|---|---|---|---|
| | | | | | | | | | | |
| | | | | | | | | | | |
| 施工单位：　年　月　日 | | | 项目商务经理：　年　月　日 | | | 项目经理：　年　月　日 | | | | |

**附表 9-23** **商品混凝土进场统计表**

项目名称：

| 序号 | 材料名称 | 砼等级 | 坍落度 | 单位 | 数量 | 供应商名称 | 进场时间 | 浇筑部位 | 磅差数量超（+）少（-） | 质量检验判定 | 备注 |
|---|---|---|---|---|---|---|---|---|---|---|---|
| | | | | | | | | | | | |
| | | | | | | | | | | | |

验收人员：　　　　制表：

**附表 9-24** **商品混凝土对比分析表**

项目名称：

| 序号 | 材料名称 | 砼等级 | 坍落度 | 计量单位 | 材料数量 | | | 材料价格（不含可抵扣增值税） | | | 计划总价（不含税） | 采购总价（不含税） | 节约总价（不含税） | 供应商全称 | 到站时间 | 备注 |
|---|---|---|---|---|---|---|---|---|---|---|---|---|---|---|---|---|
| | | | | | 计划数量 | 采购数量 | 节超数量 | 计划价格 | 采购价格 | 节超价格 | | | | | | |
| | | | | | | | | | | | | | | | | |
| | | | | | | | | | | | | | | | | |

单位主管：　　计划：　　财务：　　物资主管：　　制表：

**附表 9-25**

**商品混凝土结算单**

使用单位：　　　　　　　　　　　　　　　　　　　　　　　　日期：　　年　月　日

| 序号 | 浇筑日期 | 工程名称 | 浇筑部位 | 砼标号 | 浇筑方式 | 单价（不含税） | | | 实际数量 | 金额 | 备注 |
|---|---|---|---|---|---|---|---|---|---|---|---|
| | | | | | | 商砼 | 砼送费 | 合计 | | | |
| | | | | | | | | | | | |
| | | | | | | | | | | | |
| | | | | | | | | | | | |
| | | | | | | | | | | | |
| | | | | | | | | | | | |
| | | | 需用方： | | | | | | | | |

项目经理：　　　　　　材料负责人：　　　　　　商务负责人：　　　　　　制表：

**附表 9-26**

## 混凝土节超分析编制说明

1. 本材料节超分析：起　　年　月　日到　　年　月　日。
2. 本材料节超分析数据来源：

设计量来源：　　　　应耗量来源：　　　　消耗量来源：

3. 材料损耗系数情况：
4. 材料节超情况：
5. 材料节超情况原因：

附表 9-27

### 队（班组）混凝土节超分析表

编制单位：　　　　　　　　　　　　　　　　　　　　　　　　年　月

| 材料名称 | 规格型号 | 单位 | 本月情况 | | | | 累计情况 | | | | 备注 |
|---|---|---|---|---|---|---|---|---|---|---|---|
| | | | 设计量 | 应耗量 | 消耗量 | 节超量 | 设计量 | 应耗量 | 消耗量 | 节超量 | |
| | | | | | | | | | | | |
| | | | | | | | | | | | |
| | | | | | | | | | | | |

制表：　　物资部部长：　　工程部部长：　　计划部部长：　　项目部部长：　　项目部经理：

备注：1. 节超率等于节超量除以设计量；2. 设计量计算表附在后面；3. 对节超量异常的材料，查找原因，并把书面说明附表后。

附表 9-28

### 混凝土节超分析汇总表

编制单位：　　　　　　　　　　　　　　　　　　　　　　　　年　月

| 材料名称 | 规格型号 | 单位 | 本月情况 | | | | 累计情况 | | | | 备注 |
|---|---|---|---|---|---|---|---|---|---|---|---|
| | | | 设计量 | 应耗量 | 消耗量 | 节超量 | 设计量 | 应耗量 | 消耗量 | 节超量 | |
| | | | | | | | | | | | |
| | | | | | | | | | | | |
| | | | | | | | | | | | |

制表：　　物资部部长：　　工程部部长：　　计划部部长：　　项目部部长：　　项目部经理：

备注：1. 节超率等于节超量除以设计量；2. 对节超量异常的材料，查找原因，并把书面说明附表后。

**附表 9-29**

## 混凝土原材料节超分析编制说明

1. 本材料节超分析：起　　年　月　日到　　年　月　日。
2. 本材料节超分析数据来源：

设计量来源：　　　应耗量来源：　　　消耗量来源：

3. 混凝土生产情况：
4. 配合比情况：
5. 砂、碎石含水率 %
6. 材料损耗系数情况：
7. 材料节超情况：
8. 材料节超情况原因：

**附表 9-30**

## 混凝土原材料计算表

编制单位：　　　　　　　　　　　　　　　　　　　　　　　年　月

| 序号 | 混凝土（砂浆）标号 | 使用部位 | 配合比 | 砂（碎）含水率 | 生产方量（方） | 水泥（吨） | 中粗砂（吨） | 碎石（5～10mm）（吨） | 碎石（10～25mm）（吨） | 粉煤灰（吨） | 矿粉（吨） | 减水剂（吨） | 备注 |
|---|---|---|---|---|---|---|---|---|---|---|---|---|---|
| 1 | | | | | | | | | | | | | |
| 2 | | | | | | | | | | | | | |
| 说明：使用部位分桩基、承台、墩柱、连续梁、临建、其他单位借调；其他单位借调要在备注栏中填写调入单位名称； | | | | | | | | | | | | | |

制表：　　物资部部长：　　工程部部长：　　计划部部长：　　项目部总工：　　项目部经理：

**附表 9-31**

**混凝土原材料节超分析表**

编制单位：　　　　　　　　　　　　　　　　　　　　年　月

| 材料名称 | 规格型号 | 单位 | 本月情况 | | | | 累计情况 | | | | 备注 |
|---|---|---|---|---|---|---|---|---|---|---|---|
| | | | 设计量 | 应耗量 | 消耗量 | 节超量 | 累计设计量 | 累计应耗量 | 累计消耗量 | 节超量 | |
| | | | | | | | | | | | |
| | | | | | | | | | | | |
| 1. 节超率等于节超量除以设计量。2. 对节超量异常的材料，查找原因，并把书面说明附表后。 | | | | | | | | | | | |

制表：　　物资部部长：　　工程部部长：　　计划部部长：　　项目部总工：　　项目部经理：

第 10 章

# 物资成本核算

物资成本核算是企业经济核算的重要组成部分，材料费用一般占建筑工程造价70%左右。做好物资成本核算，具有以下重要意义：有助于对物资管理日常经济业务的控制；有利于发现实际成本与计划成本之间的差异，并及时分析形成差异的原因；可依据物资成本核算评估物资管理水平以及物资管理质量；及时向领导提供相关的成本数据，为领导管理决策提供依据。鉴于物资成本核算的重要性，课题组依据国家有关财务管理和成本核算的规章制度，并结合公司现行成本核算方法，规范了物资成本核算过程，并进一步提出建立物资核算中心和材料节超分析制度，以期达到加强成本核算管理的目的。此外，课题组运用运筹学的原理，构建了主要物资采购与库存一体化成本优化模型及物资总成本优化模型，并在优化模型的基础上给出了工程实践，以检验成本优化模型的适用性。

## 10.1 物资成本核算过程管理

为保证成本核算过程的完整以及确保成本核算方法简单清晰，本节将成本核算过程分为两个部分：采购成本核算、物资使用过程的本成核算。其中，物资使用过程核算主要包括材料消耗成本的核算、周转材料及低值易耗品的摊销以及租赁成本核算。

### 10.1.1 采购成本核算

物资采购成本核算主要依据入库单、调拨单、验收单等原始记录，据以核算物资购进的成本。物资采购实际成本主要由三部分组成：采购物资价款、运杂费和采购保管费。采购物资价款是指购入物资取得发票上所列的货款及不能抵扣的税金。运杂费是物资在供应过程中发生的费用，包括包装费、保险费、装卸费、运输费等。采购保管费是指因采购、保管物资所发生的费用。采购保管费是一项综合性费用，期末应采用一定的方法进行分配。对于物资按实际成本核算的企业，对采购保管费的分配主要采取的是“直接向领料对象分配”的方法。其计算公式为：

$$\text{本月采购保管费分配率}=\frac{\text{本月购入材料的买价和运杂费}}{\text{采购保管费月初余额}+\text{采购保管费本月发生额}}$$

$$\text{本月发出材料分配的采购保管费}=\text{本月发出材料的买价和运杂费}\times\text{本月采购保管费分配率}$$

对材料按计划成本核算的企业，对于采购保管费的分配主要按实际分配率分配。其计算公式为：

$$\text{本月采购保管费实际分配率}=\frac{\text{本月采购保管费实际发生额}}{\text{本月购入的买价和运杂费}}\times 100\%$$

$$\text{某类材料本月应负担的采购保管费}=\text{本月购入该类材料的买价和运杂费}\times\text{本月采购保管费实际分配率}$$

本节需注意的是，在核算物资采购成本时，凡属于供货单位已开发货单或已发货，但尚在途中；材料已进场，但尚未办理验收入库手续；经检验不合格的物资；不属于本项目部的物资等均不应计入当月采购成本里。

对于大宗物资或价值较高的其他材料，项目成本核算人员应按材料类别计算其采购成本节约（超耗）率。

$$\text{采购成本节约(超耗)额}=\text{材料采购计划成本}-\text{材料采购实际成本}$$

$$\text{采购成本节约(超耗)率}=\frac{\text{采购成本节约(超耗)额}}{\text{材料采购计划成本}}$$

分析采购成本超耗率是否控制在控制目标范围内，若超过控制目标范围，应分析原因并采取相应的措施应对，以达到降低成本或未来降低成本的目的。如属采购价格引起的成本增加，采购部门应分析采购方式是否得当、供应商供货价格是否合理，并采取相应的措施予以调整；如属供应商供货存在质量问题造成的成本增加，应根据经济损失向供应商发出成本补偿要求；如属运输不当造成的成本增加，应归咎相应的运输单位或运输人员的责任；如属物资保管人员保管不善造成物资采购成本增加，应追究保管人员责任，必要时更换保管人员。物资成本核算人员在对物资进行核算时应编制《工程项目主材预算与消耗对比表》《材料预算单价表》（见附表 10-1、附表 10-2）。

### 10.1.2　物资使用过程的成本核算

#### 1. 材料消耗成本核算

材料消耗成本主要指用于临建工程、各分部工程、动力机电、现场安全文明施工等方面实际消耗的全部材料成本。材料消耗成本核算要依据限额领料单、领料单（对于零星材料以及价值较小的其他材料，在领料时填制的）等原始记录，据以核算物资消耗成本。确定物资消耗成本应首先确定物资消耗数量和物资消耗价格，并依据物资消耗量确定物资节超情况。

**（1）材料消耗数量的计算**

为正确地确定施工过程中材料的消耗数量，施工企业应定期对存货进行实地盘点，并结合物资采购合同、进场验收相关单据、材料发出记录、物资领料单据等，确定物资消耗数量。具体盘点工作，已在第8章物资盘点管理章节中涉及，因此这里不做重复性叙述。

**（2）材料消耗价格和消耗成本的计算**

材料日常核算主要有两种方法：实际成本法和计划成本法。施工企业可根据企业自身收发业务状况以及成本核算的健全程度，选择确定。

◆ 计划成本核算方法是指存货的收入、发出和结余均按照计划成本计价，并设置成本差异科目，登记、分摊、按期结转实际成本与计划成本的差额，期末将发出和结存存货的成本调整为实际成本。

◆ 实际成本法包括先进先出法、移动加权平均法、月末一次加权平均法等。先进先出法是以先购进材料先发出作为假定前提，对发出材料和期末材料进行计价的方法，对于发出的物资以先入库物资的单价计算发出物资成本。移动加权平均法是指以每次进货的成本加上原有库存物资的成本，除以每次进货数量与原有库存材料数量之和，据以计算加权平均单位成本，作为在下次进货前计算各次发出物资成本的依据。月末一次加权平均法，是指以当月全部进货数量加上月初存货数量作为权数，去除当月全部进货成本加上月初存货成本，计算出存货的加权平均单位成本，以此为基础计算当月发出存货的成本和期末库存成本的一种方法。企业可结合自身特点，选择一种合适的计量方式。但计量方式一经确定，便不允许随便更改。

**（3）材料消耗考核**

材料消耗考核，是指通过统计材料的实际消耗量，并与材料定额消耗量进行对比分析，以反映材料节约或超耗情况。根据材料的使用情况不同，考核材料节约或超耗的方法主要有两种：核算单项工程某种材料的消耗、核算施工队伍某种材料消耗。核算单项工程某种材料的消耗考核方式是以单项工程为核算对象，分析当期消耗某种材料的情况；核算施工队伍某种材料消耗考核方式，是以施工队伍为核算对象，核算当期对某种材料的消耗情况。有关某种材料的节超消耗的计算公式如下：

$$\text{某种材料节约(超耗)量}=\text{某种材料定额消耗量}-\text{该种材料实际消耗量}$$

$$\text{某种材料节约(超耗)率}=\frac{\text{某种材料节约(超耗)量}}{\text{该种材料定额消耗量}}$$

在对物资进行消耗考核的过程中，项目管理人员应填制《分项工程物资消耗核算表》及《施工队伍物资消耗及节超核算表》(见附表 10-3、附表 10-4)，依据物资的节超情况分析物资节超原因，实施相应的奖惩，并按年度编制《物资成本核算表》(见附表 10-5)。

2. 周转材料的摊销

工程项目购入的周转物资，因为能够在施工过程中反复使用，并保持原有的物资形态，其价值随着使用逐渐损耗，所以在核算上既要反映原值，又要反映其损耗价值。为适应这一核算要求，需要采用一定的摊销方法进行摊销，核算摊销费用。周转材料的摊销方法主要有四种：一次摊销法、分期摊销法、分次摊销法、定额摊销法。

**(1) 一次摊销法**

一次摊销法是指在领用时将周转材料的全部价值一次计入工程成本的方法。这种摊销方法适用于易损坏、易腐蚀、价值较低、已坏的周转材料。

**(2) 分期摊销法**

分期摊销法是指根据周转材料预计的使用期限，确定当期摊销额的方法。该摊销方法适用于使用寿命较长、价值较大的周转材料。其计算公式如下：

$$\text{周转材料本月摊销额}=\frac{\text{周转材料原价}\times(1-\text{残值率})}{\text{预计使用月数}}$$

**(3) 分次摊销法**

分次摊销法是指根据周转材料预计使用次数，确定周转材料一次的摊销额，再根据本期内周转材料使用次数，确定本期周转材料摊销额的方法。这种方法适用于使用次数较少或不经常使用的周转材料。其计算公式如下：

$$\text{周转材料单次摊销额}=\frac{\text{周转材料原价}\times(1-\text{残值率})}{\text{预计使用次数}}$$

$$\text{本期摊销额}=\text{本期使用次数}\times\text{单次摊销额}$$

**(4) 定额摊销法**

定额摊销法是指根据本期工程完工的实物工程量，结合周转材料消耗定额确定本期周转材料摊销额的方法。这种方法适用于各种模板。其计算公式如下：

$$\text{周转材料本期摊销额}=\text{本期完成的实物工程量}\times\text{周转材料消耗定额}$$

需要注意的是，前面只是简单地介绍了周转材料在一个项目中的摊销方法，但因为周转材料可以在多个项目间周转使用，因此周转材料应在多个项目中进行摊销。对于项目间摊销额度要求主要如下：

◆ 移动模架、隧道衬砌台架、预制梁模板和挂篮模板按照20%预计净残值，两个项目摊销完毕，第一个项目摊销50%，第二个项目摊销30%。

◆ 成套的贝雷架、贝雷片、钢脚手架，扣完残值后两年摊销完毕，第一年摊销40%，第二年扣除残值后全部摊销完毕。

◆ 钢轨及扣件，钢轨预留残值30%，两个项目摊销完毕，第一个项目摊销50%，第二个项目摊销20%，扣件第一个项目摊销完毕。

◆ 高压电缆预留残值20%，分两个项目摊销，第一个项目摊销60%，第二个项目摊销20%。

◆ 高压风水管线预留残值20%，两个项目摊销完毕，第一个项目摊销60%，第二个项目摊销20%。

◆ 通风管、钢制小型模板在一个项目摊销完毕。

◆ 承台模板、桥梁墩柱模板、单件或单批价值在10万元以上的钢构件等，预计净残值30%，两个项目摊销完毕，第一个项目摊销50%，第二个项目摊销20%。

◆ 成型方木、枕木一次性摊销，不预留残值，如一个项目使用完后仍能继续使用，再重新认定其价值。

◆ 异型模板扣除预计净残值后，在一个项目全部摊销完毕。

以上周转材料使用超过两个项目的，在第三个项目使用前重新认定其价值，不改变其账面价值，直接增加其考核指标。如不能在两个项目使用，则扣除净残值后在第一个项目摊销完毕。如果第一个项目使用完毕后还能够使用，但是暂时没有项目继续使用的，则第一个项目摊销60%。

### 3. 低值易耗品摊销

低值易耗品是指资产价值较低、使用寿命较短，不能列入固定资产范畴的各种劳保用品、管理用品等。低值易耗品同周转材料一样，可多次反复使用，并保持原有的形态，其价值随着使用逐渐损耗，且报废时有一定残值。因此，施工企业应采用一定的摊销方法计提其成本。低值易耗品的摊销方法主要有三种：多次摊销法、一次转销法、五五摊销法。

**(1) 多次摊销法**

多次摊销法是指根据低值易耗品预计使用次数确定一次摊销额，再根据当期实际使用次数确定当期摊销额的方法。这种方法适用于使用寿命较长、资产价值较高的低值易耗品。其计算公式如下：

一次摊销额＝摊销品价值/预计使用次数

本期摊销额＝一次摊销额×本期内实际使用次数

**(2) 一次转销法**

一次转销法是指在领用时将低值易耗品的全部价值一次性计入工程成本的方法。这种方法适用于资产价值较低的低值易耗品。

**(3) 五五摊销法**

五五摊销法指在新的材料投入使用后，其价值的一半计入相关的成本费用里，在低值易耗品报废时，将剩下的另一半计入相关的成本费用里，低值易耗品的净残值冲减相关费用，同时将报废的低值易耗品销账。适用于一般的低值易耗品。

4. 委托加工物资成本核算

委托加工物资是指企业委托外单位加工成新的材料或包装物、低值易耗品等物资。委托加工物资的成本应当包括加工中实际耗用物资的成本、支付的加工费用及应负担的运杂费、保险费、支付的税金（包括增值税、消费税）等。企业由于受工艺设备限制，有时需要把某些物资委托外单位加工制成另一种性能和用途的物资，以满足经营的需要，例如加工钢格栅、超前小导管等，发往外单位加工的物资，虽暂时离开企业，但仍属于本企业的存货。加工完后，物资部门要按照加工后的成品点验入库，财务部门凭物资部门的点验单入账。需要注意的是，不可将委托加工发出去的材料，作为消耗直接列入成本，也不可将加工收回来后的物资，不作为存货入库，因为这样做一方面造成了成本虚增，账实不符，另一方面也致使委托加工物资容易丢失。

5. 租赁成本的核算

租赁成本是指由于租赁料具、临建及安全设施需向出租单位支付的费用。主要包括租赁金额以及因租赁物资管理不善引起的报损报废的赔偿费用。

料具的租赁金额一般是依照合同的约定按天计算。其计算公式如下：

$$\text{某料具的租赁金额}=\text{合同约定的每天的租赁价格(不含可抵扣增值税)}\times\text{成本核算期的使用天数}\times\text{计量数量}$$

临建及安全设施的租赁金额包括租赁物资本身的金额，还应包括安拆费以及由租赁单位承担的运输费。其计算公式如下：

$$\text{临建及安全设施的租赁金额}=\left(\text{租赁物资每天的租赁单价}+\frac{\text{安拆费}+\text{运输费}}{\text{总的租赁天数}}\right)\times\text{临建及安全设施的计量数量}\times\text{成本核算期天数}$$

对于租赁物资报损报废的核算，首先由项目成本核算人员认真盘点核实，确认各类料具报损报废数量，其次由项目材料部门填制《料具报损报废单》经项目经理审批后报公司物资部执行报损报废，公司物资部确认后通知出租单位按合同条款停止收取租金，相应赔偿费由项目承担。临建及安全设施的报废报损赔偿按合同约定进行。

## 10.2 物资成本核算管理

加强物资成本核算管理，有利于保证物资成本核算的准确性以及控制物资成本的消耗。施工企业应从以下三个方面加强物资成本核算管理。

### 1. 建立两个物资核算中心

施工企业物资消耗场所主要有两处：现场以及拌和站。现场仓库与拌和站是两处分离的场所，存放有不同的物资，独立执行各项经济业务，且拥有不同的管理机构以及管理程序。因此，施工企业应独立核算现场仓库与拌和站的成本，故应分别以现场仓库和拌和站为核算中心。建立两个核算中心，可以使核算工作规范化、简单化。分别核算现场仓库以及拌和站的成本，减少了核算人员的工作量，依据现场仓库以及拌和站的规模、消耗物资方式的不同实施不同的核算方法，在一定程度上规范了成本核算工作。建立两个核算中心，还可以提高物资成本的可控性。这两个核算中心独立执行各项经济业务，通过加强对各项经济业务的管控，可以有效地降低物资成本，提高物资成本的可控性。

2. 确定核算单价，及时挂账

根据工程的实际情况，为便于物资的成本核算，对钢材、水泥、中粗砂、碎石、外加剂等物资单价统一确定，对控制范围期间内所发生的材料费，均应预点挂账，以实际收到物资为原则，进行预点挂账（不管是否有发票），由统计员做好记录，标明发票是否到位，定期召开经济分析会议[1]。

在召开经济分析会前（一般月末召开），要核对以下账目：

（1）项目物资部与各供应商核对账目，对账时首先复核收货单（送货单）的真伪，签字是否为指定的材料员本人签字。对账凭证复核通过后，形成统计汇总表，双方签字盖章，双方各留一份。同时，一定要把核对过的收货单（送货单）收回，物资部粘贴好，存档备用。此外，还应该对货款支付情况进行对账，双方在对账单上签字盖章，并及时登记欠付款台账，即登记《材料款（租金）支付情况一览表》《材料（租金）欠款利息一览表》（见附表 10-6、附表 10-7）。

（2）项目部物资部门与财务部门核对账目，确保账账相符、账物相符。对账时不仅要核对库存金额，还要对入库金额与出库金额进行复核，确保入库金额与财务账上的原材料借方金额相等，出库金额与财务账上的原材料贷方金额相等。对账完毕，财务部应在材料消耗报表上签字确认。

（3）现场保管员与各施工队核对账目，项目部物资科统计员和拌和站核对账目，保管员、材料员与统计员核对账目。在与施工队伍进行对账时，双方应确认队伍领料的数量、金额以及根据施工合同应该扣（暂扣）的材料款。扣施工队伍的材料款，应单独打印 EXECL 表，即《队扣（暂扣）款统计表》（见附表 10-8），单独签字，送交计划部、财务部进行扣账。此外，物资材料人员应对队扣（暂扣）款进行统计汇总，形成《扣款统计汇总表》（见附表 10-9）。当遇到合同约定不太清楚时，物资部与计划部共同确定施工队伍扣款的材料项目。财务部要根据物资部提供的发料单对施工队伍扣款表中的数量、金额进行审核。

成本核算经济分析工作会的主要内容如下：

（1）核算物资消耗量与工程完工量是否对应，对项目的材料消耗使用情

---

[1] 褚洪树. 客运专线建设中的物资成本核算 [J]. 铁路采购与物流，2008 (12)：15-16.

况进行分析，出现偏差及时分析原因，并制定相应的措施。

（2）通过成本分析，对项目物资管理提出建设性见解。

（3）对材料成本预算执行情况进行考核，并制定严格的奖惩制度。主要考核：采购是否按计划进行；出入库手续是否齐全；是否严格执行限额领料制度；赊欠材料是否及时入账等影响成本的行为。

（4）实行奖惩。

### 3. 建立材料节超分析制度

**（1）坚持中间分析与核算**

在施工过程中，要分阶段（一般按分部、分项工程为阶段，也可按月为阶段）进行物资节超的分析和核算，以便及时发现问题，防止物资超耗。一般情况下，施工企业在施工过程中，如果按分部或分项进行材料节超分析时，可能因施工时间较长而不便于控制成本，因此，施工企业通常是按月进行材料的节超分析。在每月月底进行材料节超分析，材料的应耗量（设计量+损耗），由工程部、计划部提供。物资部提供准确的材料消耗量。三部门共同进行材料节超分析，并编制《材料节超分析编制说明》（见附表10-11），编制说明内容应有编制期限、设计数量来源、损耗率、材料节超情况。材料节超分析结果报项目经理审批。发现材料节超异常情况的，应深入分析原因。如果丢失、被盗、被倒卖应及时上报项目领导、公司领导进行处理。材料节超分析时一定要做到及时沟通，材料应耗量与消耗量必须做到同步，也就是说消耗量与应耗量必须匹配。另外，由于盘点时存在误差，所有材料节超分析时，既要对每月消耗的材料进行分析，更要对累计的材料消耗进行分析。材料节超分析时，也必须按队伍进行分析，由材料员认真编制《施工队伍物资消耗及节超核算表》（见附表10-4），然后再形成汇总表，即形成《材料节超分析汇总表》（见附表10-10）。

**（2）施工完成后的分析与核算**

单项工程完工后以及工程竣工后要进行成本核算，防止物资超耗，给施工企业带来经济损失；并按工程合同里的有关规定实施奖惩。

## 10.3 主要物资采购与库存一体化成本优化模型

课题组在对物资成本核算的研究过程中发现，因采购与库存管理不善造成主要物资成本大幅增加，为降低物资成本，课题组特构建出主要物资采购与库存一体化成本优化模型，项目在采购与储存主要物资时可做参考。

### 10.3.1　模型的构建假设

对主要物资采购与库存一体化成本优化模型的构建，建立在以下假设的基础之上：

(1) 将采购分为几个采购阶段，各阶段的需求数量是既定的。

(2) 各阶段不允许缺货。

(3) 某物资的采购是从几家供应商处采购的，且每种供应商只提供一种该物资。

(4) 货款是采取延期付款的方式，要考虑时间价值，只有考虑时间价值才能计算出真正的采购成本。

(5) 对于每一类物资存储都不能超过仓库最大容量，且仓库最大容量已知。

(6) 每一阶段的采购金额不超过预算。

### 10.3.2　各参数设定

主要物资采购与库存一体化成本优化模型中各参数的设定如下：

(1) 第 $k$ 阶段的某物资需求数量为 $D_k$ 。

(2) 对供应该物资的供应商用数字编码，不同供应商对应不同数字，且数字是连续的，数字从 $1\sim i$。因每种供应商只提供一种该物资，故供应商的编码也对应于该类物资规格型号的编码。

(3) $A_{ik}$ 表示第 $k$ 阶段从第 $i$ 个供应商购买时的固定采购成本；$\partial$ 表示 0 或 1，物资采购是 1，不采购为 0。

(4) $X_{ik}$ 表示第 $k$ 阶段，该物资从第 $i$ 个供应商处采购的数量。

(5) $P_{ik}$ 表示第 $k$ 阶段，该物资从第 $i$ 个供应商处采购时的采购价格。

(6) $T_{ik}$ 表示第 $k$ 阶段，该物资从第 $i$ 供应商处采购的单位运输成本。

(7) $r$ 为贴现率，$d$ 为支款延迟期。

(8) $H_{ik}$ 表示为第 $k$ 阶段，该物资的单位仓储费用。

(9) $V_k$ 表示 $k$ 阶段末，该类物资的库存。

(10) 仓库的最大容量为 $V$ 。

(11) 第 $k$ 阶段的采购预算为 $M_k$ 。

### 10.3.3 优化模型

函数的自变量为 $X_{ik}$ 以及 $V_k$

目标函数：

$$\min C=\sum_{k=1}^{P}\sum_{i=1}^{n}\left(\partial A_{ik}+\frac{X_{ik}(p_{ik}+T_{ik})}{(1+r)^{d_i}}\right)+\sum_{k=1}^{p}H_k(\sum_{i=1}^{n}X_{ik}+V_{k-1}+V_K)\div 2$$

约束条件：

（1）第 $k$ 阶段的该类物资的采购数量加上上一阶段末的库存量，要大于或等于该阶段的需求数量。

$$\sum_{i=1}^{n}X_{ik}+V_{k-1}\geqslant D_k$$

（2）第 $k$ 阶段的该类物资的采购数量加上一阶段末的库存量，要小于仓库容纳量。

$$\sum_{i-1}^{n}X_{ik}+v_{k-1}\leqslant V$$

（3）第 $k$ 阶段的该类物资的采购成本要在采购预算内。

$$\sum_{i=1}^{n}(A_{ik}+X_{ik}(P_{ik}+T_{ik}))\leqslant M_k$$

（4）库存平衡表达式：

$$V_{k-1}+\sum_{i=1}^{n}X_{ik}-D_k=V_k$$

（5）该类物资要设定一个安全储备，且第 $k$ 阶段末的库存要大于安全储备。

$$V_k\geqslant S_k$$

（6）该类物资的采购数量要大于或等于 0。

$$X_{ik}\geqslant 0$$

利用此模型，运用 Lingo 8.0 优化软件，可以计算出当某一物资在某一阶段向各供应商采购的数量和库存数量为多少时，采购成本与库存成本一体化成本最优。

### 10.3.4　模型运用

课题组为进一步说明模型的构建过程以及模型的可行性，在本小节给出四公司某建设项目采购钢筋的实例。本例中只有 4 个供应商，即 $n=4$，分别为华扬建筑材料有限公司、美邦工程材料有限公司、景煌贸易有限公司、远久建材有限公司。由于上节假设每一供应商只提供一种钢筋，所以供应商和钢筋规格型号符号采用了相同的下标，项目的采购计划期为 6 个月，一个月为一个阶段，故 $k=6$。若计划初期库存量为 100 吨，1～6 阶段钢筋需求量分别为 600 吨、650 吨、700 吨、580 吨、800 吨、500 吨，同期单位运输与采购价格（不含可抵扣增值税）分别为 3 950 元/吨、4 180 元/吨、4 290 元/吨、4 290 元/吨、4 240 元/吨、4 300 元/吨。

1. 模型的约束条件

（1）第 $k$ 阶段钢筋的采购数量加上上一阶段末的库存量，要大于或等于该阶段的需求数量。

$$\sum_{i=1}^{4} X_{ik} + V_{k-1} \geqslant D_K$$
$$k = 1、2、3、4、5、6$$

（2）第 $K$ 阶段钢筋的采购数量加上一阶段末的库存量，要小于仓库容纳量。若令 $V=1\ 000$ 吨，则最大库存约束为：

$$\sum_{i=1}^{4} X_{ik} + v_{k-1} \leqslant 1\ 000$$
$$k =1、2、3、4、5、6$$

（3）第 K 阶段的该类物资的采购成本要在采购预算内。若 1～6 阶段，采购预算分别为 200 万元、250 万元、280 万元、190 万元、300 万元、180 万元。

$$\sum_{i=1}^{4} (A_{ik} + X_{ik}(P_{ik} + T_{ik})) \leqslant M_K$$
$$k =1、2、3、4、5、6$$

（4）库存平衡表达式：

$$V_{k-1}+\sum_{i=1}^{4}X_{ik}-D_k=V_k$$
$$k=1、2、3、4、5、6$$

（5）钢筋储备要设定一个安全储备量，且第 K 阶段末的库存要大于安全储备。若各阶段安全储备量均为 50 吨。

$$V_k\geqslant 50$$
$$k=1、2、3、4、5、6$$

（6）该类物资的采购数量要大于或等于 0。

$$X_{ik}\geqslant 0$$
$$k=1、2、3、4、5、6$$

2. 目标函数

若各阶段的钢筋的采购成本均相同，即 $A_{ik}=200$ 元/吨，且单位存储成本 $H_{ik}=0.3$ 元/吨。又假设贴现率 r=2%，项目对各供应商的付款延迟期为 10 日，则目标函数为：

$$\min C=\sum_{K=1}^{P}\sum_{i=1}^{n}\left(200+\frac{X_{ik}(p_{ik}+T_{ik})}{1.02^{10_i}}\right)+\sum_{k=1}^{p}0.3\left(\sum_{i=1}^{4}X_{ik}+V_{k-1}+V_K\right)\div 2$$

利用优化软件 Lingo 8.0 对实例模型进行求解，求出了每一阶段向每一供应商购入钢筋的数量以及每一阶段的最优库存量。其计算结果如表 10-1 所示：

表 10-1　　各阶段购入数量及最优库存量　　单位：吨

| 供应商 | 阶段 | | | | | |
|---|---|---|---|---|---|---|
| | 1 | 2 | 3 | 4 | 5 | 6 |
| 华扬建筑材料有限公司 | 150 | 170 | 200 | 160 | 258 | 148 |
| 美邦工程材料有限公司 | 147 | 165 | 185 | 158 | 239 | 136 |
| 景煌贸易有限公司 | 138 | 160 | 176 | 143 | 186 | 125 |
| 远久建材有限公司 | 115 | 155 | 149 | 124 | 120 | 93 |
| 库存 | 50 | 50 | 60 | 65 | 68 | 70 |

## 10.4 物资总成本优化模型

### 10.4.1 物资总成本优化模型的构建

课题组利用运筹学的目标优化原理，通过对施工企业物资成本构成要素进行分析，综合考虑各成本要素的影响因子，进而构建出物资总成本优化模型，运用总成本优化模型，以期达到控制总成本的目的。课题构建物资总成本优化模型过程如下所示：

目标规划的一般模型为：

$$\min z = \sum_{k=1}^{K} P_k \left( \sum_{l=1}^{L} w_{kl}^{-} d_l^{-} + w_{kl}^{+} d_l^{+} \right)$$

$$\begin{cases} \sum_{j=1}^{n} a_{ij} x_j \leqslant (=, >) b_i & (i = 1, \cdots, m) \\ \sum_{j=1}^{n} c_{lj} x_j + d_l^{+} - d_l^{-} = g_l & (l = 1, \cdots, L) \\ x_j \geqslant 0 & (j = 1, \cdots, n) \\ d_l^{-}, d_l^{+} \geqslant 0 & (l = 1, \cdots, L)_i \end{cases}$$

式中：$P_k$ 为第 $k$ 级优先因子，$k=1$，…，$K$；$w_{kl}^{-}$、$w_{kl}^{+}$ 为分别赋予第 $l$ 个目标约束的正负偏差变量的权系数；$g_l$ 为目标预期目标值，$l=1$，…，$L$；$d_l^{+}$，$d_l^{-}$ 为偏差变量，分别指实际值超出和低于目标值的差值。

施工企业物资总成本主要包括：资金成本、计划成本、评价成本、招标成本、存储成本、耗损成本。

（1）资金成本。资金成本包括购买价款和资金时间价值，由于资金成本是影响物资成本最主要的因素，所以我们把其优先级定为 $p_1$，购买价款等于单价与单位运输费用之和再乘以物资采购数量。设物资单位价格（不含可抵扣增值税）与单位运输费用之和为 $a_1$，物资采购数量为 $x_1$，货款实行每月分期等额付款，在 $x_2$ 个月内完成付款，当期利率 $r$ 为常数（经过市场调查获得）。两组成本的约束条件为：采购成本控制在市场调查的平均成本 $g_1$ 之内；由于资金压力，付款期限不少于 $b_1$ 个月；目标时间价值为 $g_2$。综上所述有：

$$\begin{cases} a_1x_1+d_1^-+d_1^+=g_1 \\ x_2\geqslant b_1 \\ \dfrac{a_1x_1}{x_2}(\mathrm{P/A},r,x_2)-a_1x_1+d_2^-+d_2^+=g_2 \end{cases}$$

（2）计划成本。计划成本分为材料的预算成本、市场价格调查成本、计划执行监督成本以及计划变更成本。其中，预算成本主要包括预算员的工资分摊费用（按月采购批次摊销），设为 $x_3$。市场价格调查成本主要包括调查员的工资分摊费用（按月采购批次分摊）、差旅费，设为 $x_4$。计划监督成本主要包括负责监督计划执行人员的成本，以及执行监督而发生的管理费用（按月采购批次分摊），设为 $x_5$。计划成本按照工程量限制在$g_3$ 内。综上所述有：$x_3+x_4+x_5+d_3^-+d_3^+=g_3$，由于计划职能是其他所有管理职能执行的基础，所以计划成本的控制也应摆在相当重要的地位，设其优先级为 $p_2$。

（3）评价成本。评价成本主要包括对供应商的评价成本，其中供应商的评价内容主要包括品质、成本、交期和服务。其中的主要支出项有：供应商评价人员的工资分摊费用（按月采购批次分摊），供应商各项指标现场调查费用以及供应商档案的维护费用（档案费用应按采购批次分摊），三者设为 $x_6$，根据所需供应商的数量及所购物资的等级设定总评价成本的限额 $b_2$。综上所述有：$x_6\leqslant b_2$。

（4）招标成本。招标成本是指物资在采购招标环节发生的费用（包括询价采购的费用）。对于招标过程，招标成本包括招标材料的制作成本、评标成本、定标成本，三种成本主要受采购物资的类别影响，类别重要的物资势必需要更严格的招标程序，评标需要做更充分的准备。设招标成本为 $x_7$，招标成本要控制在 $b_3$ 之内，即 $x_7\leqslant b_3$。

（5）存储成本。存储成本包括苫垫的费用、仓库的租金（自建仓库的折旧费用）、出入库的装卸费用、仓库管理的工资分摊费用，其中苫垫费用、仓库租金、装卸费用是存储量的函数，仓库管理人员的工资按照保管时间进行分摊，有的物资存储时间比较短，直接进入施工现场，领用施工，故前两项费用可能为零。设仓储数量为 $x_8$，单位码垛数量为 $c_1$，单位码垛需要的苫盖成本为 $a_2$，故苫盖费用为 $a_2\dfrac{x_8}{c_1}$。设仓库单位仓储量为 $c_2$，单位仓库需要的租金或承担的折旧费用为 $a_3$，故仓库租金为 $a_3\dfrac{x_8}{c_2}$。设单位装卸费用为 $a_4$，则装卸费用为 $a_4x_8$。仓储成本控制在 $g_4$ 之内。存储成本涉及物资的保管问题，对于物资成本的影响也比较大，故将其优先级设为 $p_3$。综上所述：

$$a_2 \frac{x_8}{c_1} + a_3 \frac{x_8}{c_2} + a_4 x_8 + d_4^- + d_4^+ = g_4$$

（6）耗损成本。耗损成本包括租赁周转材料的合理损耗、物资使用中的合理损耗。通过成本核算计算得出当期的物资耗损系数 $\alpha$，然后加上废料处理收益，设单位废料价格为 $a_5$，故耗损成本为 $(a_1 - a_5)\alpha x_1$，通过历史统计数据得出控制范围为 $g_5$，并根据技术创新和管理创新来缩小控制范围，即：$(a_1 - a_5)\alpha x_1 + d_5^- + d_5^+ = g_5$，最后将耗损成本的优先级设为 $p_4$。

通过以上分析得出：

$$\min z = p_1(d_1^+ + d_2^+) + p_2 d_3^+ + p_3 d_4^+ + p_4 d_5^+$$

$$\begin{cases} a_1 x_1 + d_1^- + \mathrm{d}_1^+ = g_1 \\ \dfrac{a_1 x_1}{x_2}(\mathrm{P/A, r, x_2}) - a_1 x_1 + d_2^- + d_2^+ = g_2 \\ x_3 + x_4 + x_5 + d_3^- + d_3^+ = g_3 \\ a_1 \dfrac{x_8}{c_1} + a_2 \dfrac{x_8}{c_2} + a_3 x_8 + d_4^- + d_4^+ = g_4 \\ (a_1 - a_5)\alpha x_1 + d_5^- + d_5^+ = g_5 \\ x_2 \geqslant b_1 \\ x_6 \leqslant b_2 \\ x_7 \leqslant b_3 \\ x_j \geqslant 0 \qquad (j = 1, \cdots, 8) \\ d_i^-, d_i^+ \geqslant 0 \qquad (i = 1, \cdots, 5) \end{cases}$$

### 10.4.2 物资总成本优化模型的工程实践

课题组为进一步说明该模型的构建过程以及模型的可行性，列举了四公司某建设项目控制一批螺纹钢总成本的实例。四公司需采购一批螺纹钢，螺纹钢采购数量 $x_1$ 吨，采购单价与单位运输费用为每吨 3 200 元，付款期限为 10 日内付清货款 70%，30%作为质保金，短期贷款的利率为 5.6%。待进场检测合格后使用 3 个月，支付所扣的 30%质保金，一般是 3～4 个供应商参与投标，预算员的工资为 3 200 元（以部门员工工资标准算），管理层工资 6 000 元（以部门负责人标准算）。工程量为 20 仓混凝土浇筑，招一次标 1 700 元，物资损耗为 2%。该案例中的采购量即为仓储量，此种物资一般存放到施工现场，所以不需要仓库租金。废旧钢材回收的价格为每吨 1 300 元。

根据市场调查情况，$g_1=770\ 000$ 元（以下的单位均为元）；由付款方式得知 $x_2=3$，资金时间成本目标时间价值为 $g_2=3\ 240$；由该工程量可以确定预算员的工作量，按照工作量确定预算员的工资为 746.67，需要市场人员一天的调查量，差旅费为 200，管理监督人员的成本为 6 000，所以 $g_3=6\ 946.7$；螺纹钢属于钢材，是 A 类物资，需要单独调查三到四家供应商，所以 $b_3=200$；苫盖的单价为 70，$a_1=70$，单位苫盖能防护 60 吨钢材，$c_1=60$；由于此种物资存放到现场库，所以租金为零，$a_2=0$；装卸费用平均每吨 3 元，$a_4=3$，$g_4=1\ 140$；废旧钢铁的价格 $a_5=1\ 300$；物资损耗系数 $\alpha=0.02$，$g_5=9\ 150$。将以上数据整理得下式：

$$\min z=p_1(d_1^+ + d_2^+)+p_2d_3^+ + p_3d_4^+ + p_4d_5^+$$

$$\begin{cases} 3\ 200x_1+d_1^+ + d_1^- = 768\ 000 \\ 13.5x_1+d_2^+ + d_2^- = 3\ 240 \\ x_2=3 \\ x_3+x_4+x_5+d_3^+ + d_3^- = 6\ 946.67 \\ x_6\leqslant 200 \\ x_7\leqslant 1\ 700 \\ 1.167x_1+0+3x_1+d_4^+ + d_4^- = 1\ 140 \\ 38x_1+d_5^+ + d_5^- = 9\ 150 \\ x_1,x_2,x_3,x_4,x_5,x_6,x_7\geqslant 0 \\ d_1^+,d_1^-,d_2^+,d_2^-,d_3^+,d_3^-,d_4^+,d_4^-,d_5^+,d_5^-\geqslant 0 \end{cases} \qquad (*)$$

由目标函数知，第一优先级的 min（$d_1^+$，$d_2^+$），又因为 $d_1^+$，$d_2^+\geqslant 0$，不妨令 $d_1^+=d_1^-=0$，代入（＊）式的第一分式解得 $x_1=240$；把 $x_1=240$ 代入（＊）式的第二分式，恰好求出 $d_2^+=d_2^-=0$，故符合 min（$d_1^+$，$d_2^+$）的要求。根据第二优先级，然后结合实际取 $x_3=746.67$，$x_4=200$，$x_5=6\ 000$，正好得出 $d_3^+=d_3^-=0$，满足目标函数的要求。由于（＊）式第七、八式都含有 $x_1$，所以先把 $x_1=240$ 代入其中，得出 $d_4^+=139.92$，$d_5^+=30$，所以目标函数中 $d_4^+=139.92$，$d_5^+=30$。最后取 $x_6$，$x_7$ 的目标值，即 $x_6=200$，$x_7=1\ 700$。

由以上计算可知，此次当采购量为 240 吨，资金时间价值为 3 240.68 元，最佳预算成本为 746.67 元、调查成本为 200 元、计划监督成本为 6 000 元、评价成本为 200 元、招标成本为 1 700 元、存储成本为 1 140 元、耗损成本 9 150 元时，该批螺纹钢总成本最低为 790 377.35 元。

## 10.5　物资收发存账务处理流程

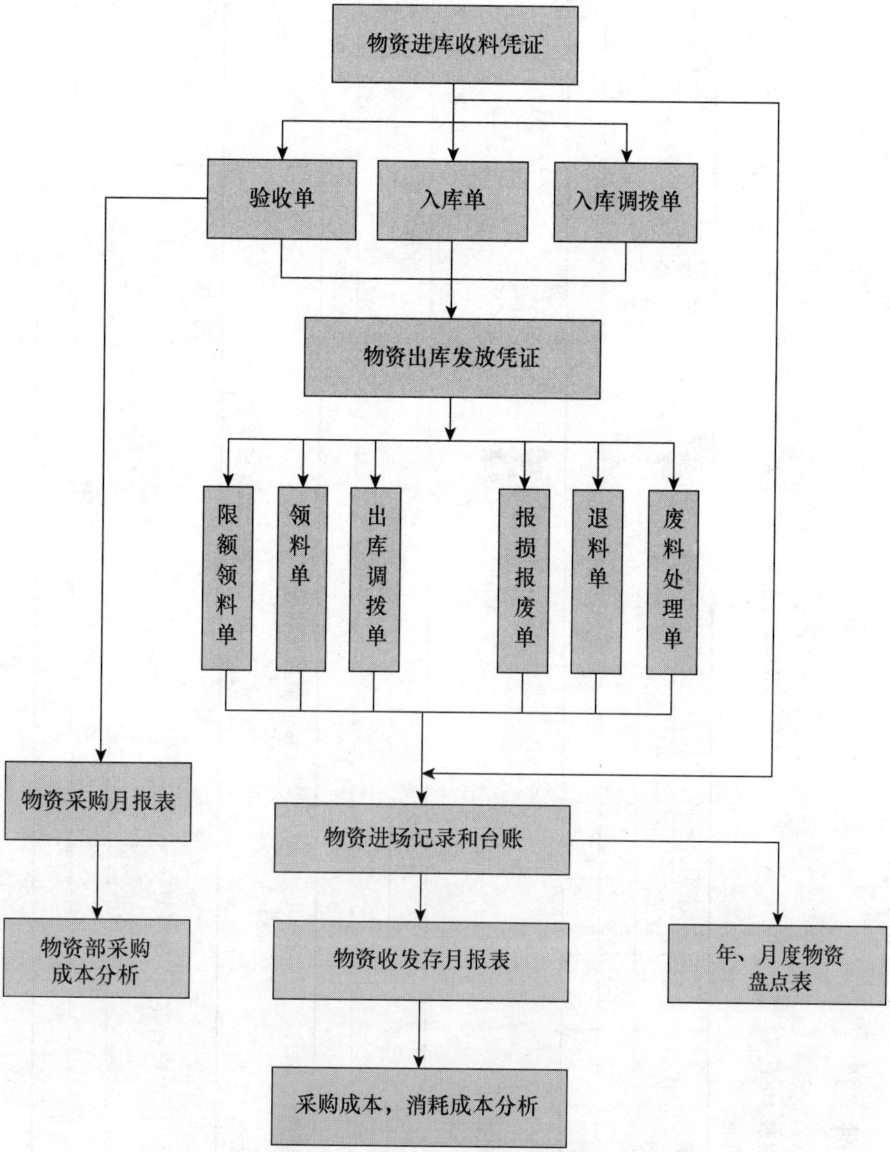


图 10-1　物资收发存账务处理流程

# 附　件

附表 10-1

## 工程项目主材预算与消耗对比表

工程名称：　　　　　　　　　　　　　　　　年　月

| 材料名称 | 规格 | 单位 | 本期合同收入 | | | 本期实际成本 | | | 本期节超 | 累计合同收入 | | | 累计实际成本 | | | 累计节超 |
|---|---|---|---|---|---|---|---|---|---|---|---|---|---|---|---|---|
| | | | 数量 | 单价 | 合价 | 数量 | 单价 | 合价 | | 数量 | 单价 | 合价 | 数量 | 单价 | 合价 | |
| | | | | | | | | | | | | | | | | |
| | | | | | | | | | | | | | | | | |

项目经理：　　　　项目预算：　　　　材料主管：

附表 10-2

## 材料预算单价表

工程名称：　　　　　　　　　　　　日期：　　年　月　日

| 序号 | 物资名称 | 规格型号 | 计量单位 | 预算单价 |
|---|---|---|---|---|
| | | | | |
| | | | | |

项目经理：　　　　项目预算：　　　　材料主管：

附表 10-3

## 分项工程物资消耗核算表

| 序号 | 物资名称 | 规格型号 | 计量单位 | 分项工程物资定额 | 分项工程物资限额 | 本月情况 | | | 累计消耗 | 剩余限额 | 备注 |
|---|---|---|---|---|---|---|---|---|---|---|---|
| | | | | | | 本月限额 | 本月消耗 | 本月节超 | | | |
| | | | | | | | | | | | |
| | | | | | | | | | | | |

分项工程名称：　　　　　　　　编制日期：

**附表 10-4**

**施工队伍物资消耗及节超核算表**

施工队伍名称：　　本期核算起止日期：　　编制日期：

| 材料编号 | 材料名称 | 规格型号 | 计量单位 | 单价 | 本月定额 | 本月限额领用数 | 本月实际领用数 | 本月节（+）超（−）量 | 本月领用金额 | 累计领用数 | 累计领用物资金额 | 备注 |
|---|---|---|---|---|---|---|---|---|---|---|---|---|
| | | | | | | | | | | | | |
| | | | | | | | | | | | | |

施工队负责人：　　物资部：　　制表：

**附表 10-5**

**物资成本核算表**

编报单位：　　单位：万元

| 序号 | 工程项目 | 年度工程投资 | 物资名称 | | | | | | 年计划消耗成本 | 年实际消耗成本 | 节（+）超（−） | 提高（%）降低（%） |
|---|---|---|---|---|---|---|---|---|---|---|---|---|
| | | | 钢材 | 木材 | 水泥 | 油料 | 炸药 | 其他材料 | | | | |
| | | | | | | | | | | | | |
| | | | | | | | | | | | | |
| | | | | | | | | | | | | |

制表：　　物资部部长：　　工程部部长：　　计划部部长：　　项目总工：　　项目部经理：

**附表 10-6**

**材料款（租金）支付情况一览表**

编制单位：　　年　月

| 序号 | 供货单位 | 所供材料 | 已开发票金额 | 到货未开发票金额 | 合计应付货款 | 已支付货款 | 欠款 | 备注 |
|---|---|---|---|---|---|---|---|---|
| 1 | | | | | | | | |
| 2 | | | | | | | | |
| 3 | | | | | | | | |
| 注：填写累计数 | | | | | | | | |

制表：　　审核：　　物资部：　　项目经理：

**附表 10-7**

**材料（租金）欠款利息一览表**

编制单位：　　　　年　月

| 供应商 | 材料种类 | 上月情况 | | | 本月情况 | | | 累计情况 | | | 利率 | 备注 |
|---|---|---|---|---|---|---|---|---|---|---|---|---|
| | | 累计供货 | 累计付款 | 累计利息 | 供货 | 付款 | 利息 | 累计供货 | 累计付款 | 累计利息 | | |
| | | | | | | | | | | | | |
| | | | | | | | | | | | | |

制表：　　审核：　　物资部：　　项目部经理：

**附表 10-8**

**队扣（暂扣）款统计表**

编制单位：　　　　年　月

| 序号 | 材料名称 | 规格型号 | 单位 | 本月 | | 累计 | | 备注 |
|---|---|---|---|---|---|---|---|---|
| | | | | 数量 | 金额 | 数量 | 金额 | |
| 一、 | 双方确认的扣款 | | | | | | | |
| | | | | | | | | |
| 二、 | 暂扣款 | | | | | | | |
| | | | | | | | | |

统计：　　物资主管：　　队伍：

**附表 10-9**

**扣款统计汇总表**

编制单位：　　　　年　月

| 序号 | 队伍名称 | 本月 | | 累计 | | 备注 |
|---|---|---|---|---|---|---|
| | | 扣款金额 | 暂扣金额 | 累计扣款金额 | 累计暂扣金额 | |
| | | | | | | |
| | | | | | | |
| | | | | | | |
| | | | | | | |

统计：　　审核：　　物资主管：

注：累计暂扣金额，是指截至统计日期，双方还没确定的金额。

**附表 10-10**

## 材料节超分析汇总表

编制单位：　　　　年　月

| 材料名称 | 规格型号 | 单位 | 本月情况 | | | | 累计情况 | | | | 备注 |
|---|---|---|---|---|---|---|---|---|---|---|---|
| | | | 设计量 | 应耗量 | 消耗量 | 节超量 | 累计设计量 | 累计应耗量 | 累计消耗量 | 节超量 | |
| | | | | | | | | | | | |
| | | | | | | | | | | | |
| | | | | | | | | | | | |
| 1. 节超率等于节超量除以设计量。2. 对节超量异常的材料，查找原因，并把书面说明附表后。 | | | | | | | | | | | |

制表：　　物资部部长：　　工程部部长：　　计划部部长：　　项目总工：　　项目部经理：

**附表 10-11**

## 材料节超分析编制说明

1. 本材料节超分析：起　　年　月　日到　　年　月　日。
2. 本材料节超分析数据来源：

设计量来源：　　应耗量来源：　　消耗量来源：

3. 材料损耗系数情况：
4. 材料节超情况：
5. 材料节超情况原因：

第 11 章

# 会计核算

施工企业的物资会计核算是针对施工企业生产经营活动中涉及的物资数据信息进行整理和加工，通过核算分析可以对未来做出预测。会计核算工作的基础离不开会计科目的设置，会计核算过程与会计处理密切相关。因此，本章从会计科目的设置、会计处理等方面规范了物资会计核算工作。此外，要做好会计核算工作，原始记录的完整性、准确性、规范性是其前提条件，本章的研究可以在这方面进一步加强物资会计核算管理工作。

## 11.1 物资会计核算过程管理

### 11.1.1 会计科目的设置及管理

#### 1. 应收款项类科目的设置及管理

工程公司及项目部在对物资进行会计核算时，应设置“应收账款”“应收票据”“预付账款”等科目。

**（1）应收账款**

应收账款科目用于核算各单位因变卖废旧物资或工程竣工后的剩余物资等而应向购买方收取的款项。项目部确认应收账款的依据是项目部开具的发票。

**（2）应收票据**

应收票据科目用于核算各单位因变卖废旧物资或工程竣工后的剩余物资等而收到的商业汇票，按票据类型设置明细科目。财务部门收到应收票据抵偿应收账款时，按票据的面值，借记“应收票据”，贷记“应收账款”。如为带息应收票据，应于期末时按照应收票据的票面价值和确定的利率计算计提利息，借记“应收票据”，贷记“财务费用”。票据贴现时，按实际收到的金额借记“银行存款”“财务费用”（贴现息部分），贷记“应收票据”。如为带息应收票据，按实际收到的金额借记“银行存款”，按应收票据的账面金额，贷记“应收票据”，按其差额借记或贷记“财务费用”。将持有的应收票据背书转让，以取得物资时，按应计入取得物资成本的不含税价值借记“物资采购”或“原材料”，按增值税发票上的税金金额借记“应交税费——应交增值税（进项税额）”，按应收票据的账面金额贷记“应收票据”，差额借记或贷记“银行存款”。

**(3) 预付账款**

预付账款科目用于核算各单位按照合同规定的预付款项，如经营租赁的预付租金、预付的材料费等。根据预付账款的款项性质，设置“预付备料款”“预付购货款”“预付料具租赁费”等明细科目，并分别按材料供应商、料具租赁单位名称设置明细账，进行明细核算。企业预付供应单位购货款、备料款、料具租赁单位的租赁费等款项时，应借记“预付账款”，贷记“银行存款”。收到所购货物时，根据发票账单等列明购入物资成本和税金的金额，应借记“材料采购”“应交税费——应交增值税（进项税额）”，贷记“预付账款——预付购货款”。根据料具租赁单位计价时，应借记“工程施工——合同成本”，贷记“应付账款”；同时，应用预付账款抵销部分应付账款，借记“应付账款”，贷记“预付账款”。

2. 备用金科目的设置及管理

在对物资进行会计核算时，应设置备用金科目，用于核算采购人员的差旅费以及零星采购费用。备用金应做到一事一借，专款专用，借款人借款时应根据专项事务填写“借款单”，由部门负责人签字确认，再由财务主管审核后报领导审批，待领导按权限审批后由出纳向借款人支付款。业务办理完后一周内到财务部门报账（特殊情况不得超过一个月），财务部门给还款人开具收据或者打印转账通知单冲减备用金。借记相关费用，贷记“备用金”，差额借记（或贷记）“库存现金”。每月月末，由财务人员负责清理本月备用金，与借款人核对，及时督促还款。对无故拖延报账时间，致使财务入账不及时的，财务部门将不再办理其后续借款，并将其所借款项从当月工资中扣除。

3. 内部往来科目的设置及管理

物资会计核算应设置内部往来科目，用于核算周转材料等料具在内部往来的经济业务。集团内各级单位与所属单位之间往来事项通过“内部往来”科目核算，不存在隶属关系的内部单位之间往来款项通过“其他应收款”“其他应付款”科目核算。

4. 应付款项类科目的设置及管理

应付款项类科目用来核算企业在施工经营活动过程中，因采购原材料、租赁料具等应付未付给供货单位或租赁单位的款项。包括应付票据、应付账款、预收账款和其他应付款等。

**（1）应付票据**

应付票据结算是指项目部在购买材料、租赁料具结算过程中发生的采用商业汇票结算的一种付款方式。采用票据进行结算时，根据对方单位提供的发票和本单位开出商业汇票的存根等会计凭证，及时在“应付票据”账户内，做有关账务处理。针对应付票据科目，应设置“应付票据备查簿”。此外，应收票据科目应设置“银行承兑汇票”和“商业承兑汇票”两个二级明细科目，同时按照供应单位和分包单位设置三级明细科目，进行明细核算。工程公司本级代项目部开出银行承兑汇票以抵付料款、应付账款时，根据对方单位提供的发票和本单位开出商业汇票的存根等会计凭证，及时做有关账务处理。借记“内部往来——项目部”，贷记“应付票据”。支付银行10%～30%承兑汇票保证金时，借记“银行存款——保证金户”，贷记“银行存款——公司基本户”。支付银行承兑汇票手续费时，由项目部负担，借记“财务费用”，贷记“银行存款”。收到银行支付到期票据的付款通知时，应先自保证金专户划拨10%～30%保证金，再自正常结算户划拨余款，借记“应付票据”，贷记“银行存款”。同时，项目部应将此款项归还公司本级，借记“银行存款”，贷记“内部往来”。应付票据到期，如企业无力支付票款，按应付票据的账面余额转账给项目部，项目部据此通知书减少对公司本级往来，增加应付账款，借记“应付票据”，贷记“内部往来——项目部”。

**（2）应付账款**

应付账款指因购买材料、商品或租赁料具等应付给供应单位及租赁单位的款项。应付账款科目下应设应付购货款、应付暂估款、应付料具租赁费等二级科目，应付账款的确认应以与所购买物资所有权有关的风险和报酬已经转移或已经接受为标志。但在实际工作中应区别以下情况处理：

◆ 在物资和发票账单同时到达的情况下，应付账款一般待物资验收入库后，才按发票账单登记入账。在对其进行会计处理时，应借记“原材料（计划价格）”“应交税费——应交增值税（进项税额）”“材料成本差异（计划价与实际购入价的差额）”，贷记“应付账款——应付购货款”。

◆ 在物资和发票账单未同时到达的情况下，在实际工作中采用在月份终了将所购物资和应付债务估计入账，待发票收到时再用红字予以冲回的办法。发票未到时，对其进行会计处理时，应借记“原材料（计划价格）”“材料成本差异（计划价与暂估价格的差额）”，贷记“应付账款——应付暂估款”。待收到发票后冲回原暂估入账金额，根据发票金额重新入账原材料，会计处理为借记“原材料（计划价格）”“应交税费——应交增值税（进项税额）”“材料成本差异（计划价与实际采购价的差额）”，贷记“应付账款——××单位”。修改债务支付条件，以低于应付债务账面价值的现金清偿债务的，未来应支付金额与应付账款账面余额的差额应计入营业外收入，其相应的会计处理为：借记“应付账款”，贷记“货币资金等”“营业外收入——债务重组利得”。因债权人的原因导致应付账款无法支付时，不能支付的部分应计入营业外收入，其会计处理为：借记“应付账款”，贷记“营业外收入——经批准无法支付的应付款项”。

**(3) 预收账款**

物资会计核算一般不设置预收账款科目，但是为了核算集团所属指挥部给各分部调拨材料，所以在“预收账款”科目下设置二级子科目“预收账款——预收备料款”，用于核算集团指挥部所属分部收到指挥部调拨材料的经济业务，其会计处理为：借记“原材料（计划价格）”“应交税费——应交增值税（进项税额）”“材料成本差异（计划价与实际采购价的差额）”，贷记“预收账款——预收备料款”。

**(4) 其他应付款**

其他应付款是指应付、暂收其他单位或个人的款项，主要核算存入投标保证金、废旧物资回收抵押金等暂收款等。收到投标保证金、废旧物资回收抵押金等款项时，根据收款收据、银行出具的收款证明等资料做账务处理，借记“库存现金/银行存款”，贷记“其他应付款”。

### 5. 应交税费科目的设置及管理

应交税费是指企业根据在一定时期内取得的营业收入、实现的利润等，按照现行税法规定，采用一定的计税方法计提的应缴纳的各种税费。在收到物资和发票时，点验材料入库，应借记“原材料（计划价格）”“应交税费——应交增值税（进项税额）”“材料成本差异（计划价与实际购入价的差额）”，贷记“应付账款——应付购货款”或“银行存款”。变卖废料收到款项时，借记“库存现金”科目，红字借记“工程施工——合同成本——直接材料费”，贷记“应交税费——应交增值税（销项税额）”科目；同时计提增值税附加费，借记“营业税金及附加”，贷记“应交税费——应交城市维护建设税”“应交税费——应交教育费附加”“应交税费——应交地方教育费附加”。

### 11.1.2 原材料的会计核算

#### 1. 材料采购点验的会计核算

项目部应建立物资验收制度，凡到场物资均应点验。材料日常核算可以采用实际成本法，也可以采用计划成本法。这里，以计划成本法为例进行会计处理。发票和点验入库手续单齐备时，应借记“原材料（计划成本）”“应交税费——应交增值税（进项税额）”“材料成本差异（超支记借方）”，贷记“银行存款、应付票据、应付账款、预付账款等（采购成本）”“材料成本差异（节约记贷方）”。月末，对于材料已到场验收、未收到发票的，应根据合同和点验单确认本次进场材料总价，暂估入账，会计处理应借记“原材料（计划成本）”“材料成本差异（超支记借方）”，贷记“应付账款——暂估款”“材料成本差异（节约记贷方）”。待收到发票后冲回原暂估入账金额，根据发票金额重新入账原材料，会计处理为借记“原材料（计划成本）”“应交税费——应交增值税（进项税额）”“材料成本差异（超支记借方）”，贷记“应付账款——××单位”“材料成本差异（节约借贷方）”。项目物资和财务部门应登记好未收到发票台账。

#### 2. 材料发放的会计核算

材料应按限额领料制度发放，用料单位领料时，需经财务部门审核领料单结算后方可领取。财务部门根据审核无误的材料出库单财务联次记账。具体会计处理如下：借记“工程施工”，贷记“原材料（计划成本）”。月末结转材料成本差异，如为节约差异（贷方余额），则借记“工程施工（红字）”，贷记“材料成本差异（红字）”；如为超支差异（借方余额），则借记“工程施工/管理费用等”，贷记“材料成本差异”。

#### 3. 清查盘点的会计核算

项目部应建立物资材料保管责任制。物资材料应按月、按季盘点，年终结算前要进行全面的财产清查。工程项目竣工或停建时，不论是否到年终，都要进行全面的财产清查、物资材料清查。清查盘点时，由项目各部室共同清查盘点，除进行定期盘点外，部分发出材料还要进行临时抽查。在清查盘点发现存货盘盈时，财务人员应做如下会计处理：借记“原材料/包装物/周转材料/低值易耗品等”，贷记“待处理财产损溢——待处理流动资产损溢”；按规定手续报经批准后，应借记“待处理财产损溢——待处理流动资产损溢”，贷记“工程施工——合同成本——直接材料费等”。在清查盘点发现存货盘亏时，财务人员应做如下会计处理：借记“待处理财产损溢——待处理流动资产损溢”，贷记“原材料/包装物/周转材料/低值易耗品等”；按管理权限报批后，应借记“工程施工/其他应收款（如果是人为导致并要求其赔偿）/营业外支出等”，贷记“待处理财产损溢——待处理流动资产损溢”。在处理以上经济业务时，还应同时结转成本差异。

4. 材料回收的会计核算

对于已经领用的材料又收回的，如果对本工程仍具有利用价值的，可重新按新旧程度进行估价入账，按红字退库方式进行处理，发放使用时优先。具体会计处理如下：借记“原材料（计划成本）”，贷记“工程施工——合同成本”。对本工程不具有利用价值的，作为废旧材料进行管理，经相关程序审批后出售，对其进行会计处理时，应借记“库存现金/银行存款”，贷记“其他业务收入”“应交税费——应交增值税（销项税额）”，同时计提增值税附加费，借记“营业税金及附加”，贷记“应交税费——应交城市维护建设税”“应交税费——应交教育费附加”“应交税费——应交地方教育费附加”。

5. 自行加工材料的会计核算

如果单独核算的，当发生各种加工成本时，先计入辅助生产科目进行归集，定期对辅助生产成本进行分配。对其加工发生的费用进行会计处理时，应借记“辅助生产——人工费”“辅助生产——原材料”“辅助生产——燃料动力费用”“辅助生产——折旧及修理费”“辅助生产——其他直接费”“辅助生产——制造费用（间接费用）”，贷记“应付职工薪酬”“原材料”“累积折旧”“库存现金”等。施工企业应定期或不定期考核施工生产部门材料损耗量，对其考核材料损耗量时，材料加工成本应通过原材料的收入和发出进行核算，对其进行会计处理时，应借记“原材料”，贷记“辅助生产——人工费”“辅助生产——原材料”“辅助生产——燃料动力费用”“辅助生产——其他直接费”“辅助生产——制造费用”。

如果不单独核算的，发生加工成本时直接计入工程成本即可：借记“工程施工/机械作业/其他业务成本/在建工程”等，贷记“辅助生产”。材料发出确认时，应借记“工程施工——合同成本——直接材料费”，贷记“原材料”。如按计划成本核算物资材料的，月末应结算材料成本差异，对其进行会计处理时，应借记“工程施工——合同成本——直接材料费（结余为红字）”，贷记“ 材料成本差异（结余为红字）”。月末盘点已发出未使用材料，应借记“原材料”，贷记“工程施工——合同成本——直接材料费”，并同时冲减成本差异，借记“材料成本差异（结余为红字）”，贷记“工程施工——合同成本——直接材料费（结余为红字）”。

### 11.1.3 周转材料的会计核算

周转材料按实际成本核算。应设置“在库周转材料”“在用周转材料”和“周转材料摊销”三个明细科目，并按周转材料的种类设置明细账，进行明细核算。设置“低值易耗品”“包装物”明细科目，对低值易耗品和包装物进行明细核算。周转材料的采购、加工、验收、盘点等比照前述的相关规定进行会计处理。本小节着重讲述周转材料摊销、调转等会计核算。

（1）低值易耗品、包装物摊销时，一般采用一次摊销法进行会计核算。对其进行会计处理时，应借记“工程施工——合同成本——材料费（间接费用——低值易耗品摊销）”，贷记“周转材料——低值易耗品（包装物）”。

（2）周转材料摊销一般采用分次法进行核算。在领用周转材料时，应按其账面价值进行会计处理，借记“周转材料——在用周转材料”，贷记“周转材料——在库周转材料”。摊销时，应按其摊销额进行会计处理，借记“工程施工——合同成本——直接材料费”，贷记“周转材料——周转材料摊销”。周转材料报废时应补提摊销额，应补提摊销额＝周转材料原值－预计残值－已提摊销额，对其进行会计处理时，应借记“工程施工——合同成本——直接材料费”，贷记“周转材料——周转材料摊销”；同时，按报废周转材料收回的残料价值冲减材料费用，借记“原材料”等，贷记“工程施工——合同成本——直接材料费”，并转销全部已提摊销额，借记“周转材料——周转材料摊销”，贷记“周转材料——在用周转材料”。

（3）周转材料调转时，要按摊余价值调转。周转材料调出单位，应借记“周转材料——周转材料摊销”“内部往来——公司财务部”，贷记“周转材料——在库周转材料”。周转材料调入单位时，借记“周转材料——在库周转材料”，贷记“周转材料——周转材料摊销”“内部往来——公司财务部”。

### 11.1.4　临时设施的核算及管理

临时设施按其实物形态分为临时建筑物、临时水电热管线、临时道路和其他临时设施几类。临时建筑物主要包括生活办公用房、作业棚、材料库、福利设施、配套建筑设施及其他；临时水电热管线主要包括给排水管线、供电管线及供热管线；临时道路包括临时铁路专用线、轻便铁道及临时道路；其他临时设施是指上述三类以外的临时设施。

#### 1. 临时设施的科目设置

对临时设施核算时，施工企业应设立“临时设施”“临时设施摊销”“临时设施清理”等会计科目。“临时设施”科目用于核算临时设施的实际成本，按临时设施种类设置明细账，进行明细核算。期末余额在借方，反映施工企业期末临时设施的账面原价。“临时设施摊销”科目用于核算临时设施的累计摊销额，按临时设施种类设置明细账，进行明细核算。本科目期末余额在贷方，反映施工企业临时设施累计摊销额。“临时设施清理”科目核算因出售、拆除、报废和毁损等原因转入清理的临时设施价值及其在清理过程中所发生的清理费用和清理收入等。本科目期末没有余额。

#### 2. 临时设施的账务处理

（1）临时设施取得。临时设施按实际成本入账。自行建造的临时设施，按照建造过程中实际发生的全部支出计量；购入的临时设施，按照实际支付的价款计量。

（2）临时设施摊销。临时设施从开始使用的次月起，在预计使用期限内按工作量法摊销（或业主计量比例）。临时设施月摊销额的计算公式为：临时设施月摊销额＝临时设施原值×（1－预计净残值率）÷预计工作总量。临时设施的摊销额，应分摊计入各有关工程的施工成本费用。根据临时设施摊销表，借记“工程施工——合同成本——其他直接费（间接费）”，贷记“临时设施摊销”，需注意的是：当月增加的临时设施，当月不能摊销，从下月起摊销；当月减少的临时设施，本月继续摊销。

（3）临时设施清理。临时设施在不需用或不能继续使用时，要加以拆除清理，临时设施的拆除清理，应通过“临时设施清理”科目进行核算。

（4）在报表中的填报方法。按临时设施原值填列在“固定资产原值——其他固定资产”行次，临时设施摊销填列在“累计折旧——其他固定资产”。

## 11.2 会计原始记录管理

做好施工企业物资会计核算工作，必须先要保证会计信息的真实性、准确性、规范性，这就要求相关人员做好物资的原始记录。加强原始记录管理是提高会计信息准确性的保证，相关人员应予以重视。企业应主要从以下几点加强原始记录的管理。

（1）施工企业物资管理人员应掌握国家、企业就物资管理方面的相关政策、规章制度，掌握其对原始记录的规范性要求。

（2）相关人员应做好物资管理的有关原始票据，如过磅单、检尺单、验收单、领料单、调拨单、退库单等一式几联的填制工作。主要填制项目包含到货时间、数量、单价、金额、卸货时间、收料人、用料单位、经手人签字及其他需要填制的完整信息，准确地记录物资的收、发、退等经济业务。物资的收、发、转、退等必须凭手续齐全的原始单据方可办理，无原始单据或原始单据信息不完整，物资管理人员应拒绝办理相关的经济业务。相关人员应将接收到的原始票据妥善保管，并及时移交。

（3）物资管理部门的现场物资管理人员应在开具原始票据的同时，记录好物资日进出台账，按日期、名称、规格等资料定期装订完整，本部门留一份，同时上交财务部等其他需要单据的部门。

第 12 章

# 物资统计管理

物资统计工作是物资管理的重要组成部分，是企业的重要信息资源，是反映企业效益的重要手段。因此，施工企业应加强物资统计管理工作。本章从物资统计遵循原则及要求、物资统计分析、物资统计报表三个角度进行研究，以期加强企业物资统计管理工作。

## 12.1 物资统计遵循原则及要求

物资统计应坚持实事求是的原则，既不虚增利润，也不少计费用成本。项目部在年度内完成的工程项目收入、支出、库存的所有物资都应在物资统计工作的范围之内。物资统计人员要掌握必要的统计方法，经常深入基层，了解第一手资料，根据企业的有关规定及时上报各类报表，做到数据真实准确。物资消耗的统计应与完工的工程量相对应，真实、准确地反映工程成本。为确保物资统计报表数据的真实性、准确性，应实行“谁统计谁负责”的原则。此外，为保证物资统计工作的有序性、责任的可追溯性，应尽量保持物资人员的相对稳定，保证物资统计人员在报表期间要在职在位。各工程公司物资统计人员如有变动，应做好物资统计台账的交接，并及时向集团公司物资管理部汇总。为提高物资统计工作的质量，应定期举行培训班对基层物资统计人员进行培训。各级物资统计部门应建立健全物资统计台账，保存好各种原始记录，保证统计数据准确无误、统计资料有据可查，并与计划、财务有关数据一致。

## 12.2 物资统计分析

物资统计分析主要涉及以下三方面内容：

（1）物资计划执行情况统计分析。采用统计技术定期对计划的执行情况进行对比分析，对实物供应过程中出现的数量、质量、交货时间等有关问题，要查找原因，提出解决办法，保证供应。

（2）物资收发存统计分析。应定期对月、季、年物资的供应量、消耗量以及库存量进行统计分析，掌握物资消耗规律，制定科学、合理的库存量，保证物资供应的经济合理。通过对原材料消耗的统计分析，了解并监督施工现场物资用料情况，确保工程质量。

（3）物资消耗定额统计分析。应定期统计分析物资消耗定额的执行情况。分析定额水平与实际施工水平之间的关系，为修订物资消耗定额提供依据。

## 12.3　物资统计报表

物资统计报表是施工企业取得物资统计资料的重要手段，各级物资部门必须按照统一规定的表式、计量方法、报告期限和报送程序，及时、准确、完整地完成各种统计报表。施工企业物资统计报表主要有月统计报表、季统计报表、半年统计报表。

月统计报表主要有《物资采购情况月报表》（见附表12-1），此表反映各项目部采购价格的高低；《××××年1—××月物资集中采购情况汇总表》（见附表12-2），此表反映各项目部集中采购情况；《非工业能源消费统计表》（见附表12-3），此表反映集团公司各直管项目部能源消耗情况。

季统计报表主要有《周转材料管理台账》（见第9章附表9-2），此表主要反映各项目部、工区周转材料的采购、在用、闲置、报废处理、库存情况；《原材料、能源收支存统计表》（见附表12-4），它反映各单位物资的消费、库存的价值量，又反映物资收支存的实物量，以及全部物资消费的总规模、总水平；《大宗物资招标采购情况统计表》（见附表12-5），它反应各大单位大宗物资招标采购总体情况；《甲供物资招标采购情况统计表》（见附表12-6），它反映各单位甲供物资招标采购情况；《甲控物资招标采购情况统计表》（见附表12-7），它反映各单位集控物资招标采购情况；《自采物资招标采购情况统计表》（见附表12-8），它反映各单位自采物资招标采购情况；《物资招标采购情况汇总表》（见附表12-9），它反映各单位物资招标采购总体情况。

半年统计报表主要有《物资采购、消耗、库存汇总表》（见附表12-10），它反映各单位物资采购、消耗、库存总体情况，此表的相关数据要与物资采购统计表、物资责任成本核算表、物资库存盘点表相一致；《物资责任成本核算表》（见附表12-11），它反映各单位年度物资成本综合降低率的核算情况；《物资消耗节超分析表》（见附表12-12），它反映各单位工程项目开累物资的成本核算情况；《物资库存盘点汇总表》（见附表12-13），它反映各单位物资库存盘点及同财务的对账情况；《项目部主要材料计划统计表》（见附表12-15），它反映各单位主要材料计划执行情况；《物资管理人员综合情况统计表》（见附表12-14），它反映各单位物资管理人员的综合情况；《物资管理人员台账》（见附表12-16），它反映物资管理人员的专业素质；《主要材料合同登记表》（见附表12-17），它反映主要物资采购合同执行情况。

月统计报表要求在月末5日前、季统计报表要求在季末5日前、半年统计报表要求在半年后10日内以传真或电子邮件方式上报上级物资管理部门。

## 附　件

附表 12-1

**物资采购情况月报表**

| 序号 | 材料名称 | 规格型号 | 计量单位 | 材料数量 | | | 材料价格 | | | 计划总价 | 采购总价 | 节超总价 | 供应商全称 | 联系电话 | 联系人 | 采购供应方式 | | | | | | | 项目名称 | 物资负责人 | 备注 |
|---|---|---|---|---|---|---|---|---|---|---|---|---|---|---|---|---|---|---|---|---|---|---|---|---|---|
| | | | | 计划数量 | 采购数量 | 节超数量 | 市场价格 | 采购价格 | 价格节超 | | | | | | | 甲供 | 甲控 | 股份公司招标 | 集团公司招标 | 工程公司招标 | 项目部招标 | 未招标 | | | |
| 一、钢材 | | | | | | | | | | | | | | | | | | | | | | | | | |
| | | | | | | | | | | | | | | | | | | | | | | | | | |
| 二、水泥 | | | | | | | | | | | | | | | | | | | | | | | | | |
| | | | | | | | | | | | | | | | | | | | | | | | | | |
| 三、油料 | | | | | | | | | | | | | | | | | | | | | | | | | |
| | | | | | | | | | | | | | | | | | | | | | | | | | |
| 四、火工品 | | | | | | | | | | | | | | | | | | | | | | | | | |
| | | | | | | | | | | | | | | | | | | | | | | | | | |
| 五、砂、碎石 | | | | | | | | | | | | | | | | | | | | | | | | | |
| | | | | | | | | | | | | | | | | | | | | | | | | | |
| 六、其他材料 | | | | | | | | | | | | | | | | | | | | | | | | | |
| | | | | | | | | | | | | | | | | | | | | | | | | | |
| 七、合计 | | | | | | | | | | | | | | | | | | | | | | | | | |

单位主管：　　　　计划：　　　　财务：　　　　物资主管：　　　　编制人：

注：1. 本表不需要填写项目，只需填写各物资种类的合计数据。2. 采购数量均填写采购进场数量，不是填写合同数量。合同价格取采购价格。节约资金＝市场总价－合同总价。

**附表 12-2** **××××年 1—××月物资集中采购情况汇总表**

编制单位：

| 序号 | 物资类别 | 区域 | 计量单位 | 本月 | | | | 1一本月 | | | | 备注 |
|---|---|---|---|---|---|---|---|---|---|---|---|---|
| | | | | 采购数量 | 合同总价 | 市场总价 | 节约资金 | 采购数量 | 合同总价 | 市场总价 | 节约资金 | |
| | 合计 | | | | | | | | | | | |
| 一 | 甲供 | | | | | | | | | | | |
| 1 | 钢材 | | 吨 | | | | | | | | | |
| 2 | 水泥 | | 吨 | | | | | | | | | |
| 3 | 钢轨 | | 吨 | | | | | | | | | |
| 4 | 成品油 | | 吨 | | | | | | | | | |
| 5 | 民爆器材 | | 万元 | | | | | | | | | |
| 6 | 其他 | | 万元 | | | | | | | | | |
| 二 | 甲控 | | | | | | | | | | | |
| 1 | 钢材 | | 吨 | | | | | | | | | |
| 2 | 水泥 | | 吨 | | | | | | | | | |
| 3 | 钢轨 | | 吨 | | | | | | | | | |
| 4 | 成品油 | | 吨 | | | | | | | | | |
| 5 | 民爆器材 | | 万元 | | | | | | | | | |
| 6 | 其他 | | 万元 | | | | | | | | | |
| 三 | 自购 | | | | | | | | | | | |
| 1 | 钢材 | | 吨 | | | | | | | | | |
| 2 | 水泥 | | 吨 | | | | | | | | | |
| 3 | 钢轨 | | 吨 | | | | | | | | | |
| 4 | 成品油 | | 吨 | | | | | | | | | |
| 5 | 民爆器材 | | 万元 | | | | | | | | | |
| 6 | 其他 | | 万元 | | | | | | | | | |

分管领导：　　审核人：　　填表人：　　电话：　　填表时间：

**附表 12-3**

### 非工业能源消费统计表

组织机构代码__________

单位详细名称（盖章）：______________　　年　　月　　月报　　有效期至：

| 能源名称 | 计量单位 | 代码 | 能源消费量 | | |
|---|---|---|---|---|---|
| | | | 当年 | 年累 | |
| 能源合计 | 吨标准煤 | 09 | | | |
| 电力 | 千万时 | 01 | | | |
| 煤炭 | 吨 | 02 | | | |
| 汽油 | 升 | 03 | | | |
| 柴油 | 升 | 04 | | | |
| 天然气 | 立方米 | 05 | | | |
| 液化石油气 | 千克 | 06 | | | |
| 煤油 | 吨 | 07 | | | |
| 外购热力费用 | 千元 | 08 | | | |
| 水 | 立方米 | 10 | | | |

单位负责人：　　统计负责人：　　填表人：　　联系电话：　　分机号：　　报出日期：

注：1. 统计范围：非工业限额以上法人单位及在京证券营业部。
2. 本表“能源合计”保留两位小数，其余各项取整数。
3. 能源合计（09）由程序按下列公式自动生成：09＝01＋02＋03＋04＋…＋10。

**附表 12-4** **原材料、能源收支存统计表**

填报单位：

| 物资名称 | 计量单位 | 年初库存量 | | 收入量累计 | | 消费量累计 | | | | | | 年末库存 | |
|---|---|---|---|---|---|---|---|---|---|---|---|---|---|
| | | | | 合计 | | 合计 | | 施工生产用 | | 其他消费用 | | | |
| | | 数量 | 金额 | 数量 | 金额 | 数量 | 金额 | 数量 | 金额 | 数量 | 金额 | 数量 | 金额 |
| 总值 | 万元 | | | | | | | | | | | | |
| （一）能源类 | 万元 | | | | | | | | | | | | |
| 其中：煤炭 | 吨 | | | | | | | | | | | | |
| 电力 | 万千瓦时 | | | | | | | | | | | | |
| 原油 | 吨 | | | | | | | | | | | | |
| 汽油 | 吨 | | | | | | | | | | | | |
| 煤油 | 吨 | | | | | | | | | | | | |
| 柴油 | 吨 | | | | | | | | | | | | |
| 燃料油 | 吨 | | | | | | | | | | | | |
| 天然气 | 立方米 | | | | | | | | | | | | |
| 其他能源 | 吨标煤 | | | | | | | | | | | | |
| （二）原材料类 | 万元 | | | | | | | | | | | | |
| 1．黑色金属类 | 万元 | | | | | | | | | | | | |
| 其中：钢材 | 吨 | | | | | | | | | | | | |

续表

| 物资名称 | 计量单位 | 年初库存量 | | 收入量累计 | | 消费量累计 | | | | | | 年末库存 | |
|---|---|---|---|---|---|---|---|---|---|---|---|---|---|
| | | | | 合计 | | 合计 | | 施工生产用 | | 其他消费用 | | | |
| | | 数量 | 金额 | 数量 | 金额 | 数量 | 金额 | 数量 | 金额 | 数量 | 金额 | 数量 | 金额 |
| 2. 有色金属类 | 万元 | | | | | | | | | | | | |
| 3. 化工类 | 万元 | | | | | | | | | | | | |
| 其中：炸药 | 吨 | | | | | | | | | | | | |
| 雷管 | 万发 | | | | | | | | | | | | |
| 导火索 | 万米 | | | | | | | | | | | | |
| 4. 建材类 | 万元 | | | | | | | | | | | | |
| 其中：水泥 | 吨 | | | | | | | | | | | | |
| 5. 木材类 | 万元 | | | | | | | | | | | | |
| 其中：原木 | 立方米 | | | | | | | | | | | | |
| 锯材 | 立方米 | | | | | | | | | | | | |
| 胶合板 | 立方米 | | | | | | | | | | | | |
| 6. 金属制品类 | 万元 | | | | | | | | | | | | |
| 7. 一次转值机电类 | 万元 | | | | | | | | | | | | |
| 8. 其他类 | 万元 | | | | | | | | | | | | |

**附表 12-5**

## 大宗物资招标采购情况统计表

填报单位：　　　　　　　　　　年 1— 月　　　　　　　　　　编号：

| 序号 | 单位 | 招标次数（次） | 市场总价（万元） | 中标合同总价（万元） | 节约资金（万元） | 未招标总金额（万元） | 备注 |
|---|---|---|---|---|---|---|---|
| | | 1 | 2 | 3 | 4 | 5 | 6 |
| | | | | | | | |
| 合计 | | | | | | | |
| 填报说明：本表为季报，上报时间为季后 5 日前。单位按集团公司本级、工程公司的顺序填报。 | | | | | | | |

单位主管：　　　　审核：　　　　制表：　　　　电话：

注：1. 市场总价为招标时调查的当地市场单价乘以数量的金额。2. 未招标总金额为填报期间内未招标采购物资的金额汇总。

**附表 12-6**

## 甲供物资招标采购情况统计表

填报单位：　　　　　　　　　　年 1— 月　　　　　　　　　　编号：

| 序号 | 项目名称 | 物资类别 | 计量单位 | 数量 | 合同总价（万元） | 市场总价（万元） | 节约资金（万元） | 备注 |
|---|---|---|---|---|---|---|---|---|
| | | | | | | | | |
| | | | | | | | | |

填表人：　　　　电话：　　　　审核人：　　　　单位负责人：　　　　填报时间：

注：备注栏填写招标物资的具体名称。如：隧道防水材料、桥面防水卷材的具体名称。

**附表 12-7**

**甲控物资招标采购情况统计表**

填报单位（盖章）：　　　　年 1—　月　　　　编号：

| 序号 | 项目名称 | 物资类别 | 计量单位 | 数量 | 合同总价（万元） | 市场总价（万元） | 节约资金（万元） | 备注 |
|---|---|---|---|---|---|---|---|---|
| | | | | | | | | |
| | | | | | | | | |

填表人：　　　电话：　　　审核人：　　　单位负责人：　　　填报时间：

注：甲控物资仅报钢材、水泥两大类，不填报规格明细，招标方式注明是由业主制定牵头统一集中招标，还是由本单位自行组织招标。

**附表 12-8**

**自采物资招标采购情况统计表**

填报单位：　　　　年 1—　月　　　　编号：

| 序号 | 项目名称 | 物资类别 | 计量单位 | 数量 | 合同总价（万元） | 市场总价（万元） | 节约资金（万元） | 备注 |
|---|---|---|---|---|---|---|---|---|
| | | | | | | | | |
| | | | | | | | | |

填表人：　　　电话：　　　审核人：　　　单位负责人：　　　填报时间：

注：自采物资仅报钢材、水泥、油料三大类，不填报规格明细。招标方式注明是由股份公司、集团公司、工程公司、项目部哪一级招标采购。

**附表 12-9**

## 物资招标采购情况汇总表

填报单位： 年 1— 月 编号：

| 序号 | 项目名称 | 物资类别 | 计量单位 | 数量 | 合同总价（万元） | 市场总价（万元） | 节约资金（万元） | 备注 |
|---|---|---|---|---|---|---|---|---|
| | | | | | | | | |
| | | | | | | | | |

填表人： 电话： 审核人： 单位负责人： 填报时间：

注：1. 物资类别根据附表 12-6、附表 12-7、附表 12-8 分甲供、甲控、自采分别列出，备注栏填写各种招标方式。2. 各项目甲供物资列完后，汇总各个项目甲供物资的合同总价、市场总价和节约资金，在类别后列出小计；而后再汇总各项目甲控物资钢材、水泥、油料三大类，分别算出市场总价、合同总价和节约资金的小计；再汇总各个项目自采物资钢材、水泥、油料三大类，分别算出市场总价、合同总价和节约资金的小计；最后汇总甲供、甲控和自采物资合同总价、市场总价和节约资金的总计。

**附表 12-10**

## 物资采购、消耗、库存汇总表

填报单位： 年 月 日 金额：万元

| 序号 | 工程项目（工区）名称 | 完成施工生产产值 | 采购总金额 | | | | | | | | 责任成本部门认定的物资成本总额 | 物资消耗总金额 | 物资成本综合降率（%） | 期末库存总金额 | 备注 |
|---|---|---|---|---|---|---|---|---|---|---|---|---|---|---|---|
| | | | 合计 | 甲供 | 甲控 | 股份公司 | 集团公司 | 工程公司 | 项目部 | 未集中采购 | | | | | |
| | | | | | | | | | | | | | | | |
| 合计 | | | | | | | | | | | | | | | |

单位负责人： 计划负责人： 物资负责人： 编制人：

**附表 12-11**

**物资责任成本核算表**

编制单位：　　　　　　　　年　月　日　　　　　　　　编号：

| 序号 | 物资名称 | 计量单位 | 责任预算计划总成本（元） | | | 物资实际消耗总成本（元） | | | 成本对比分析 | | 备注 |
|---|---|---|---|---|---|---|---|---|---|---|---|
| | | | 计划数量 | 计划单价 | 计划总金额 | 实际消耗数量 | 实际采购单价 | 实际消耗总金额 | 节约额（＋）或超耗额（－） | 物资成本综合降低率（%） | |
| 1 | 钢材 | 吨 | | | | | | | | | |
| 2 | 其中：型钢 | 吨 | | | | | | | | | |
| 3 | 水泥 | 吨 | | | | | | | | | |
| 4 | 钢绞线 | 吨 | | | | | | | | | |
| 5 | 粉煤灰 | 吨 | | | | | | | | | |
| 6 | 外加剂 | 吨 | | | | | | | | | |
| 7 | 砂子 | 立方 | | | | | | | | | |
| 8 | 碎石 | 立方 | | | | | | | | | |
| 9 | 其他材料 | 元 | | | | | | | | | |
| 10 | 合计 | 元 | | | | | | | | | |

单位负责人：　　　　计划负责人：　　　　物资负责人：　　　　编制：

注：1. 责任预算计划数量、计划单价由计划部门或成本部门提供；计划总金额由计划数量乘以计划单价获得。2. 物资实际消耗总成本，按发料单中的数量和单价获得。3. 实际消耗数量，为报告期内的消耗数量。4. 实际采购单价，为报告期内的采购单价。5. 成本对比分析，为计划总金额－实际消耗总金额。6. 物资成本综合降低率＝节超金额/计划总金额×100%。

**附表 12-12**

**物资消耗节超分析表**

填报单位： 填报日期：

| 序号 | 材料名称 | 计量单位 | 开累进场 | | 当前库存 | | 临建及附属工程量 | | 责任计划总成本（元） | | | 开累物资实际消耗总成本（元） | | | 节超情况 | | 节超金额（元） | | 合计成本对比分析 | | 备注 |
|---|---|---|---|---|---|---|---|---|---|---|---|---|---|---|---|---|---|---|---|---|---|
| | | | 数量 | 金额 | 数量 | 金额 | 数量 | 金额 | 责任预算计划数量 | 责任预算计划单价 | 责任预算计划总金额 | 实际消耗数量 | 实际消耗单价 | 实际消耗总金额 | 数量节超 | 单价节超 | 量差（由数量节超引起的节超金额） | 价差（由价格节超引起的节超金额） | 节约额（＋）或超耗额（－） | 物资成本综合降低率 | |
| 1 | 2 | 3 | 4 | 5 | 6 | 7 | 8 | 9 | 10 | 11 | 12 | 13＝(4－6－8) | 14 | 15 | 16 | 17 | 18＝(10－13)＊11 | 19＝(11－14)＊13 | 20＝12－15或＝18＋19 | 21＝20/12 | 22 |
| 2 | | | | | | | | | | | | | | | | | | | | | |
| 3 | | | | | | | | | | | | | | | | | | | | | |
| | | | | | | | | | | | | | | | | | | | | | |
| | | | | | | | | | | | | | | | | | | | | | |
| 合计 | | | | | | | | | | | | | | | | | | | | | |

单位负责人： 计划负责人： 物资负责人： 制表：

注：1. 项目责任预算总成本中的计划数量，是指项目（工区）责任成本部门认定的总量，由计划部门提供。计划单价由计划或成本部门确定。计划金额为计划数量乘以计划单价。2. 开累物资实际消耗总成本，为项目开工以来的物资消耗总量。开累采购量、临建工程量、实际消耗数量按发料单数量和单价计算得到。实际消耗总金额为实际消耗数量乘以采购单价。3. 当前库存＝开累进场－临建工程量－实际消耗数量。

**附表 12-13**

## 物资库存盘点汇总表

填报单位：　　单位：万元　　盘点截止时间：　　填报日期：　年　月　日

| 序号 | 项目（工区）名称 | 期末盘点表金额 | 会计账面金额 | 差异金额 | 备注 |
|---|---|---|---|---|---|
| | | | | | |
| | | | | | |

总会计师：　　物资主管：　　编制人：

注：1. 此表由各工程公司、直管项目部根据各项目部、工区物资盘点表填写。2. 要求各项目部、工区物资盘后要与财务部门对账，如发现差异金额，必须找出原因上报书面材料说明。3. 库存盘点汇总表合计要和原材料收支存报表库存一致。如不一致，上报书面材料说明原因。各项目部、工区盘点表不用上报，留各工程公司、直管项目部待查。

**附表 12-14**

## 物资管理人员综合情况统计表

填报单位：　　年度：　　填制日期：

| 序号 | 单位 | 物资管理人员（人） | | | | | | 业务培训 | |
|---|---|---|---|---|---|---|---|---|---|
| | | 总人数 | 执证上岗人数 | 高级职称 | 中级职称 | 初级职称 | 其他管理人员 | 期数 | 人数 |
| | | 1 | 2 | 3 | 4 | 5 | 6 | 7 | 8 |
| | | | | | | | | | |
| 合计 | | | | | | | | | |
| 填报说明：本表为年报，上报时间为年后5日前。单位按集团公司本级、工程公司的顺序填报。 | | | | | | | | | |

单位主管：　　审核：　　制表：　　电话：

注：1. 持证上岗人数：经过物资专业培训，取得上级物资管理岗位（材料员）上岗证书人员。2. 高级职称：高级经济师、高级工程师、高级采购师、高级物流师等相应职称人员。3. 中级职称：经济师、工程师、采购师、物流师等相应职称人员。4. 初级职称：助理经济师、助理工程师等相应职称人员。5. 业务培训：举办业务培训班及以会代训。

附表 12-15

## 项目部主要材料计划统计表

填报单位：　　　　　　　　　　　　　　　　　　　　　　　　填报日期：

| 序号 | 主要材料名称 | 总计划量 | 已招标数量 | 已签合同数量 | 已进货数量 | 库存量 | 剩余计划量 | 开累平均单价 | 剩余计划预估金额 |
|---|---|---|---|---|---|---|---|---|---|
| 1 | 钢材 | | | | | | | | |
| | 其中：型材 | | | | | | | | |
| 2 | 水泥 | | | | | | | | |
| 3 | 钢绞线 | | | | | | | | |
| 4 | 粉煤灰 | | | | | | | | |
| 5 | 外加剂 | | | | | | | | |
| 6 | 砂子 | | | | | | | | |
| 7 | 碎石 | | | | | | | | |
| 8 | 其他材料 | | | | | | | | |
| 9 | 合计 | | | | | | | | |

单位负责人：　　　　　　计划负责人：　　　　　　物资负责人：　　　　　　编制人：

注：1. 总计划量，是指计划或成本部门核定的项目总的材料计划，此计划量可根据图纸的变更随时调整。2. 已招标数量，是指经甲供、甲控或其他形式已招标的数量。3. 已签合同数量，是指经招标后双方已签订供货合同的数量。4. 已进货数量，是指到场已验收材料的数量。5. 库存量，是指报告期内库存的数量，应与物资盘点表一致。6. 剩余计划量，是指总计划量减去已进货数量。7. 开累平均价，是指已盘点验收总金额除以已进货数量。8. 剩余计划预估金额，是指剩余计划量乘以开累平均单价。

**附表 12-16**

## 物资管理人员台账

填报单位：　　　　　　　　　　　　填报日期：

| 序号 | 工作单位 | 姓名 | 性别 | 出生年月 | 民族 | 文化程度 | 参加工作时间 | 从事专业时间 | 职称 | 职务 | 培训单位或毕业学校 | 培训起止时间 | 材料员证书编号 | 职称证书编号 | 联系方式（手机、QQ号） | 备注 |
|---|---|---|---|---|---|---|---|---|---|---|---|---|---|---|---|---|
| | | | | | | | | | | | | | | | | |
| | | | | | | | | | | | | | | | | |

单位负责人：　　　　审核：　　　　制表：　　　　电话：

**附表 12-17**

## 主要材料合同登记表

填报单位：　　　　　　　　　　　　填报日期：

| 序号 | 类别 | 供应商全程 | 合同名称 | 合同编号 | 签订日期 | 供应品种 | 单位 | 数量 | 单价（元） | 金额（万元） | 备注 |
|---|---|---|---|---|---|---|---|---|---|---|---|
| | | | | | | | | | | | |
| | | | | | | | | | | | |

单位负责人：　　　　合同负责人：　　　　制表：

第 13 章

# 内业资料管理

从物资计划制定、到场验收、退场等整个物资管理过程中，都会涉及内业资料的管理。内业资料是反映物资管理状况的有力凭证，是避免经济纠纷、维护企业合法权益的有力工具。目前，大多数施工企业存在内业资料管理不规范、归档不及时等问题，针对此类问题，本章特制定了加强物资内业资料管理的具体措施，并对内业资料的形成时间及保存期限提出了要求。

## 13.1 加强内业资料管理的具体措施

集团公司、集团公司直管项目部、项目部以及施工单位的相关人员或相关部门在登记填制内业资料时，如原始凭证、相关记录、文件、台账等，应保证内业资料的规范性、准确性。具体要求为：填写认真工整、规范、易辨别；不乱写乱画、不涂改、填报准确；填报完整，不漏填；填报应坚持实事求是的原则，不虚报少计；坚持“日清月结”，及时登记处理账务。

工程项目资料应由项目材料组负责人收集、保管并装订成册。分项工程完工后，应对相关内业资料分类存放，并要求时间界限分明。工程完工后，应由项目材料组负责人盘点归置内业资料，并形成内业资料清单上交物资部，由物资部统一保管。远征分公司可按以上要求集中归口分公司物资部门管理，资料清单可在物资部备案，远征项目材料内业资料归口于公司物资部管理。

各单位材料人员办理调转或离职时，应办理相关内业资料的交接手续并由物资部特派人员负责办理交接手续。交接时，各类内业资料应均有交接记录并形成书面交接清单。内业资料交接双方以及物资部特派人员应共同在交接清单上签字确认，交接记录以及交接清单应归档保管，以备后查。无交接手续或交接不清者，物资部可通知公司人力资源部中止调离关系。

公司物资部采购成本资料归口于物资部门管理。对于各单位报送的材料消耗成本资料及其他经济活动分析资料，进行统计核算、分析说明后，按项目分类装订成册，编序编号归档立案，编制资料目录清单，由专人保管；部门人员调离时办理交接手续，年度内业资料交公司档案室保管。

物资内业管理人员应严格保管内业资料，且对相关保密文件或商业机密严格保密。

## 13.2 内业资料的形成时间及保存期限

各类单据、原始凭证等，当天填制后应于当天上交财务部门以及物资管理部门，财务人员及时登录账务系统，物资管理人员及时登录物资管理信息系统，形成物资收发台账，验收单经检验合格后办理，其他类记录均按实际时间填写。

材料收发存月报表及相应单据，应于每月 25 日之前必须报送财务部，各类月报表、单据每月 20 日之前扎账结算，月报表及各类成本资料每月 28 日之前报送公司物资部备案。

材料盘点表、周转材料盘点表、小型机具盘点表等盘点表，应依据月盘点时间要求实施盘点、填制。库存物资报损报废单可依照实际日期每月盘点清理，随月报表递交财务，其他成本资料按年度材料内业资料清单于年度 12 月 25 日之前报送公司物资部。竣工工程项目于竣工之日将所有材料内业资料归口于公司物资部统一管理，并形成材料内业资料清单由材料组负责人备存一份。

各类原始凭证存档期限一般为项目竣工后办理结算和兑限审计完毕之时。

# 第 14 章
# 物资管理考核评比

为进一步规范项目物资管理工作，加强对施工过程的控制，实现项目物资管理规范化、标准化，提高项目物资管理工作的效率和水平，集团公司、工程公司及项目部应对物资管理工作本着“明确职责、从严管理、奖优惩劣”的原则实行考核评比。为保证物资管理考核工作的严谨性、公正性，不仅每季度应由工程公司牵头组织对所属项目进行考核评比，而且每年应由集团公司牵头组织对所属工程项目进行全面审计。本章从考核审计牵头组织的主体角度来探讨物资管理的考核工作。

## 14.1 工程公司牵头组织物资管理考核

针对工程公司牵头组织的物资管理考核工作，为保证考核全面性，物资管理考核工作不仅应考核项目物资管理工作，还应对项目材料人员的岗位工作考核。这样既能有效地规范项目物资管理工作，又能够保证项目材料人员勤政廉洁，提高岗位整体素质。对物资管理工作的考评主要采取自评和考评相结合的形式，工程项目部负责考核自评，工程公司负责对所属项目部的考评。项目物资管理人员岗位工作考核实行考评制，由工程公司负责对所属项目物资管理人员的考评。考核方式实行季度考核。

### 14.1.1 项目物资管理考核

项目物资管理考核具体由工程公司主管领导负责，项目部领导牵头，物资管理部门组织实施并将考评结果报工程公司物资管理领导小组审定。具体考核评比程序可概括为“一查、二看、三评议、四复查、五奖惩”。

一查：根据检查内容（详见表14-1）逐一检查物资管理资料收集、整理情况，重点查资料的规范性及同步性，公司相关制度和合同执行情况。具体检查制定物资计划的规范性、上报计划的及时性；检查制定合同的规范性；检查物资管理所用单据、账卡、台账、报表的规范性与准确性；检查物资有无检验合格证或质量保证书等。

二看：到施工现场检查物资的管理情况，采用观感检查和实测实量相结合的方式实施。具体检查验收程序的规范性，物资出入库的规范性，物资标识、搬运、堆放、环境、防护等的规范性。

三评议：检查单位综合分析检查情况并对检查情况打分，确定考核结果（考核结果采取百分制，工程公司对所属项目部的考评得分占60%，项目部

**表 14-1　物资管理考核评比评分细则**

| 项目 | | 分数 | 内容：计分细则 | 内容：扣分标准 | 得分 |
|---|---|---|---|---|---|
| 业务管理 | 采购计划供应管理 | 15 | 1. 按要求及时提供物资需求计划和自购物资招标计划<br>2. 及时编制物资供应计划<br>3. 配合做好合格生产（供应）商考察 | 1. 未按要求提供甲供物资需求计划或甲控物资招标计划，每次扣 1 分 | |
| | | | | 2. 未编制物资供应计划，每次扣 3 分；供应计划不规范，每次扣 1 分 | |
| | | | | 3. 合格供应商名单外采购，每次扣 5 分 | |
| | | | | 4. 未按规定程序采购，每笔扣 2 分 | |
| | | | | 5. 采购合同不规范，每笔扣 0.5 分 | |
| | | | | 6. 越权采购，每笔扣 2.5 分 | |
| | | | | 7. 收集考核供应商的资料不全或有误，每笔扣 1 分 | |
| | | | | 8. 无故拒收甲供物资，每次扣 1 分 | |
| | | | | 9. 火工品等重要物资未派人押运、监装、监卸，每次扣 2 分 | |
| | 台账资料管理 | 10 | 1. 各种资料填写正确，妥善保管<br>2. 建立物资统计台账，报表及时，数字真实可靠 | 1. 物资管理所用单据、账卡、表格、台账使用不正确，填写不正确，每项扣 0.5 分 | |
| | | | | 2. 未装订成册、妥善保管，每项扣 0.5 分 | |
| | | | | 3. 未建立主要物资统计台账，扣 1 分 | |
| | | | | 4. 统计报表不及时，数字不真实，每项扣 1 分 | |
| | | | | 5. 未建立统计报表制度，扣 1 分 | |

续表

| 项目 | | 分数 | 内容 | | 得分 |
|---|---|---|---|---|---|
| | | | 计分细则 | 扣分标准 | |
| 质量管理 | 出厂前质量管理 | 10 | 1. 物资计划和采购合同中对物资质量有明确要求<br>2. 所有产品均在出厂前进行检验试验，定期或不定期到地材生产厂进行检查 | 1. 计划与合同中的质量要求不明确，每次扣1分 | |
| | | | | 2. 没有产品检验合格证或质量保证书，每次扣1分 | |
| | | | | 3. 没有对地材生产厂的检查记录，每次扣1分 | |
| | 途中运输质量控制 | 5 | 确保物资运输安全 | 1. 发生运输安全事故，每次1分 | |
| | | | | 2. 在物资结转过程中没有物资质量记录单，每次扣1分 | |
| | 入场时质量管理 | 25 | 入场时要及时按规定程序检验试验 | 1. 未按规定时间内按规定程序试验，每次扣2分 | |
| | | | | 2. 不合格物资退场，未上报，每次扣1分 | |
| | | | | 3. 未经监理签字即投入使用，每次扣1分 | |
| 仓库管理 | 入库管理 | 10 | 物资入库凭证齐全，记录详细准确，发现问题应做出记录并及时处理 | 1. 不填写“入库物资验收登记簿”，每笔扣1分；填写不规范，每笔扣0.5分 | |
| | | | | 2. 应有而没有材质证明书的每笔扣1分 | |
| | | | | 3. 有问题未被管库员发现，每笔扣1分；有问题虽有记录，但10天内未处理的每笔扣1分 | |
| | | | | 4. 未及时验收或验收记录不全，每次扣1分 | |

续表

| 项目 | | 分数 | 内容：计分细则 | 内容：扣分标准 | 得分 |
|---|---|---|---|---|---|
| 仓库管理 | 在库保管 | 15 | 1. 库存物资要做到分区分位并合理苫垫，要做到堆码正确、整齐、安全、稳固，过目知数，标识齐全、明显、正确<br>2. 库内存料无积尘，料区无积水，周围无杂草；无变质、锈蚀、损坏、虫蛀等物资<br>3. 选择正确设备搬运<br>4. 库存物资数量正确，账目相符；收发动态日清月结<br>5. 仓库安全防盗防火有专人负责，防盗防火安全措施得当，消防设施安全，灭火器保持良好且会使用 | 1. 不合理存放、苫垫、堆码，每次扣 0.5 分 | |
| | | | | 2. 标识不全，不明显，每次扣 1 分 | |
| | | | | 3. 库存物资和设施有积尘，料区有积水，周围有杂草，每次扣 0.5 分 | |
| | | | | 4. 库内存放有变质、变形、破损、丢失、虫蛀物资，每项扣 1 分 | |
| | | | | 5. 未日清月结、账物不符，每次扣 1 分 | |
| | | | | 6. 安全防盗防火无专人负责，扣 1.5 分 | |
| | | | | 7. 防盗防火措施不落实，扣 1 分 | |
| | | | | 8. 电器设备及线路不符合要求，扣 0.5 分 | |
| | | | | 9. 库房没有灭火器械扣 1 分，状态不良扣 0.5 分 | |
| | | | | 10. 库管员不会使用灭火器，扣 1 分 | |
| | | | | 11. 发生一次搬运工伤事故扣 2 分，死亡扣 10 分 | |
| | | | | 12. 发生库存物资被盗扣 2 分，发生火警扣 2 分，发生火灾不得分 | |
| | 出库管理 | 10 | 物资依据规定的凭证出库，严格掌握先进先出原则，应附证件的发料同时附上；发料及时无差错 | 1. 物资不按凭证出库，每次扣 1 分 | |
| | | | | 2. 应附技术证件未附，每次扣 0.5 分 | |
| | | | | 3. 不按“先进先发”原则发料，每次扣 0.5 分 | |
| | | | | 4. 错发材料，每次扣 1 分 | |
| 合计 | | 100 | | | |

自评得分占 40%），就考核结果与项目部交换意见，做出基本评价并提出改进意见，下发整改通知单。

四复查：项目部应针对检查单位下发的整改通知实施整改。整改完毕后，检查单位要对整改情况进行复查。

五奖惩：检查单位将根据检查结果进行排名，并将项目物资管理情况划分为优秀、良好、合格、不合格四个等级。对等级为优秀并排名在前三名的项目物资部门进行奖励，第一名奖 5 000 元，第二名奖 4 000 元，第三名奖 3 000 元。对一年内三次以上考核等级优秀且排名在前三名的项目物资管理负责人，物资管理部在公司各项考核、评比、转岗工作中予以优先考虑；对等级为不合格且排名在倒数后 3 名以内的，给予处罚，排名倒数第 1 罚 5 000 元，排名倒数第 2 罚 4 000 元，排名倒数第 3 罚 3 000 元。对一年内 3 次以上考核等级为不及格且排名在倒数后 3 名以内的项目物资管理负责人，由公司物资管理部提出撤换意见，按程序重新选拔。具体等级划分及奖惩见表 14-2。检查单位将检查情况、评比考核奖惩情况以检查通报的形式予以公布。

**表 14-2　　物资管理考核等级划分及奖惩**

| | | | | |
|---|---|---|---|---|
| 等级划分 | 90 分（含）以上为优秀 | 奖惩 | 奖励 | 优秀等级且排名前 3 名分别奖励 5 000 元、4 000元、3 000 元 |
| | 80 分（含）～90 分为良好 | | | |
| | 60 分（含）～80 分为合格 | | 惩罚 | 不及格等级且排名倒数后 3 名分别罚款 5 000 元、4 000 元、3 000 元 |
| | 60 分（不含）以下为不及格 | | | |

### 14.1.2　项目物资管理人员岗位工作考核

被考核的项目物资管理人员主要包括项目管理员、采购员、项目材料主管、现场材料员、现场库管员等。在对项目物资管理人员考核前，由工程公司物资部、财务部、计划部组成考核小组，具体考核项目物资管理人员的德、能、勤、绩。

考核工作开始后，由项目材料组做自检自查的汇报，并由考核小组针对有关考核内容向被考核人员询问。自检自查汇报以及询问环节结束后，考核小组对各项目材料人员进行个体考核，应主要采取资料审查、现场考察并结合项目部其他人员对其评价的方式，对被考核人员进行岗位考核。考核采取打分百分制。其中，自检自查环节分值占总分的 30%，考核小组询问环节占分值的 40%，个体考核环节占分值的 30%；在各环节中，以考核小组成员分值的平均值为被考核人员每一环节的分值。在自检自查环节，考核小组根据被考核人员的自检自查情况，对被考核人员的能力、绩效情况进行打分；在询问阶段，考核小组应针对被考核人员的管理范围、企业物资管理要求向其提出至少二十个能够综合反映其综合素质的问题，采取扣分制，被考核人员每错答一题，便扣两分，直至扣完为止；在个人考核阶段，考核小组对相关资料进行审查并深入现场，考察被考核人员的现场管理能力以及绩效，询问其他管理人员的评价意见，对被考核人员进行打分。综合三个环节的打分情况，给出一个总的分值，并就考核结果与项目部交换意见，做出基本评价，提出改进意见。

考核结束后，由项目材料小组评价考核等级，通报考核结果并实施相应的奖惩。考核能级评级原则：考核得分在 90 分以上的为优，表明已完全达到企业管理的要求；考核得分在 80～90 之间的为良，表明要完全达到企业管理的要求；考核得分在 70～80 之间的为及格，表明基本上达到了企业管理的要求，但仍存在部分缺陷；考核得分在 70 分以下的为不及格，表明未达到企业管理的基本要求。对考核等级为优并排名在前 3 名的被考核人员，分别奖励 1 000 元、800 元、600 元，对属 70 分以下且排数倒数后 3 名的被考核人员，分别罚款 600 元、800 元、1 000 元，若被考核人在一年内连续三次考核不及格，由考核小组提出撤换意见，具体由项目部实施解聘。具体等级划分及奖惩见表 14-3。

**表 14-3　　项目管理人员考核等级划分及奖惩**

<table>
<tr><td rowspan="12">考核内容</td><td rowspan="3">德</td><td rowspan="12">考核能级分值</td><td rowspan="4">自审自查环节 30%</td><td rowspan="12">等级划分</td><td rowspan="3">90 以上为优</td><td rowspan="12">奖惩</td><td rowspan="6">优秀等级且排名前 3 名分别奖励 1 000 元、800 元、600 元</td></tr>
<tr></tr>
<tr></tr>
<tr><td rowspan="3">能</td><td rowspan="3">80～90 为良</td></tr>
<tr><td rowspan="4">询问环节 40%</td></tr>
<tr></tr>
<tr><td rowspan="3">勤</td><td rowspan="3">70～80 为及格</td><td rowspan="6">不及格等级且排名倒数后 3 名分别罚款 1 000 元、800 元、600 元</td></tr>
<tr></tr>
<tr><td rowspan="4">个人考核环节 30%</td></tr>
<tr><td rowspan="3">绩</td><td rowspan="3">70 以下为不及格</td></tr>
<tr></tr>
<tr></tr>
</table>

## 14.2　集团公司牵头组织全面审计

为深入贯彻物资管理考核工作，进一步提高企业工程项目物资管控能力，集团公司应每年牵头组织开展全集团工程项目物资管理情况专项审计调查。

1. 审计调查的目标

物资管理专项审计调查的总体目标是：摸清情况，揭示问题，分析原因，规范管理。

“摸清情况”是做好审计工作的基础，主要是摸清当前物资管理的基本情况。包括：物资管理体制机制情况，相关管理制度建立与完善情况，物资采购总体规模、结构、种类和资金支付情况，工程项目物资计划、采购（含集中采购）、供应、消耗等主要环节的运行情况及管理现状。

“揭示问题”是做好审计的关键，主要是揭示当前物资管理中存在的突出问题。包括：物资管理体制机制不顺，相关管理制度不健全、不完善，实际执行中存在的违规采购、采购价格偏高、物资超耗严重、管理失控、谋取私利等问题。

“分析原因”是做好审计调查的前提，主要是深入分析上述问题产生的内外部原因。包括：外部客观环境和条件方面的原因，全集团物资管理体制机制和制度层面的原因，内部管理不规范、执行不严格、监督处罚不到位等主观方面的原因。

“规范管理”是做好本次审计调查的目的，主要是在摸清情况、揭示问题、分析原因的基础上，结合实际情况，有针对性地分别研究提出加强改进物资管理的意见和建议，进一步规范物资管理，不断强化项目成本管控水平，持续提升项目创效能力。

2. 审计调查的组织领导、职责、方式

集团公司成立物资管理专项审计调查工作领导小组，全面组织领导物资管理专项审计调查工作，并实行“五统一”的原则，即统一组织领导、统一工作方案、统一标准口径、统一时间进度、统一审计调查报告。物资管理专项审计调查工作领导小组办公室（以下简称领导小组办公室）设在审计监事部，由审计监事部牵头，物资部、财务部等相关部门配合，共同完成审计工作。领导小组办公室主要负责：制定专项审计调查工作方案；加强对下级业务指导，保持上下信息畅通，及时解答审计调查过程中遇到的问题；加强对国家有关物资管理政策与制度的学习研究，积极借鉴同行业标杆企业物资管理的经验做法；汇总审核审计调查结果，形成专项审计调查报告。领导小组办公室下设两个业务小组，具体负责抽查重点项目，形成专项审计调查报告，并审查自查单位递交的审查结果。

物资管理专项审计调查采取全面自查与重点抽查相结合的方式。集团公司对所属单位的项目进行重点抽查；设立集团公司指挥部的项目由集团指挥部统一组织实施自查；子公司对本单位物资管理情况进行自查；其他项目由各项目部自行实施。集团公司及子公司由审计部门牵头，物资、财务等部门配合组成专项审计调查组对重点项目进行抽查。对于中铁十八局有限公司来说，集团公司至少抽查 8 个项目，子公司至少抽查 5 个项目。在确定项目具体抽查对象时要遵循代表性、重要性原则。对于具有下列情况之一的项目，应作为重点抽查对象：

（1）材料采购价格明显高于市场价、中标价或预算价的；

（2）未按规定招标或招标程序不规范，存在关系采购的；

（3）物资超耗严重，或经营成果严重偏离效益评估结果的；

（4）设有局指挥部且由各参建单位自行采购材料的；

（5）发生材料丢失、被盗，或违规处置材料的；

（6）合作承揽且合作方参与物资采购与管理的；

（7）发生清退劳务队伍且存在物资移交的；

（8）由于物资质量等原因引发重大安全质量等级事故，或严重信誉危机的；

（9）其他物资管理存在严重问题的。

### 3. 审计调查的内容与重点

审计调查工作应围绕三个方面展开：

（1）物资管理主要做法及取得成效情况。主要调查了解各级单位、各项目部贯彻执行上级有关物资管理的政策制度办法情况，采取的主要措施及特色做法，取得的主要成效情况等。

（2）物资采购规模、结构及资金支付情况。

（3）物资管理各主要环节情况，包括物资计划管理情况、物资采购及合同管理情况、物资集采管理情况、物资供应管理情况、物资现场管理情况、其他管理情况。物资管理各主要环节的审计工作是物资管理全面审计的核心工作，应将其作为重要审计环节。

对于物资计划管理情况的审计工作，应主要围绕以下内容：是否建立健全物资需求计划，物资采购计划编制、调整、审批等制度的建立与完善情况，相关制度的执行情况。重点关注：是否存在未按规定及时合理编制物资需求计划，以及物资需求计划调整不及时，导致物资采购控制缺少依据的问题；有无未按规定编制物资采购计划，或物资采购计划未经审批，以及未按物资采购计划进行采购，导致材料积压或停工待料的问题。

对物资采购情况审计调查，主要围绕以下内容：是否建立健全物资采购、申请、审批、招标（询价）等相关管理制度；物资招标、询价采购等制度执行情况。审计重点关注：是否存在物资采购未招标，或化整为零、规避招标的问题；是否存在人为改变招标结果的问题；是否存在采购价格明显高于市场价的问题；是否存在通过采购进行利益输送的问题；是否存在采购价高质次材料的问题；是否存在无正当理由异地采购的问题。

对合同管理情况审计调查，主要围绕以下内容：合同文本使用情况，合同评审情况，合同履行及涉诉情况，合同管理台账登记情况。审计重点关注：是否存在未使用规定合同文本的问题；是否存在合同未按规定评审的问题；是否存在无权限人员签订采购合同的问题；除零星采购外，是否存在物资采购未签订合同的问题；是否存在未按合同约定调整材料单价、支付款项的问题；是否存在签订高额延期支付高息、违约金，损害企业利益的问题；是否存在供应商未严格履行合同，造成损失浪费的问题。

对物资集采管理情况审计调查，主要围绕以下内容：物资集采管理制度建立与完善情况，集采工作机构及人员情况，集采计划制定及上报审批情况，集采规模、比例及取得成效情况，中铁物资集团集采供应的五大类物资供应效果，存在的问题等情况，集采资金支付情况，制约集采工作推进的因素。审计重点关注：是否存在未经批准自行采购需集采物资的问题；是否存在瞒报采购计划、拆分采购业务等规避集采的问题；是否存在规模采购未取得价格优势，甚至从中谋取私利的问题；是否存在物资质量不符合要求，供应不及时，影响购买方使用的问题；是否存在故意拖延支付集采资金的问题。

对物资供应管理情况审计，主要围绕以下内容：是否建立健全对供应商管理、材料供应申请、审批、验收、调拨等管理制度，相关制度的执行情况。审计重点关注：是否存在物资部门与施工队沟通不畅，或供应商未按约定日期供货，致使停工待料的问题；是否存在改变合同约定或技术要求的验收方式及标准，材料质量不符合标准，导致返工等质量事故；是否存在材料验收不严格，虚增材料数量或以次充好，进行利益输送的问题；是否存在对供应商未按约定履行合同，未及时采取法律诉讼等措施造成损失的问题；是否存在对不诚信供应商未向单位申请列入黑名单的问题；是否存在与供应商结算、对账严重滞后的问题。

对物资现场管理情况审计，主要围绕以下内容：是否建立健全物资验收、保管、试验、限额发料、回收、盘点、调出、处置等制度，相关管理制度的执行情况。审计重点关注：钢筋加工厂和混凝土拌和站是否自建，委托外部加工或外租拌和站单价是否偏高；地材是否采取过磅计量，并安装视频监控装置；物资归类核算是否准确，账目核对是否及时，账物、账账是否相符，各种台账是否健全；是否进行物资应耗、实耗数量节超分析，是否将实际采购价格与合同单价、预算单价进行对比分析，是否及时考核物资节超并及时兑现奖惩；是否实行限额发料，是否存在现场施工专业化水平低，导致材料严重超耗；是否由于工序作业不到位，或偷工减料造成物资严重欠耗；是否存在保管不善，导致材料丢失、损毁、被盗等问题；是否存在劳务队倒卖材料，或者高价回购施工队材料的问题；周转材料的调入调出手续是否齐全，摊销办法是否合规；周转材料配置、单价、租期是否合理，是否未按规定的程序、权限处置周转材料、小型机具和废旧材料，是否存在材料处置收入不入账或未全额入账，私设“小金库”的问题。

对其他管理情况审计，主要围绕以下内容：物资管理机构和人员情况，物资管理信息化情况，物资管理体制机制情况。审计重点关注：是否已按项目规模大小、岗位不相容设立的要求配备足够的物资管理人员；物资采购人员是否按规定实行回避制度，是否做到持证上岗；是否建立企业物资管理信息系统，所有合同、单据、明细账、统计表格等是否均通过专业软件制作等；采购、收料与记账三个岗位的软件系统密码是否分开保管；是否建立本单位物资价格信息平台，是否定期发布物资供应价格信息；物资管理机构及职责是否明确具体，实际运行是否顺畅；现行物资集采体制机制是否可行，集团公司和工程公司物资管理职责是否明确，实际运行中存在哪些突出问题。

### 4. 完善审计工作的措施

**(1) 围绕目标，把握重点，控制节点，各级审计部长和物资部长切实履行职责**

各单位应认真领会审计调查的总体目标，按照重要内容认真核实，逐一对比。应严格按照审计方案规定的时间节点要求，认真完成调查数据的填报、审核、抽查及汇总工作，各审计小组完成一个抽查项目应及时出具专项审计调查报告，确保物资管理专项审计调查工作按时完成。

**（2）深入查找问题，认真剖析原因，提出有效对策**

各单位在开展专项审计调查过程中，应确保审计工作程序规范，审计证据充分翔实，审计档案资料齐全完整，摸清情况，针对具有普遍性、倾向性的热点、难点问题，要认真深入地分析研究，原因分析应透彻，提出的建议应有可操作性，出具的专项审计报告应紧贴主题目标，各级切实发挥审计的建设性作用。

**（3）实行逐级负责制，确保审计调查结果真实有效**

各单位应确保上报调查报告及相关表格数据的真实、完整性，全面反映纳入调查范围的物资管理情况。应按照工作方案确定的分工，实行逐级负责制，强化过程督导，防止“走过场”。各子公司抽查单位上报集团指挥部的资料应与其审计抽查结果一致。对于所报数据不真实，发现重要问题隐瞒不报的，应严肃追究报送单位主管领导的责任。

**（4）加强信息沟通，建立有效的信息反馈机制**

为确保专项审计调查工作的顺利进行，上下级之间要建立信息沟通机制，各单位按照每10天一次将审计调查工作的开展情况、工作进度、发现的主要问题，以及调查中遇到的困难和需要上级统一研究解决的问题及建议，逐级上报上一级单位。集团公司业务小组、集团公司指挥部、各子公司每月3日、13日、23日前汇总上报给集团公司物资管理专项审计调查工作办公室。

**（5）完善审计报告**

审计报告应包括三部分：第一部分为项目基本情况；第二部分是项目物资管理情况；第三部分是项目管理存在的问题、原因分析、改进建议。

为完善审计报告，各审计部门应认真分析有关问题：

◆ 分析素材的收集。应按照《集团物资管理专项审计调查方案》要求进行审计调查，认真收集完整、翔实的资料，尤其注意定性与定量材料的收集。能定量的事项，数据尽可能翔实；不能定量的，收集证明性材料，作为形成审计结论的依据，为编写调查报告奠定基础。

◆ 分析内部环境对项目管理的影响。应从项目财务管理、资金支付、施工组织设计、材料供应方式等内部因素，从多方位进行分析，重点分析这些因素对项目物资管理有哪些影响，如何影响及影响程度。

◆ 分析外部环境对项目管理的影响。应重点分析供应商资信、履约、市场变化等因素对项目物资管理有何影响及影响程度，公司商业信用的利用，如赊购的情况，赊购与法律风险的平衡。以及上述内外部环境对物资管理的影响给项目成本造成的有利因素和不利因素。

◆ 分析物资的结构、耗用量、价格。对于结构分析，应对各类主材成本分别占材料总成本的比重，材料费总成本占工程总成本的比重进行分析，重点分析结构是否合理及其形成原因。对于消耗量分析，应对各类主材的实际消耗量、设计消耗量、应耗量数据进行统计分析，分析节超形成的原因。对于价格分析，应对各类主材集采价、市场价、招标价进行对比分析，分析各类主材价格对主材材料成本节超的影响程度。对于材料节超分析，需要关注材料各种统计数据的完整性与相关性，注重基准的选取，重点通过数据统计与分析，查找影响各类主要材料节超的因素，透过现象看本质，为解决这些问题提供帮助。

◆ 关注物资管理制度。应关注项目本级物资管理制度的建立及有效执行情况，并分析其制度设计是否存在缺陷。重点关注项目对公司、集团公司、股份公司相关物资管理内部控制制度的设计是否存在缺陷，在实际执行过程中，物资管理制度有哪些条款不可行或不适用。

◆ 关注项目物资管理建议。如何提升与改进项目物资管理，应作为调查报告的重要组成部分，因此，各小组应认真听取、收集各项目对改进与提高物资管理的各种建议，并认真总结与提炼好的物资管理经验。

◆ 关注不同类型项目物资管理的特性。针对铁路、地铁、房建等不同类型项目，对其物资管理的不同特性予以关注，注重不同类型项目物资管理的各种数据、资料与经验的收集与分析，并认真总结与提炼。

# 附录：招标文件

______________________________（项目名称）
______________________________（物资品种）

# 招标文件[1]

招标编号：201×-WZCG-××-×××-××××

招标组织单位：
招　标　人：

二〇一　年　月

（说明：1、201×：是年代。如2012年，则×为2。2、××：直管铁路项目为1900，以A公司为1901，B公司为1902，C公司为1903，D公司为1905，E公司为1906，F公司为1907，G公司为1908，H公司为1909，I公司为1910，J公司为1911。3、×××：为项目名称第一个字母的缩写，如云桂四标YG4；4、××××：为工程公司或直管项目自行编制的3位流水号，即001、002、003等。）

[1] 资料来源：中铁十八局集团第四工程有限公司。

# 目　录


招标邀请函 …………………………………………………………………… 280
招标公告 ……………………………………………………………………… 282
第一部分　投标人须知 ……………………………………………………… 284
第二部分　合同文件 ………………………………………………………… 299
第三部分　物资需求一览表 ………………………………………………… 313
第四部分　技术规格书 ……………………………………………………… 314
第五部分　评标办法 ………………………………………………………… 314
第六部分　投标文件格式 …………………………………………………… 321
　附录 1：投标函 …………………………………………………………… 322
　附录 2：投标保函 ………………………………………………………… 323
　附录 3：法定代表人授权书 ……………………………………………… 323
　附录 4：投标人资格声明 ………………………………………………… 324
　附录 5：生产组织供应能力说明 ………………………………………… 326
　附表 1：投标物资报价表 ………………………………………………… 327
　附表 2：物资描述表 ……………………………………………………… 328
　附表 3：物资报价成本分析表 …………………………………………… 329
　附表 4：偏离表 …………………………………………………………… 331
　附表 5：近两年类似项目同类物资中标及履约情况说明表 …………… 331
　附表 6：投标人生产、检验设备表 ……………………………………… 332

# 招标邀请函

根据工程施工需要，经研究决定，采取邀请招标方式采购________，特此向贵公司发出投标邀请。如愿参加，可向××公司项目物资采购招标办公室索取招标文件（招标文件每包收取________元费用，如需招标文件电子版，请自带存储设备）。

一、招标方式

招标方式：

二、资金来源

本标段建设资金：

三、采购招标物资名称和数量

四、招标主要日程安排

1. 招标文件申领

（1）申领时间：

（2）申领地点：

（3）招标文件申领须知：投标人须在招标文件申领时间内派代表携带邀请函的复函、单位介绍信前来申领；也可以通过邮寄方式申领招标文件。

（4）答疑：投标人对招标文件的任何疑问均需在________时前告知并传真至招标人。有关招标文件的补遗和答疑文件招标人将于________时前向投标人发布。

2. 投标预备会：招标人将不组织投标预备会。

3. 投标文件递交

所有投标文件必须于____年__月__日__时__分至__时__分在××项目部会议室当面递交给招标人。逾期送达或未送达指定地点的投标文件，招标人不予受理。

4. 开标

（1）时间：____年__月__日__时__分。

（2）地点：××项目部会议室，开标时请投标人法定代表人或其委托代理人参加。上述安排如有变化，招标人将通过电话或传真方式发布通知。

五、本次招标对投标人的资格审查采取资格候审的方式。

六、招标人及联系方式

招标人：××公司项目部

联系人：

电话兼传真：

电子邮箱：

××公司　　项目部

年　　月　　日

# 招标公告

1. 招标条件　　　　　　　　　　　　　　　　（招标编号：　　　　）

（项目名称）已由（项目审批、核准或备案机关名称）以（批文名称及编号）批准建设，项目业主为________，建设资金已落实，招标人为________。项目已具备招标条件，按照相关政策法规和××公司的规定，××公司物资集中采购中心组织招标人进行（项目名称）施工用（物资品种）公开招标采购。

2. 项目概况与招标内容

2.1　项目概况：（说明招标项目的建设地点、规模等）。

2.2　招标内容：（物资品种、包件划分、计划交货期等）。

3. 投标人资格要求

3.1　本次招标要求投标人须具备生产许可/具备业绩，并在人员、设备、资金等方面具备相应的能力。

3.2　你单位（可以/不可以）组成联合体投标。联合体投标的，应满足下列要求：

4. 招标文件的获取

4.1　请于____年__月__日至____年__月__日，每日上午__时至__时，下午__时至__时（北京时间，下同），在（详细地址）持（单位介绍信、相关证明材料等）购买招标文件。

4.2　招标文件每套（或按包件分别定价）售价__元，售后不退。

5. 投标文件的递交

5.1 递交时间为：__年__月__日__时__分至__时__分，截止时间（投标截止时间，下同）为__年__月__日__时__分，地点为（详细地址）。

5.2 逾期送达的或者未送达指定地点的投标文件，招标人不予受理。

6. 联系方式

招标组织机构：
地　址：
邮　编：
联系人：
电　话：
传　真：
电子邮件：

招标人：
地　址：
邮　编：
联系人：
电　话：
传　真：
电子邮件：
网　址：
开户银行：
账　号：

年　　月　　日

# 第一部分　投标人须知

**投标人须知前附表**

| 条款号 | 条款名称 | 编列内容 |
| --- | --- | --- |
| 1.1.1 | 项目批准文件及文号 | |
| 1.1.2 | 招标编号 | |
| 1.1.3 | 招标人 | 名　称：<br>地　址：<br>联系人：<br>电　话： |
| 1.1.4 | 招标组织机构 | 名　称：<br>地　址：<br>联系人：<br>电　话： |
| 1.1.5 | 项目名称 | |
| 1.3.1 | 招标内容 | |
| 1.4.1 | 投标人应具备承担本招标物资生产供应能力 | 营业范围要求：<br>生产能力要求：<br>财务能力要求：<br>质量保证能力要求：<br>供货业绩要求：<br>履约信用要求：<br>其他要求： |
| 1.4.2 | 是否接受联合投标 | □不接受<br>□接受，应满足下列要求 |
| 1.9.1 | 投标预备会 | □不召开<br>□召开，召开时间：<br>召开地点： |
| 1.9.2 | 投标人提出问题的截止时间 | |
| 1.9.3 | 招标人澄清 | 截止时间：<br>文件发送方式： |
| 1.11 | 偏离 | □不允许<br>□允许 |
| 2.1 | 构成招标文件的其他材料 | |

续表

| 条款号 | 条款名称 | 编列内容 |
|---|---|---|
| 2.2.1 | 投标人要求澄清招标文件的截止时间 | ___年___月___日前 |
| 2.2.2 | 投标截止时间 | ___年___月___日___时___分 |
| 2.2.3 | 投标人确认收到招标文件修改的时间 | |
| 3.1.2 | 构成投标文件的其他材料 | |
| 3.3.1 | 投标有效期 | ___天 |
| 3.4.1 | 投标保证金 | 投标保证金的金额： |
| 3.4.2 | 投标保证金 | 投标保证金的形式：<br>银行汇票、电汇或银行保函 |
| 3.5.3 | 近年财务状况的年份要求 | ___年至___年 |
| 3.5.5 | 今年类似物资供货业绩表（新产品除外）的年份要求 | ___年至___年 |
| 3.5.5 | 新产品应提供的技术合格证明文件 | 省、部级以上技术鉴定部门出具的成果评审意见或鉴定证书 |
| 3.5.8 | 近年发生的诉讼及仲裁情况的年份要求 | ___年至___年 |
| 3.5.9 | 其他资格内容要求 | |
| 3.6.3 | 签字或盖章要求 | 法定代表人或其委托代理人签字并盖单位章 |
| 3.6.4 | 投标文件副本份数 | ___份 |
| 3.6.5 | 装订要求 | 投标文件的正本与副本应分别装订成册，采用胶订、平订或线订等，不得采用活页装订方式 |
| 4.1.4 | 封套上写明 | 招标项目名称、招标编号/包件号和投标人全称，注明“在__年__月__日__时__分前不得开启”字样，密封处应有密封章 |
| 4.2.2 | 递交投标文件地点 | |
| 4.2.3 | 是否退还投标文件 | □否<br>□是 |

续表

| 条款号 | 条款名称 | 编列内容 |
|---|---|---|
| 5.1.1 | 开标时间和地点 | 开标时间：同投标截止时间<br>开标地点： |
| 7.3.1 | 履约担保 | 履约担保的形式：<br>履约担保的金额： |
| …… | …… | …… |

## 一、总则

### 1.1 项目概况

1.1.1 根据《中华人民共和国招标投标办法》《中华人民共和国招标投标法实施条例》等有关法律、法规和中国铁建股份有限公司的规定，以及投标人须知前附表所列本次招标计划批准文件，本招标项目有关物资（下称招标物资）已具备招标条件，现进行招标。

1.1.2 招标编号：见投标人须知前附表。

1.1.3 招标人：见投标人须知前附表。

1.1.4 招标组织机构：见投标人须知前附表。

1.1.5 项目名称：见投标人须知前附表。

### 1.2 资金来源及落实情况

招标项目的资金来源及落实情况：资金已落实。

### 1.3 招标内容、技术要求、计划交货期和交货地点

1.3.1 招标内容：见投标人须知前附表。不允许拆包投标。

1.3.2 招标的计划交货期和交货地点：见第三部分物资需求一览表。

1.3.3 招标的技术要求：见第四部分技术规格书。

### 1.4 投标人资格要求

1.4.1 投标人应具备承担本次招标物资生产供应能力。

（1）营业范围要求：见投标人须知前附表。

（2）生产能力要求：见投标人须知前附表。

（3）财务能力要求：见投标人须知前附表。

（4）质量保证能力要求：见投标人须知前附表。

（5）供货业绩要求：见投标人须知前附表。

（6）履约信用要求：见投标人须知前附表。

（7）其他要求：见投标人须知前附表。

1.4.2 投标人须知前附表规定接受联合体投标的，除应符合本章节第1.4.1项和投标人须知前附表的要求外，还应遵守以下规定：

（1）联合体各方应按照招标文件提供的格式签订联合体协议书，明确联合体牵头人和各方的权利义务；

（2）联合体各方不得再以自己名义单独或参加其他联合体在同一包件中投标。

1.4.3 投标人不得存在下列情形之一：

（1）为招标人不具有独立法人资格的附属机构（单位）；

（2）被责令停业的；

（3）被暂停或取消投标资格的；

（4）财产被接管、冻结，或企业处于停产、歇业或破产状态的；

（5）两个及以上投标人在同一包件存在：法定代表人为同一人，或母公司、全资子公司及控股公司关系，或代理同一制造商的同一品牌、同一型号招标物资。

### 1.5 费用承担

投标人准备和参加投标活动发生的费用自理。

### 1.6 保密

参加招投标活动的各方应对招标文件和投标文件中的商业和技术等秘密保密，违者应对由此造成的后果承担法律责任。

1.7 语言文字

除专用术语外，与招投标有关的语言均使用中文。必要时专用术语应附有中文注释。

1.8 计量单位

所有计量单位均采用中华人民共和国法定计量单位。

1.9 投标预备会

1.9.1 投标人须知前附表规定召开投标预备会的，招标人按投标人须知前附表规定的时间和地点召开投标预备会，澄清投标人提出的问题。

1.9.2 投标人应在投标人须知前附表规定的时间前，以书面形式将提出的问题送达招标人，以便招标人在会议期间澄清。

1.9.3 投标预备会后，招标人在投标人须知前附表规定的时间内，将投标人所提问题澄清，以书面方式或投标人须知前附表约定的形式通知所有购买招标文件的投标人。该澄清内容为招标文件的组成部分。

1.10 分包、转包

1.10.1 本招标物资不允许分包、转包。

1.11 偏离

投标人须知前附表允许投标文件偏离招标文件某些要求的，偏离应当符合招标文件规定的偏离范围和幅度。

## 二、招标文件

2.1 招标文件的组成

2.1.1 招标文件由招标公告及以下文件组成：

第一部分　投标人须知
第二部分　合同文件
第三部分　物资需求一览表
第四部分　技术规格书
第五部分　评标办法
第六部分　投标文件格式

招标过程中，对招标文件所做的所有答疑和补遗，均构成招标文件的组成不分。

2.1.2　技术规格书中设计商务条款的内容如与招标文件商务部分有矛盾时，以商务部分表述为准。

### 2.2　招标文件的答疑和补遗

2.2.1　投标人应认证阅读招标文件，包括所有说明、术语、技术规格书等。如发现招标文件缺页印刷错误等问题，应及时告知招标组织单位，以便补齐；否则，责任自负。

2.2.2　投标人对招标文件提出的疑问应不迟于开标日期前 3 天按本招标公告上写明的联系方式，以书面形式并加盖公章传真和电子邮件方式发送至招标人和招标组织单位。

2.2.3　招标人对招标文件的补遗或答疑，将在投标截止时间前通过招标组织单位在××电子商务平台上公布并书面通知所有潜在投标人，投标人接到通知当天要回函确认。对于投标人未及时了解补遗或答疑信息，造成投标人投标错误，招标人和招标组织单位不负任何责任。

2.2.4　对招标文件两次以上的补遗或答疑如对同一问题的描述有不一致之处，以日期在后的为准。

## 三、投标文件

### 3.1　投标文件的组成

3.1.1　投标文件应包括下列内容：

（1）投标函（附录 1）。

（2）投标保证金复印件（如为投标保函，格式详见附录 2）。

(3) 投标人法定代表人授权书（附录3）。

(4) 投标物资报价表（附表1）。

(5) 物资描述表（附表2）。

(6) 物资报价成本分析表（附表3）。

(7) 法人营业执照（复印件）。

(8) 企业税务登记证（复印件）。

(9) 偏离表（附表4，如有偏离需提供）。

(10) 投标人资格声明（附录4）。

(11) 生产许可证及明细（复印件）。

(12) 投标人近两年经会计师事务所出具的审计报告及财务报表（复印件）。

(13) 生产组织供应能力说明（附录5）。

(14) 组织供应、运输、应急保障及售后服务方案。

(15) 近两年同类项目同类物资中标业绩及履约情况说明表（附表5），并附相关证明材料（附中标通知书、合同及用户证明复印件）。

(16) 投标人情况。

(17) 投标物资技术规格书。

(18) 投标人生产、检验设备及来源证明文件（附表6）。

(19) 投标物资的生产质量保证措施。

(20) 近三年内省部级以上检验、检测机构出具的投标物资主要规格的质量检验报告。

(21) 投标人须提供投标物资运达施工现场后的保护措施和要求。

(22) 投标人认为需要补充的其他文件或资料。

3.1.2 构成投标文件的其他材料。

### 3.2 投标价

3.2.1 投标人应按第六部分“投标文件格式”的要求填写相应表格。

3.2.2 投标报价为每包件物资的到站总价，包括出厂单价、运杂费。投标人应按招标文件要求完成投标物资报价表（附表1）、物资描述表（附表2）和物资报价成本分析表（附表3），表中各栏填写齐全（包括运距）。运杂费一栏应如实填写。

(1) 出厂单价指在物资的生产所在地的装车发运前的价格（不含可抵扣

增值税），包含但不限于材料费、加工费、试验费、包装费、搬运、储存、装车费、服务费及售后服务费等以及所有相关税项费用。除投标人须知前附表另有规定外，投标人报出的出厂单价在合同有效期内必须保持固定有效，否则将导致投标文件被拒绝。

（2）运杂费指投标人把物资由生产所在地完好无损地运至招标人指定交货地点所发生的一切费用。在经济可行的前提下，投标人应优先采用铁路运输方式，并按照招标文件的要求提出详细具体的运输服务方案。

3.2.3　结算实行浮动价

（1）供应期：上月21日至当月20日为一个供应期（以招标人签收日为准）。比较期即为供应期。

（2）基准期：本次招标××基准价计算期为____年__月__日至____年__月__日。

（3）××基准价：基准期内"××网"公布的××交易市场的××分规格价格（不含可抵扣增值税）数据算术平均值为招标物资相同规格对应的基准价。市场无该品种相应规格价格（不含可抵扣增值税）的，其基准价比照同品种相邻规格（即低一规格）价格（不含可抵扣增值税）。

（4）比较价：供应期内"××网"公布的××交易市场的分规格价格（不含可抵扣增值税）数据算术平均值为招标物资相同规格对应的基准价。市场无该品种相应规格价格（不含可抵扣增值税）的，其基准价比照同品种相邻规格（即低一规格）价格（不含可抵扣增值税）。

（5）结算单价调整方法：

当比较价与基准价偏差在××元/吨（含）以内时：

结算单价＝合同单价

当（比较价－基准价）＞××元/吨时，按以下结算单价结算：

结算单价＝合同单价＋(比较价－基准价)－××

当（基准价－比较价）＞××元/吨时，按以下结算单价结算：

结算单价＝合同单价＋比较价－基准价＋××

3.2.4　对于"××"网站没有公布的品种，或因检修停产等原因出现集中采购资源不足，或买方实际用量超出计划用量以及市场出现异常情况，双方协商确定供应结算价格（不含可抵扣增值税）；双方协商无法解决时，报请上一级物资采购中心进行协调。

3.2.5　投标报价为每包件物资的出厂单价。投标人应按照招标文件要求完成投标物资报价表（附表1）、物资描述表（附表2）和物资报价成本分析表（附表3），表格中各栏填写齐全（包括运距）。运杂费一栏不填写。

出厂单价指在物资在生产所在地的装车发运前的价格（不含可抵扣增值税），包含但不限于材料费、加工费、试验费、包装费、搬运、储存、装车费、服务费及售后服务费等以及所有相关税项费用。除投标人须知前附表另有规定外，投标人报出的出厂单价在合同有效期内必须保持固定有效，否则将导致投标文件被拒绝。

3.2.6　投标报价为每包件物资在“××网”北京地区主导的月度算术平均价格（不含可抵扣增值税）基础上的浮动价格，上浮为正，下浮为负。投标人应按照招标文件要求完成投标物资报价表（附表1）、物资描述表（附表2）和物资报价成本分析表（附表3），表中各栏填写齐全（包括运距）。

浮动后价格为每包件物资的到站总价，包括出厂单价、运杂费（含运距）。除投标人须知前附表另有规定外，投标人报出的浮动价格在合同有效期内必须保持固定有效，否则将导致投标文件被拒绝。

（1）出厂单价指在物资在生产所在地的装车发运前的价格（不含可抵扣增值税），包含但不限于材料费、加工费、试验费、包装费、搬运、储存、装车费、服务费及售后服务费等以及所有相关税项费用。

（2）运杂费指投标人把物资由生产所在地完好无损的运至招标人指定交货地点所发生的一切费用。在经济可行的前提下，投标人应优先采用铁路运输方式，并按照招标文件的要求提出详细具体的运输服务方案。

3.2.7　除投标人须知前附表另有规定外，本次招标不接受任何报价折扣。

### 3.3　投标有效期

3.3.1　在投标人须知前附表规定的投标有效期内，投标人不得要求撤销或修改其投标文件。

3.3.2　出现特殊情况需要延长投标有效期的，招标人以书面形式通知所有投标人延长投标有效期。投标人同意延长的，应相应延长其投标保证金的有效期，但不得要求或被允许修改或撤销其投标文件；投标人拒绝延长，其投标失败，但投标人有权收回其投标保证金。

3.4 投标保证金

3.4.1 投标人应为每个投标包件单独出具投标保证金，金额按不少于所投标包件投标总价的1.5%计算，但每包件的投标保证金总计最高不超过80万元。

3.4.2 投标保证金可参与银行汇票、电汇或银行保函方式递交。

如采取银行保函方式，保函出具方应为根据《中华人民共和国商业银行法》的规定名称中允许使用“银行”字样的银行业金融机构。银行保函应按附录2中规定的格式开具，内容应符合附录2所列的实质性要求，招标人不接受增加招标人义务、责任的有条件保函。保函应在投标有效期内保持有效。如果投标保函由多页组成需加盖银行骑缝章。

如采取电汇，则应将投标保证金电汇至招标人账号（见招标公告），并保证在投标截止日期前一个工作日到账，同时在汇款单据中注明“［招标编号］［包件号］投标保证金”字样。

3.4.3 投标保函须与投标文件一起在开标前递交。投标保函自开具之日起生效，并需在投标有效期内保持有效。

3.4.4 投标人应按照招标文件要求的方式和金额递交投标保证金。否则，该投标文件将被拒绝。

3.4.5 下列任一情况发生时，投标保证金将不予退还，同时，招标人将进一步索赔的权利：

（1）投标人在招标文件中规定的有效期内撤回其投标；

（2）中标人在收到中标通知书后，无正当理由拒签合同协议书或未按照招标文件规定提交履约担保。

3.4.6 投标保证金的退还：在××电子商务平台公示评标结果无质疑后，向未被推荐为中标候选人且未出现3.4.5（1）情况的投标人一次性退还投标保证金。中标合同签订后7天内，向其他未出现3.4.5情况的中标候选人一次性退还投标保证金。

3.5 资格审查资料（建议根据此调整3.1投标文件组成）

3.5.1 “投标人基本情况表”应附投标人营业执照副本及其年检合格的证明材料、税务登记证等材料的复印件。

3.5.2 “生产能力证明”应附企业的主要生产设备型号、台套数或生产线条数，日平均生产能力、所生产产品的规格型号和相应检测设备（设施）等证明材料。

3.5.3 “近年财务状况表”应附经会计师事务所或审计机构审计的财务会计报表，包括资产负债表、现金流量表、利润表和财务情况说明书的复印件，具体年份要求见投标人须知前附表。

3.5.4 “质量保证能力证明”应附通过 ISO 9000 质量管理体系认证证书等材料的复印件。

3.5.5 “今年同类物资供货业绩表（新产品除外）”应附中标通知书、合同协议书或用户证明的复印件，具体年份要求见投标人须知前附表。

新产品应按投标人须知前附表的要求提供其技术合格的证明文件。

3.5.6 “履约信用证明”应附企业开户银行出具的信贷证明、至少三家同类投标物资已供买方或使用单位出具的履约情况证明。

3.5.7 “正在实施和新承接的同类投标物资合同情况”应附中标通知书或合同协议书复印件（合同数量及交货期等）。

3.5.8 “近年发生的诉讼及仲裁情况”应说明相关情况，并附法院或仲裁机构做出的判决、裁决等有关法律文书复印件，具体年份要求见投标人须知前附表。

3.5.9 其他资格内容要求见投标人须知前附表。

3.5.10 投标人须知前附表规定接受联合体投标或允许外购的，本章节 3.5.1 项至第 3.5.8 项规定的表格和资料应包括联合体各方或外购方相关情况。

### 3.6 投标文件的编制

3.6.1 投标文件应按照第六部分“投标文件格式”进行编写，版式用 A4 纸（附图、附表除外），文字用中文简体。所有文字、图标必须清晰可辨。如有必要，可增加附页，作为投标文件的组成部分。投标文件应按本章第 3.1.1 项的顺序，连续页码进行编制。

3.6.2 投标文件应当对招标文件有关交货期、交货地点、投标有效期、技术标准和要求、招标内容等实质性能容做出响应。

3.6.3 投标文件应用不褪色的材料书写或打印，并由投标人的法定代表人或其被授权人签字并盖单位章。委托代理人签字的，投标文件应附法定代表人签署的授权委托书。投标文件应避免涂改、行间插字或删除。如果出现上述情况，改动之处应加盖单位章或由投标人的法定代表人或其授权的代理人签字确认。

3.6.4 投标文件正本一份，副本份数见投标人须知前附表，电子版一份。正本和副本的封面上应清楚的标记“正本”或“副本”的字样。当正本、副本、电子版不一致时，以纸质正本为准。

3.6.5 投标文件的正本与副本应分别装订成册，并编制目录，具体装订要求见投标人须知前附表规定。

## 四、投标

### 4.1 投标文件的密封和标记

4.1.1 密封件之一：投标人应将装订好的投标文件正本（投标文件封面应写明“正本”字样）与投标保函正本一起封装在一个包装袋内（包装封面应标明“投标文件正本及投标保函”字样）。

4.1.2 密封件之二：投标人应将所有的投标文件副本（投标文件封面应写明“副本”字样）封装在一个包装袋内。

4.1.3 密封件之三：投标人应将电子版投标文件封装在一个包装袋内（包装封面应标明“电子版”字样）。

4.1.4 上述三个密封件均应按照投标人须知前附表规定注明封套，并密封完好。未按本章节 4.1.1 项、4.1.2 项、4.1.3 项和本项要求密封和加写标记的投标文件，招标人不予受理。

### 4.2 招标文件的递交

4.2.1 投标人应在投标人须知前附表规定的投标截止时间前递交投标文件。

4.2.2 投标人递交投标文件的地点：见投标人须知前附表。

4.2.3 除投标人须知前附表另有规定外，投标人所递交的投标文件不予退还。

4.2.4 招标人收到投标文件后，向投标人出具签收凭证。

4.2.5 逾期送达的或者未送达指定地点的投标文件，招标人不予受理。

### 4.3 投标文件的修改与撤回

4.3.1 在本章节 2.2.2 项规定的投标截止时间前，投标人可以修改或撤回已递交的投标文件，但应以书面形式通知招标人。

4.3.2 投标人修改或撤回已递交投标文件的书面通知应按照本章节 3.6.3 项的要求签字或盖章。招标人收到书面通知后，向投标人出具签收凭证。

4.3.3 修改的内容为投标文件的组成部分。修改的投标文件应按照本章节第 3 条、第 4 条规定进行编制、密封、标记和递交，并标明“修改”字样。

## 五、开标与评标

### 5.1 开标

5.1.1 开标时间与地点：招标人在投标人须知前附表规定的开标时间和地点公开开标，并邀请所有投标人的法定代表人或其委托代理人准时参加。

5.1.2 投标人名称、投标包件号、投标保证金、投标报价与招标人将宣布的其他事项，将在开标会上宣读并记录。

5.1.3 若宣读的内容与投标文件不符，投标人有权在开标现场提出异议，经现场监督人员当场核查确认后，可重新宣读其投标文件。若投标人现场未提出异议，则视为投标人已确认招标人宣读的结果。

5.1.4 招标组织单位将做开标记录，投标人代表应签字确认。投标人是否在开标记录上签字不影响开标记录的有效力。

### 5.2 评标

5.2.1 评标委员会：招标组织单位负责依法组建评标委员会。

5.2.2 评标方法：评标委员会按照第五部分“评标办法”规定的方法、评审因素、标准和程序对投标文件进行评审。第五部分“评标办法”没有规定的方法、评审因素和标准，不作为评审依据。

本次评标采用经评审的最低投标价法，即对投标人资格、业绩、财务状况、投标报价和技术文件进行合格性评审，并将通过评审的投标人按投标报价由低至高进行排序，推荐前三名为中标候选人，但低于成本或超过招标人可以接受价格（不含可抵扣增值税）的除外。

（本次评标采用经的综合评分法，评标委员会对通过符合性检查和资格性检查的每个投标方，按照招标文件中规定的各项平分因素进行综合评审后，以评标总得分由高到低进行排序，推荐前三名为中标候选人。）

5.2.3 评标程序：本次评标按符合性审查、商务和技术审查、投标报价审查、推荐中标候选人、完成评标报告程序进行。具体详见评标办法。

5.3 投标文件的澄清

5.3.1 评标委员会可以要求投标人对投标文件中含义不明确的内容作必要的澄清，但澄清不得超出投标文件的范围或改变投标文件的实质内容。

5.3.2 评标委员会不接受投标人主动提出的澄清要求。

5.4 推荐中标候选人

评标委员会将根据评标办法规定推荐中标候选人。

## 六、定标

6.1 定标

6.1.1 招标人根据评标委员会提出的书面评标报告和推荐中标候选人，确定排名第一的中标候选人为中标人。

6.1.2 排名第一的中标候选人放弃中标或因不可抗力提出不能履行合同，或未按招标文件的规定签订合同，招标人可以按中标候选人排序依序确定中标人。

6.2 中标通知书

招标人确定中标人后，将向中标人发出书面中标通知书。中标通知书将构成合同的一部分。

## 七、授予合同

### 7.1 授予合同的标准

7.1.1 招标人将把合同授予根据招标文件规定确定的中标人。
7.1.2 招标人不承诺将合同授予报价最低的投标人。

### 7.2 调整

合同签订时，招标人有权根据实际工程要求对交货数量、交货地点和交货期限进行调整，但数量调整范围应不超过原采购数量的__%。如因交货地点的调整导致运距大幅增加，招标人和中标人应根据实际情况协商调整运杂费。

### 7.3 履约担保

7.3.1 在合同签订前，中标人应按照投标人须知前附表规定的金额、担保形式和招标文件第二部分“合同条款”规定的履约担保格式向招标人提交履约担保。联合体中标的，其履约担保由牵头人递交，并应符合投标人须知前附表规定的金额、担保形式和招标文件第二部分“合同条款”规定的履约担保格式要求。

7.3.2 中标人不能按本章7.3.1项要求提交履约担保的，视为放弃中标，其投标保证金不予退还，给招标人造成的损失超过投标保证金的，中标人还应当对超过部分予以赔偿。

### 7.4 签订合同

中标人应在中标通知书指定的时间与招标人签订书面合同，若应中标人原因未按规定的时间签订合同，其中标资格将被取消，其投标保证金将不予退还。

## 八、其他

8.1 保密

8.1.1 招标人不得向其他人透露已获取招标文件的潜在投标人的名称、数量以及可能影响公平竞争的有关招投标的其他情况。

8.1.2 有关招标文件的发售、投标文件的审查、澄清、评估与比较以及授予合同意向等有关的一切情况，均不得透露给投标人及其他任何与上述评审工作无关的人。

8.2 重新招标和不再招标

8.2.1 若出现下列规定的情况时，则重新招标：

(1) 递交投标文件的投标人少于三个；

(2) 所有投标均被评标委员会否决的；

(3) 所有投标报价均超过招标人可以接受的价格（不含可抵扣增值税）时；

(4) 其他原因需要重新招标的。

8.2.2 按照8.2.1规定重新招标后，投标人仍少于3个的，报有关监督部门备案后可以不再进行招标。

# 第二部分　合同文件

## 一、合同协议书（格式）

### 合同协议书

招标编号：

合同号：

买方：

卖方：

根据招标文件、中标通知书、卖方的投标文件及相关保证和承诺，就第____包号（项目编号：____）物资的采购和供应，买卖双方同意按以下合同条件签署买卖合同并共同遵守。

1. 合同中的名词及术语与以下涉及的合同条款中定义的名词及术语意义相同。

2. 本合同协议书及所附下列文件是构成合同不可分割的部分。

（1）中标通知书；

（2）合同条款；

（3）订货明细表；

（4）技术规格书；

（5）投标文件（含经评标委员会接受的澄清和补充资料）；

（6）招标文件；

（7）本合同协议书其他条款中和上述文件中提到属于合同组成部分的其他有关文件。

上述文件应相互补充和相互解释，在不明确或矛盾时，应按以上顺序在先者为准。

3. 本合同到站总价/到站单价/浮动价格为人民币（用文字和数字表示的合同价）元整。

4. 卖方保证按合同规定向买方提供符合合同要求的物资和服务，买方保证按合同规定支付价款。

5. 本合同应按照中华人民共和国的现行法律进行解释。

6. 对合同有任何修改或补充，应签订补充协议。补充协议应为书面形式，且需经双方代表签字和加盖公章，其构成合同的一部分。

7. 本合同正本一式两份，买卖双方各执一份，具有同等法律效力；副本__份，买卖双方各执__份，股份公司物资集中采购中心执一份。

8. 本合同自____年__月__日经买卖双方代表签字、加盖公章后生效。

**附件：订货明细表**

| | |
|---|---|
| 买方全称： | 卖方全称： |
| （公章） | （公章） |
| 地　址： | 地　址： |
| 邮　编： | 邮　编： |

开户银行名称 ： 开户银行名称：
银行账号： 银行账号：
联系人： 联系人：
电　话： 电　话：
法定代表人或授权人签字： 法定代表人或授权人签字：

日　期：　　年　　月　　日

## 二、合同条款

### 1. 定义

在合同中，有关名词和术语按下列解释：

（1）“合同”指买方和卖方之间达成的中标合同，包括合同协议书及所有的附件和其中提到属于合同组成部分的其他有关文件，对买方与卖方都具有约束力。

（2）“合同总价”指根据本合同规定卖方在正确地完全履行合同义务后，买方应支付给卖方的价款。

（3）“合同物资”指根据本合同规定，卖方须向买方提供订货明细表规定的一切物资。

（4）“服务”系指根据本合同规定卖方承担与供货有关的辅助服务，如运输、保险以及其他的伴随服务，例如安装、调试、提供技术援助、培训和合同中规定卖方应承担的其他义务。

（5）“买方”指与卖方签订合同的当事人。

（6）“卖方”指与买方签订合同的当事人。

（7）“监理单位”是指作为合同物资到达施工现场验收单位之一。

（8）“卖方代表”指卖方委派的负责与买方等相关单位联系的人员。

（9）“日”指日历日。

### 2. 合同范围

2.1　买方同意从卖方购买、卖方同意向买方出售符合合同规定的合同物资。

2.2　卖方应根据合同规定交付合同物资、提供技术服务并履行其他义务。

3. 结算和支付

3.1 结算价格（不含可抵扣增值税）的确定

3.1.1 结算实行浮动价

（1）供应期为：上月21日至当月20日为一个供应期（以招标人签收日为准）。比较期即为供应期。

（2）基准期：本次招标××基准价计算期为____年__月__日至____年__月__日。

（3）××基准价：基准期内"××网"公布的××交易市场的××分规格价格（不含可抵扣增值税）数据算术平均值为招标物资相同规格对应的基准价。市场无该品种相应规格价格（不含可抵扣增值税）的，其基准价比照同品种相邻规格（即低一规格）价格（不含可抵扣增值税）。

（4）比较价：供应期内"××网"公布的××交易市场的分规格价格（不含可抵扣增值税）数据算术平均值为招标物资相同规格对应的基准价。市场无该品种相应规格价格（不含可抵扣增值税）的，其基准价比照同品种相邻规格（即低一规格）价格（不含可抵扣增值税）。

（5）结算单价调整方法：

当比较价与基准价偏差在××元/吨（含）以内时：

结算单价＝合同单价

当（比较价－基准价）＞××元/吨时，按以下结算单价结算：

结算单价＝合同单价＋(比较价－基准价)－××

当（基准价－比较价）＞××元/吨时，按以下结算单价结算：

结算单价＝合同单价＋比较价－基准价＋××

3.1.2 对于"××"网站没有公布的品种或因检修停产等原因，出现集中采购资源不足或买方实际用量超出计划用量以及市场出现异常情况，双方协商确定供应结算价格（不含可抵扣增值税）；双方协商无法解决时，报请股份公司物资采购中心进行协调。

3.1.3 本合同价格为RMB×××，×××，×××，（大写：人民币……元整），包括合同物资出厂价RMB×××，×××，×××，（大写：人民币……元整）及运杂费RMB×××，×××，×××，（大写：人民币……元整)，具体分项价格详见订货明细表。

3.1.4　合同结算单价为对应供应期内（每月 21 日至次月 20 日），“××网”北京地区主导的相应规格对应网价（没有相应网价的特殊规格，以相邻较小规格网价为准）月度算术平均价格（不含可抵扣增值税）为基础，加上浮动价格。

3.2　除合同另有规定外，上述合同价格为卖方履行本合同所有义务的固定价格。

3.3　货款的结算

每月上旬，买方按月和卖方办理货款结算手续。货款结算前，卖方需向买方提供下列文件，文件送达买方后十日内双方办理结算手续。

(1) 已交货且未结算物资的全额发票、运杂费发票及付款申请；

(2) 买方出具或认可的验收单据。

3.4　贷款的支付

买方收到 3.3 所列的单据，按合同条款约定对单据的真实性、准确性进行审核，作为支付的依据。在扣除该批物资价值 5%的质量保证金后，30 天内向卖方支付该批物资 95%的价款。

3.5　结算与支付

先款后货。由买方在合同签订后十个工作日内按不低于合同金额的____%向卖方预付货款，货款包括：料款、运杂费等费用。合同执行以实际结算金额为准，多退少补。

4　标准和实用性

4.1　本合同下交付的合同物资应符合技术规格书所述的标准。如果没有提及适用标准，则应符合中华人民共和国有关机构发布的最新版本标准。

4.2　除非技术规格书中另有规定，计量单位均采用中华人民共和国法定计量单位。

5. 技术资料

5.1　卖方有义务向买方按照本合同规定提供技术资料。所有技术资料均应以印刷版和电子版两种形式提供，如技术资料印刷版和电子版不一致，以印刷版为准。

5.2　卖方应按照本合同规定的技术资料内容、份数及交付计划提交技术资料，并随交付的每件技术资料提供两份标明序号、文件号、资料名称和页码的详细清单。

5.3　如技术资料发生任何遗失、损坏或短少，卖方应自收到买方书面通知起15日内免费补足或更换。

6. 知识产权

卖方应保证，买方使用本合同物资或物资的任何一部分时，免受第三方提出的侵犯其专利权利、商标权、著作权或其他知识产权的起诉。如有发生，卖方将承担全部责任以及由此所发生的全部费用。

7. 联络

7.1　买方应按项目设卖方代表，负责物资生产、供货、质量检验、交接、调试、技术服务等环节的业务协调以及买方等相关单位的联络，并在合同生效后3日内向买方书面提供卖方代表的姓名、职务、联系方式及授权书。

7.2　卖方代表的变更、撤销应获得买方的认可。买方有权根据卖方的工作情况，提出撤换人员的要求。卖方根据7.1款的要求尽快重新任命上述人员。

8. 计划和报告

8.1　在合同签署后，买方在每月____日之前向卖方下达下月供应订单，订单数量应和工程进度情况相吻合，卖方在收到供货订单后须按照供货订单的要求开始供货。

8.2　卖方收到供货订单2日内，应向买方提交可行的生产、运输供应方案，若卖方未提供生产、运输供应方案，则根据卖方投标文件中提供的方案执行。如买方认为需要调整，卖方应根据要求修改以上方案。

8.3　买方依据工程进度情况可向卖方下达应急变更订单，卖方收到后5日内安排供货。

9. 检验、检测

9.1　在交货前，卖方应按照合同要求对合同物资的质量、规格、性能、数量和重量等进行全面详细的检验，并出具一份证明合同物资符合合同规定的检验证书，并附相关检验报告，该证书不能减轻或免除卖方依据本合同规定应当承担的责任和义务。

9.2 买方有权参加在交货之前对物资的检验与测试。卖方应免费提供工作条件，包括但不限于必要的技术资料、检测工具和仪器。

9.3 如技术规格书中对检验、测试有明确规定，从其规定。

10. 包装和标记

10.1 卖方提供的全部合同物资均应按技术规格书规定进行包装，包装应适应运输、装卸、防潮、防雨、防震、防锈、防腐蚀及防止其他损坏的必要保护措施，从而保证合同物资能够安全无损运抵合同约定地点。

10.2 合同物资的包装、标记和证件，必须符合《产品质量法》及技术规格书规定的内容，严格遵守国家有关规定和买方的合理要求。

10.3 由于包装不当或采取防范措施不充分致使合同物资损坏或丢失时，卖方均应按照合同的规定负责修理、更换或赔偿。如因卖方原因造成合同物资的误运，卖方承担由此发生的额外费用。

10.4 在每批合同物资供货时都应附有下列单据：

(1) 发货清单一式三份；

(2) 检验证书一式三份；

(3) 安装调试使用说明书一式三份（如有）。

11. 运输和保险

11.1 卖方负责办理合同物资在运抵目的地途中的运输保险。卖方应将物资完好无损地运送到合同约定地点。

11.2 物资运输途中的损坏、丢失的风险由卖方承担并由卖方与承运人、承保人办理理赔事宜。

11.3 卖方应按照需求计划按月组织供应，合同物资应在要求的时间前送达交货地点。

11.4 卖方应在物资装车/船前24小时内以传真或口头形式将合同号、物资名称、数量、运输工具名称、车/船号及启运日期通知买方。

12. 验收

12.1　物资运抵交货地点后，卖方及买方或买方指定的单位应按卖方提供的发货物资清单对到货数量、外观、规格型号、合格证、质量证明书等进行核对查验。查验合格后，买方向卖方出具《收货证明》，物资所有权转移给买方。此《收货证明》不作为判定物资质量的依据。

12.2　验收根据技术规格书约定的方式进行。如需复测，买方抽样复测以买方监理单位认可的实验室检测结果为准，卖方对检验结果有异议的，以买卖双方认可或共同选择则的升级以上质量检测部门检测结果为准。如果任何被检测或测试的物资不能满足技术规格的要求，买方可以拒绝接受该物资。卖方应更换被拒接的物资，并承担上述检验费用。

12.3　合同物资经验收合格后，买方向卖方出具《进厂材料检验合格证明》，但不解除卖方对其物资应负的质量责任。

12.4　买方在物资到达最终目的地后对物资进行检验、测试及必要时拒绝接受物资的权利将不会因为物资在从卖方制造厂启运前通过了买方或其代表的检验、测试和认可而受到时间限制或放弃。

13. 保证

13.1　卖方保证严格按照合同要求提供合同相关物资及相关服务，并对所提供合同物资的质量负责。

13.2　卖方保证合同项下的所有合同物资是采用先进的工艺和合格的材料制成，提供的物资及其组件应是全新、未使用过的合格品，并完全符合技术规格书规定的质量、规格、性能和技术标准的要求。由于工艺材料的问题而导致物资的任何缺陷，卖方应承担全部责任以及由此发生的全部费用。

13.3　卖方保证所交付的技术资料是完整的、清楚的和正确的。

13.4　合同物资的质量保证期为每批合同物资交货验收合格后的3个月。

13.5　质量保证期内，如发现合同物资存在缺陷，卖方保证：在收到买方缺陷通知后三天内到达现场、提出解决方案，并按买方的要求自担风险和费用，修理或更换有缺陷的合同货物或采取其他补救/赔偿措施。在质量保证期内修理或更换的合同物资的质量保证期应在买方研究后重新算起。

13.6　卖方保证对由于生产制造及未交付买方前的原因造成物资的任何

缺陷负责，卖方收到买方关于物资缺陷书面通知时，保证迅速进行缺陷修补、更换，其费用买方均不负责。

13.7　卖方应保证其是合同物资的合法持有者，使买方免于因使用合同物资受到第三方侵权的诉讼。如买方因使用合同物资受到第三方的诉讼，卖方应在买方的协助下自费处理与第三方的诉讼并赔偿买方由此造成的任何费用和损失。

13.8　如发生质量纠纷，双方应协商解决。

13.9　卖方在合同物资质量保证期外但在寿命期内提供的其他服务，费用由买卖双方商定。

14. 变更及合同修改

14.1　在合同执行过程中，买方可以依据工程进度提前三十日向卖方发出书面变更通知，按实际需要对合同技术规格、数量、交货地点和交货期进行调整，卖方应予执行。买卖双方应根据调整内容签订补充协议。

14.2　合同数量调整时，由双方另行协商确定调整数量和供应价格（不含可抵扣增值税）。

14.3　由于买方要求调整物资规格、数量或者变更交货地点，卖方可以申请延长履约时间并书面通知买方，买方同意后执行。

15. 转让与分包

在没有买方事先书面许可的情况下，卖方不得将合同项下的任何权利或义务转让、分包给第三方。

16. 索赔

16.1　如果卖方未履行其在合同下所应承担的责任和义务，在不妨碍买方要求卖方支付违约金（如有）的情况下，买方可向卖方提出索赔，卖方同意按下列一种或两种结合起来的方式承担赔偿事宜。

（1）卖方同意退货并将已付货款退还给买方，并承担由此产生的一切损失和费用，包括但不限于利息、银行手续费、运费、保险费、检验费、仓储费、装卸费、退回物资所发生的其他费用。

(2) 用合格的合同物资更换或修复有缺陷的物资，卖方应承担一切费用和风险，并且应在重新起算的质量保证期内对更换后的物资做出质量保证。

16.2　如果关于合同物资质量的索赔通知是在质量保证期满后第三十个工作日以前提出的，索赔便应被认为是有效的。关于对卖方其他违约行为的索赔，不受上述期限的限制。

16.3　若卖方在收到买方索赔通知后20天内未予书面回复，该索赔要求将视为被卖方接受。

16.4　若卖方未能按16.1款规定的方式在约定时间内消除质量缺陷，买方可自行采取措施消除该质量缺陷，由此而产生的一切费用由卖方承担。

17. 迟交违约赔偿

17.1　迟交是指在合同有效期内，卖方执行分期供应订单出现下列情况：

(1) 提供物资品种或规格与供货订单要求不符，影响买方项目进度；

(2) 不能按期交货或交货期内提供物资数量不能买足订单数量要求；

(3) 交货地点发生错误；

(4) 卖方提供的物资质量不能满足买方要求，且不能按时提供退换的。

17.2　在合同有效期内，若卖方执行合同出现迟交情况时，应及时以书面形式将拖延的事实、可能拖延的时间和原因通知买方。买方在收到卖方通知后，应尽快对情况进行分析评价，并且书面确定是否同意延长交货时间以及是否收取迟交违约金。

17.3　除合同条款第14.6、17.2款约定的情况外，如果卖方没有按照合同规定的时间交货或提供服务，在不影响买方行使合同项下其他补救措施的情况下，买方有权从应付货款中扣除迟交违约金。每延误一周（延误时间少于一周的，应按一周计算）的违约金按迟交合同物资到站价格千分之五（5‰）计扣，直至交货或提供服务为止。迟交违约金的最高限额为合同总价的百分之三（3%）。

18. 终止合同

18.1　在买方对卖方下列任一违约而采取的任何补救措施不受影响的情况下，买方可向卖方发出书面违约通知书，终止部分或全部合同：

18.1.1 如果卖方未能在合同约定的期限后5周内或根据合同条款第14.6、第17.2款的约定同意延长的期限后5周内交付全部合同物资。

18.1.2 如果卖方未能履行合同约定的包括但不限于第14.1款等其他义务。

18.1.3 如果买方有充分依据证明卖方在本合同的竞争和实施过程中有腐败和欺诈行为即属于下述定义条件：

（1）“腐败行为”是指提供、给予、接受或索取任何有价值的物品来影响买方在合同实施过程中的行为。

（2）“欺诈行为”是指为了影响采购过程或合同实施过程而谎报或隐瞒事实，损坏买方利益的行为。

18.2 第21.1款不可抗力时间的情况下的合同终止应按照第21.3款规定办理。

18.3 如果买方根据上述第18.1款的约定，终止了部分或全部合同，买方可以依其认为适当的条件和方法购买与未交物资类似的物资或服务，卖方应承担买方因购买类似物资或服务而产生的额外支出。在终止部分合同情况下，卖方应继续执行合同中未终止的部分。

## 19. 履约保证金

19.1 履约保证金的有效期为合同物资最后一批交货验收后一个月。

19.2 履约保证金在有效期满后一个月内无息退还。

19.3 履约保证金因卖方原因导致物资交货时间延长，其履约保函有效期应相应延长。

19.4 如果卖方未履行本合同项下卖方的任何义务或其履行不符合本合同的规定，买方有权从履约保函中索赔。

19.5 履约保证金的退还或不予退还并不免除卖方对已交付物资的质量保证责任。

## 20. 保密

20.1 任何一方应对其或其人员在合同履行过程中所获得或了解的另一方的商业秘密（包括但不限于合同条文、技术规格书、计划、图纸、模型、样品及相关资料）承担保密义务。未经对方事先的书面许可，任何一方不得利用或披露这些信息。

20.2 对于其或其技术人员在合同履行过程中所获得或了解的商业秘密，任何一方均应承担保密义务。未经对方事先的书面许可，任何一方不得利用或披露这些信息。

20.3 如果买方要求，卖方应在合同履行完成后将涉及上述商业秘密的文件及一切复印件归还买方。

20.4 保密义务不适用于下列信息：

(1) 现在或以后进入公共领域的信息；

(2) 能够证明在泄漏时已被一方当事人持有而且并非是以前直接或间接地从另一方获得的信息；

(3) 一方当事人合法地从第三方获得并且也不对此承担保密义务的信息。

21. 不可抗拒力

21.1 如果合同在任何一方受诸如战争、严重火灾、台风、地震、洪水以及任何其他不能预见、不能避免且不能克服的不可抗力事件的影响而无法履行合同项下的任何义务，受影响的合同一方应将此类事件的发生通知合同另一方，并应在不可抗力事件发生后 14 日内将有关政府或机构出具的证明文件提交给合同另一方。

21.2 受不可抗力事件影响的合同一方对于不可抗力事件导致的任何合同义务的延迟履行或不能履行不承担责任。但该合同方应尽快将不可抗力事件结束或消除的情况通知合同另一方。

21.3 合同双方应在不可抗力事件结束或其影响消除后，立即继续履行其合同义务，合同期限也应相应延长。如果不可抗力事件的影响持续超过 15 日，合同任何一方均有权以书面通知部分或全部终止合同。

22. 税费

22.1 按中华人民共和国相关税法征收的与买方合同执行有关的一切税费由买方支付。

22.2 按中华人民共和国相关税法征收的与卖方合同执行有关的一切税费由卖方支付。

23. 争议的解决

执行合同过程中出现争议时，买卖双方应本着公平、合理的原则及时友好协商解决。如在60天内未能解决，应提交买方所在地的仲裁机构解决或在买方所在地提起诉讼解决。

24. 其他

买卖双方通过代表联络合同执行有关事宜，一切交往函电均应为书面形式。

## 三、大宗招标物资采购廉政协议书

# 大宗招标物资采购廉政协议书

甲方（采购人）：

乙方（中标人）：

项 目 名 称：

合同金额（大写）：

为进一步完善监督制约机制，确保招标采购工作质量、规范采购供应双方的各项活动、预防职务犯罪行为以及各种不正当的行为发生，在物资集中采购工作中保持采购人的廉洁自律，保护国家、集体和当事人的合法权益，根据国家有关廉政建设的各项规定，并结合××公司实际，订立本协议如下：

一、甲乙双方应当自觉遵守国家法律法规以及有关党风廉政建设的各项规定。

二、甲方工作人员应保持与乙方的正常工作交往，不得接受乙方的礼金、有价证券和贵重物品，不得在乙方报销任何应由个人支付的费用，不得以任何形式向乙方索要和收受回扣或变相收受贿赂。

三、甲方工作人员不得参加可能对公正执行公务有影响的宴请和娱乐活动。

四、甲方工作人员不得要求或者接受乙方为其住房装修、婚丧嫁娶、家属或子女工作安排以及出国等提供方便。

五、甲方工作人员不得向乙方介绍亲属或亲友从事与甲方工作有关的经济活动。

六、乙方应当通过正常途径开展相关业务工作，不得向甲方工作人员赠送礼金、有价证券和贵重物品等。

七、乙方不得以谋取私利擅自与甲方工作人员就有关采购工作问题进行私下商谈或者达成默契。

八、乙方不得以洽谈业务、签订经济合同为借口，邀请甲方工作人员外出旅游或进入营业性高消费娱乐场所。

九、乙方不得为甲方单位或个人购置或者提供通信工具、交通工具、家电、高档办公用品等。

十、乙方如发现甲方工作人员有违反上述协议者，应向领导或者甲方上级主管单位举报。甲方不得以任何借口对乙方进行报复。

十一、本项目进行中，如发现甲方工作人员违反上述协议者，视情况予以批评、通报、警告直至开除；情节严重者将追究其经济与法律责任。

十二、本项目进行中，如发现乙方工作人员违法上述协议，根据管理权限将依据有关法律和规定予以党纪政纪处分或组织处理。情况严重者将追究其经济法律责任。

十三、本协议作为合同的附件，与合同具有同等法律效力。经双方签署后立即生效。

十四、本协议有效期为双方签署之日起至该项目验收合格时止。

十五、本协议一式四份，有甲一方各执一份，送交甲乙双方的监督单位各一份。

十六、本协议执行情况的监督检查由××公司纪检、监审部门负责。

甲方（盖章）　　　　　　　　　　乙方（盖章）

法定代表人或委托人（签字）：　　法定代表人或委托人（签字）：

承办人（签字）：　　　　　　　　承办人（签字）：

签订日期：　　　年　　月　　日

# 第三部分 物资需求一览表

**物资需求一览表**

| 招标人名称： | | | | 招标编号： | | | | | | 包件号： | | |
|---|---|---|---|---|---|---|---|---|---|---|---|---|
| 物资序号 | 招标编号 | 项目简称 | 物资名称 | 规格型号 | 标准或图号 | 计量单位 | 数量 | 交货地点 | 收货人 | 交货状态 | 交货条件 | 交货期 |
| | | | | | | | | | | | | |
| | | | | | | | | | | | | |
| | | | | | | | | | | | | |
| | | | | | | | | | | | | |
| 合计 | | | | | | | | | | | | |
| | | | | | | | | | | | | |
| | | | | | | | | | | | | |

## 第四部分　技术规格书

1. 总则
2. 名词术语
3. 采用技术标准
4. 技术要求
5. 技术条件
6. 规格和数量（含需要提供的备品备件）
7. 检验与验收
8. 质量保证
9. 出厂实验检测
10. 运输

## 第五部分　评标办法

### 一、总则

1.1　为保证本次采购招标评标工作顺利进行，依据公平、公正、科学、择优的原则，特制定本评标办法。

1.2　本评标办法依据《中华人民共和国招投标法》、《中华人民共和国招投标法实施条例》、《评标委员会和评标方法暂行规定》（七部委2001年第12号令）、《工程建设项目货物招标投标办法》（七部委第27号令）的有关规定并结合本次招标特点制定。

### 二、评标组织机构

2.1　负责本次招标评标的组织工作。

2.2　评标委员会由招标人代表以及从股份公司评标专家库中随机抽取的有关技术、经济等方面的专家组成，成员人数为五人（含五人）以上单数，其中技术、经济等方面的专家不少于成员总数的三分之二。评标委员会负责整个评标工作。

2.3　评标委员会在监督部门的监督下负责评标、推荐中标候选人。如果评标委员会成员对审议事项存有不同意见，以评标委员会成员三分之二以上多数的意见为准。如仍然无法达成一致，审议事项应在重新评审后，以评标委员会成员简单多数的意见为准。

2.4　评标委员会可下设工作组，负责协助评标委员会工作。

## 三、评标工作程序（最低投标价法）

3.1　评标办法

本次评标采用经评审的最低投标价法，即对投标人资格、业绩、财务状况、投标报价和技术文件进行合格性评审，并将通过评审的投标人按投标报价由低到高进行排序，推荐前三名为中标候选人，但低于成本或超过招标人可以接受价格（不含可抵扣增值税）的除外。

3.2　重大偏差（根据七部委 27 号令规定添加）

3.3　符合性审查

符合性审查主要对投标人投标保证金、投标文件编制、装订、签署及完整性进行审查，不符合招标文件相关规定的投标人做废标处理。

3.4　商务、技术审查

3.4.1　商务审查只要审查投标人是否提供了合格的以下文件：

（1）投标函；

（2）投标保函；

（3）法定代表人授权书；

（4）制造厂资格声明；

（5）营业执照、税务登记复印件；

（6）ISO 9000 质量管理体系认证证书复印件；

（7）投标物资交货数量、交货期及交货地点；

（8）投标物资报价表、物资描述表、报价成本分析表；

（9）投标人经验和业绩；

（10）审计报告及经审计的财务报表；

（11）供应、运输、售后服务方案；

（12）投标文件的装订；

（13）投标人为影响招标文件而提供的其他文件和资料；

（14）生产许可证。

3.4.2　技术审查主要审查投标人是否提供了合格的以下文件：

（1）规格型号；

（2）产品质量检测报告；

（3）主要原材料来源及质量控制；

（4）投标物资的生产组织供应能力分析；

（5）生产质量保证措施；

（6）生产设备及检验设备；

（7）投标物资主要技术指标和性能。

没有按招标文件相关规定提供以上资料的投标人做废标处理。

3.5　投标报价审查

3.5.1　算数性计算错误的修正

评标委员会按照以下规定对投标报价进行算术性计算错误修正：

（1）如果用数字标识的金额与用文字标识的金额不一致时，以文字金额为准，修正数字表示的总价、合价和单价；

（2）如果单价和合价不符或合价与总价不符，以单价为准，修正合价，以合价为准，修正总价；单价金额小数点有明显的错误除外。

3.5.2　投标报价按照评标委员会根据上述过程的修正值予以调整，投标人应被视为受此约束。如果投标人不接受修正过后的报价，其投标将被拒绝。

3.5.3　低于成本价的认定

如果投标人投标报价低于所有通过符合性审查、商务审查和技术审查的投标人投标报价平均值的____%（不含），则该投标人报价视为低于成本价，做废标处理。

3.6　推荐中标候选人

将通过符合性审查、商务审查、技术审查和投标报价审查的投标人按投标报价由低到高排序，得分前三名推荐为中标候选人。

3.7　完成评标报告

评标委员会负责编制评标报告。评标报告由全体评标委员及监督人共同签字确认。

3.8　中标人的确定

在被推荐的中标候选人中，招标人将确定排序第一者为中标人。如果排名第一的中标候选人放弃中标或因不可抗力提出不能履行合同，或未按照招标文件的规定提交履约保证金或未按照招标文件的规定签订合同，招标人可以按中标候选人排序依序确定中标人。

## 四、评标工作程序（综合评分法）

4.1　评标方法

本次评标采用经评审的综合评分法，评标委员会对通过符合性检查和资格性检查的每个投标方，按照招标文件中规定的各项评分因素进行综合评审后，以评标总得分由高到低进行排序，推荐前三名为中标候选人。

4.2　重大偏差（根据七部委 27 号令规定添加）

4.3　符合性审查

符合性审查主要对投标人投标保证金、投标文件编制、装订、签署及完整性进行审查，不符合招标文件相关规定的投标人做废标处理。

4.4　商务、技术审查

4.4.1　商务审查只要审查投标人是否提供了合格的以下文件：

（1）投标函；

（2）投标保函；

（3）法定代表人授权书；

（4）制造厂资格声明；

（5）营业执照、税务登记复印件；

（6）ISO 9000 质量管理体系认证证书复印件；

（7）投标物资交货数量、交货期及交货地点；

（8）投标物资报价表、物资描述表、报价成本分析表；

（9）投标人经验和业绩；

（10）审计报告及经审计的财务报表；

（11）供应、运输、售后服务方案；

（12）投标文件的装订；

（13）投标人为影响招标文件而提供的其他文件和资料；

（14）生产许可证。

4.4.2　技术审查主要审查投标人是否提供了合格的以下文件：

（1）规格型号；

（2）产品质量检测报告；

（3）主要原材料来源及质量控制；

（4）投标物资的生产组织供应能力分析；

（5）生产质量保证措施；

（6）生产设备及检验设备；

（7）投标物资主要技术指标和性能。

没有按招标文件相关规定提供以上资料的投标人做废标处理。

4.5 投标报价审查

4.5.1 算数性计算错误的修正

评标委员会按照以下规定对投标报价进行算术性计算错误修正：

（1）如果用数字标识的金额与用文字标识的金额不一致时，以文字金额为准，修正数字表示的总价、合价和单价；

（2）如果单价和合价不符或合价与总价不符，以单价为准，修正合价，以合价为准，修正总价；单价金额小数点有明显的错误除外。

4.5.2 评标价的评定

（1）本次评标价以每包件物资的到站合价总计金额予以评定；

（2）如果发现投标供货范围有非实质性的遗漏，为便于公平比较，遗漏部分的价格（不含可抵扣增值税）要用同一包件所有投标中相同部分的最高报价计入评标价。

4.5.3 投标报价按照评标委员会根据上述过程的修正值予以调整，投标人应被视为受此约束。如果投标人不接受修正过后的报价，其投标将被拒绝。

4.6 综合打分

根据附表标准对投标人资格、业绩、财务能力、投标报价和组织供应方案进行打分。

4.7 推荐中标候选人

将投标人按得分从高到低排序，得分前三名推荐为中标候选人。

4.8 完成评标报告

评标委员会负责编制评标报告。评标报告由全体评标委员及监督人共同签字确认。

4.9 中标人的确定

在被推荐的中标候选人中，招标人将确定排序第一者为中标人。如果排名第一的中标候选人放弃中标或因不可抗力提出不能履行合同，或未按照招标文件的规定提交履约保证金或未按照招标文件的规定签订合同，招标人可以按中标候选人排序依序确定中标人。

**附件：打分细则**

| 序号 | 评审内容 | 分值 | 评分标准 | |
|---|---|---|---|---|
| 一、商务部分（合计20分） | | | | |
| 1 | 投标人财务状况 | 3 | 2～3分 | 投标人财务状况良好，具备实施本项目合同较强的资金保障能力 |
| | | | 1～2分 | 投标人财务状况一般，具备实施本项目合同的资金保障能力 |
| | | | 0～1分 | 投标人财务状况差，基本具备实施本项目合同的资金保障能力 |
| 2 | 投标人业绩和信用 | 3 | 2～3分 | 近三年来同类物资的销售数量大，并在多个类似工程中使用，无合同违约现象，多次获得用户好评 |
| | | | 1～2分 | 近三年来同类物资的销售数量较大，并在多个类似工程中使用，无合同违约现象 |
| | | | 0～1分 | 近三年来同类物资的销售数量较少，未曾在类似工程中使用，合同履行情况欠佳 |
| 3 | 组织供应、运输、服务方案 | 6 | 4～6分 | 组织供应、运输方案具体、完整、合理，有完善的服务方案和应急预案 |
| | | | 2～4分 | 组织供应、运输方案具体、完整、基本合理可行，有服务方案和应急预案 |
| | | | 0～2分 | 组织供应、运输方案欠合理，服务方案和应急预案欠完善 |
| 4 | 投标文件的编制情况 | 3 | 2～3分 | 投标文件制作和格式完全符合招标文件要求，文字表述准确，无错漏现象 |
| | | | 1～2分 | 投标文件制作和格式基本符合招标文件要求，文字表述基本准确，有个别错、漏现象 |
| | | | 0～1分 | 投标文件制作和格式不符合招标文件要求，文字表述不准确，有较多的错漏现象 |

续前

| 序号 | 评审内容 | 分值 | 评分标准 | |
|---|---|---|---|---|
| 二、技术部分（合计 10 分） | | | | |
| 5 | 制造生产能力 | 2 | 1.5～2 分 | 对招标物资所投入的生产、检测设备齐全、先进，具备充足的供应能力 |
| | | | 0.5～1.5 分 | 对招标物资所投入的生产、检测设备配置基本合理，具备本项目的供应能力 |
| | | | 0～1.5 分 | 对招标物所资投的入生产、检测设备配置欠合理，基本具备本项目的供应能力 |
| 6 | 制造生产经验 | 2 | 1.5～2 分 | 生产经验丰富，投标产品或同类物资生产历史长久，生产技术和工艺成熟 |
| | | | 0.5～1.5 分 | 具备生产经验，投标产品或同类物资生产历史较长，生产技术和工艺基本成熟 |
| | | | 0～1.5 分 | 具备一定的生产经验，投标产品或同类物资生产历史较短，生产技术和工艺欠成熟 |
| 7 | 产品质量保证能力 | 3 | 2～3 分 | 质量保证措施切实可行、合理、可靠；主要原材料、外协件来源清楚、质量检测控制手段合理有效 |
| | | | 1～2 分 | 质量保证措施基本可行、较合理、可靠；主要原材料、外协件来源清楚、质量控制手段可行 |
| | | | 0～1 分 | 质量保证措施可行性差、欠合理；主要原材料、外协件来源部清楚、质量控制手段欠合理 |
| 8 | 技术响应 | 3 | 2～3 分 | 投标物打的各项性能和指标优良、质量水平和技术参数完全满足招标文件的要求 |
| | | | 1～2 分 | 投标物打的各项性能和指标合格、质量水平和技术参数符合招标文件的要求 |
| | | | 0～1 分 | 投标物打的各项性能和指标有欠缺、质量水平和技术参数低于招标文件的要求 |
| 三、投标报价部分 | | 70 | 通过符合性检查、商务审查、技术审查，并经评审后的最低投标标价得 70 分，每高××万元减 1 分，减完为止 | |

注：各部分分值可根据项目实际情况进行调整。

## 第六部分　投标文件格式

（没有资格审查资料格式）

附录 1：投标函
附录 2：投标保函
附录 3：法定代表人授权书
附录 4：投标人资格声明
附录 5：生产组织供应能力说明

附表 1：投标物资报价表
附表 2：物资描述表
附表 3：物资报价成本分析表
附表 4：偏离表
附表 5：近两年类似项目同类物资中标及履约情况说明表
附表 6：投标人生产、检验设备表

## 附录 1：投标函

致：(招标人名称)

我方已经仔细阅读了(项目名称) 招标文件，我方同意招标人在招标文件中对投标方的约束。我方原因参加(包件号) 的投标，并按照招标文件中要求的内容和格式充分如实、准确地向贵方递交投标文件（正本一份，副本份)。

若中标我方将以此作为提供第包件的物资及服务必须严格遵循的合同条件的组成部分，并愿意以与投标报价表相一致的合价总计人民币(小写) 元整(大写) 元整。

若中标，我方将以供应过程中结算期内招标文件规定的基准价，以投标报价表相一致的浮动价格，按照招标文件的要求，提供(项目名称)（包件号）的物资供应及服务。

我方保证，如果我方的投标被接受，将严格执行招标文件中的各项条款，认真履行卖方的责任及义务，兑现我方投标文件中提出的各项承诺。

我方同意投标文件在投标人须知规定的递标截止日期起天内有效，对我方具有约束力，并可随时被接受中标。我方慎重保证，投标文件的所有内容及提供给招标人的所有证明文件和资料都是真实的、准确的，一旦发现上述资料和信息的失实和错误，贵方将有权宣布本单位投标作废。

在正式合同准备签订或执行之前，本投标函、招标人的书面通知及中标通知书将构成约束我们双方的合同。我方理解招标人不一定接受最低价格（不含可抵扣增值税）或收到的任何投标文件。

投标人名称（公章）：

法定代表人或其授权代理人签字：

年　　月　　日

## 附录2：投标保函

致：(招标人名称)

根据投标人名称（以下简称“投标人”）的申请，我方(银行名称)（下称“本银行”）现开立一笔数额为____(元)不可撤销保函作为(项目名称)的投标担保，该保函受（招标人名称）的约束，该笔金额由本银行根据本保函的承诺合法地支付给(招标名称)。

本担保的义务条件：

1. 如果投标人在投标有效期内撤回投标文件；

2. 在投标有效期内，招标人通知投标人中标，而投标人在接收到通知后，未按招标文件要求签署合同协议书。

我行保证，在收到（招标人名称）第一次书面要求后，无须出具任何证明来证实其要求，即在5个工作日内无条件且无追索的按该要求向（招标人名称）支付上述款额，但在书面要求中，应注明该项索款是由于发生上述条件中的一种或几种，并具体说明情况。

本保函自开标之日起天内有效，任何有关本担保的索款要求，应在该有效期终止前提交银行。

银行名称：（公章）

地址：　　　　　　　　　　　　　　　　邮编：

银行法定代表人或授权代理人：（签字）

银行电话：　　　　　　　　　　　　　　传真：

日期：　　　　　年　　月　　日

## 附录3：法定代表人授权书

本授权书声明：注册于省市县工商管理局的(单位名称)在下面签字的(法定代表人姓名和职务)授权(单位、部门)在下面签字的(职务、姓名)为本公司的合法代理人，就(项目名称)投标及合同的签订、履行直至完成，并以本公司名义处理一切与之有关的事务。本授权书经法定代表人签字并盖单位公章生效。

法定代表人签字或盖章：
被授权代理人签字：
被授权代理人职务：
单位名称：（单位公章）
单位地址：
日期：　　　　　年　　月　　日

**附录4：投标人资格声明**

1. 名称及其他情况：
（1）投标人名称：
（2）地址：
（3）邮编：
（4）电话：
（5）成立或注册日期：注册资本：
（6）上级主管部门或主要股东：
（7）公司性质：
（8）法定代表人：
（9）职员人数：
（10）2011年底资产负债情况（人民币万元）
①资产总计：
　流动资产：
　固定资产：
　原　　值：
　净　　值：
②负债合计：
流动负债：
长期负债：
③所有者权益合计：
实收资本：

2．近三年的年度总营业额：

| 年份 | 国内 | 出口 | 总额 |
|---|---|---|---|
| | | | |
| | | | |
| | | | |

3．近三年此投标物资主要销售给国内、外主要客户的名称等：

| 序号 | 客户名称 | 产品名称 | 数量 | 联系电话/联系人 |
|---|---|---|---|---|
| | | | | |
| | | | | |
| | | | | |

4．近三年次投标物资的营业额（分物资种类填写）：

| 年份 | 国内 | 出口 | 总额 |
|---|---|---|---|
| | | | |
| | | | |
| | | | |

5．投标人开户银行的名称地址：

______________________________________________

6．投标人认为需要声明的其他情况：兹证明上述声明是真实的、正确的，并提供了全部能提供的资料和数据，我方同意遵照招标人要求出示的有关证明文件。

单位名称（盖章）：

日期：　　　　年　　　月　　　日

## 附录5：生产组织供应能力说明

一、生产能力

| | | 投标物资 | 备注 |
|---|---|---|---|
| 一 | 最大月生产能力 | | |
| | | | |
| 二 | 已签合同（月供应数量） | | |
| | | | |
| | | | |
| 三 | 剩余月生产能力 | | |
| | | | |

二、运营能力

（组织供应本项目所需物资的人力资源保障、运输调度及相关管理措施等）

三、财务能力

（组织供应本项目所需物资的资金保障，包括资金来源、规模、方式等）

四、应急保障能力

（当生产、运输、市场等发生影响供应的情况时所能采取的应急措施）

单位名称（公章）：

日期：　　　　　年　　　　月　　　　日

## 附表 1：投标物资报价表

项目名称：　　　　　　　　　　招标编号：　　　　　　　　　　包件号：

| 物资序号 | 招标编号 | 项目简称 | 物资名称 | 规格型号 | 标准或图号 | 计量单位 | 需求数量 | 出厂单价 | 运杂费单价 | 到站单价 | 到站价 | 发站 | 交货地点 | 运距（km） |
|---|---|---|---|---|---|---|---|---|---|---|---|---|---|---|
| | | | | | | | 1 | 2 | 3 | 4＝2＋3 | 5＝1×4 | | | |
| | | | | | | | | | | | | | | |
| | | | | | | | | | | | | | | |
| | | | | | | | | | | | | | | |
| | | | | | | | | | | | | | | |
| | | | | | | | | | | | | | | |

投标人名称（加盖公章）：

法定代表人或被授权代理人签字：

## 附表 2：物资描述表

投标人名称：　　　　　　　　　　招标编号：　　　　　　　　　　包件号：

| 物资序号 | 招标编号 | 项目简称 | 物资名称 | 规格型号 | 标准或图号 | 计量单位 | 数量 | 交货地点 | 收货人 | 交货状态 | 交货条件 | 交货期 |
|---|---|---|---|---|---|---|---|---|---|---|---|---|
| | | | | | | | | | | | | |
| | | | | | | | | | | | | |
| | | | | | | | | | | | | |
| | | | | | | | | | | | | |
| 合计 | | | | | | | | | | | | |

投标人名称（加盖公章）：

法定代表人或被授权代理人签字：

## 附表 3：物资报价成本分析表

投标人名称：　　　　　　　　招标编号：　　　　　　　　包件号：

| 序号 | 项目 | 单位 | 数量 | 单价 | 金额 | 备注/来源 |
|---|---|---|---|---|---|---|
| 一 | 材料费小计 | | | | | |
| 1 | | | | | | |
| 2 | | | | | | |
| | …… | | | | | |
| 二 | 人工费小计 | | | | | |
| 三 | 机械加工费小计 | | | | | |
| 1 | 设备折旧费 | | | | | |
| 2 | 设备维护费 | | | | | |
| 四 | 水电费小计 | | | | | |
| | 生产成本合计 | | | | | |
| 五 | 管理费小计 | | | | | |
| 1 | 生产管理费 | | | | | |
| 2 | 销售费 | | | | | |
| 3 | 服务费 | | | | | |
| 4 | 财务费 | | | | | |

续表

| 序号 | 项目 | 单位 | 数量 | 单价 | 金额 | 备注/来源 |
|---|---|---|---|---|---|---|
| 成本合计 | | | | | | |
| 六 | 利税小计 | | | | | |
| 1 | 税收 | | | | | |
| 2 | 税后利润 | | | | | |
| 出厂单价 | | | | | | |
| 七 | 运杂费小计 | 公里 | | | | 注明运输方式 |
| | 到站价 | | | | | |

备注：1. 投标人按照物资品种做成本分析。表中各大项目内容及顺序固定不变，细目不限于上述内容，可根据不同物资品种实际需要增减。2. 不同品种的物资单独列表，标出其主要单价，不少于3个。3. 写明运输方式（火车、汽车）和运输里程。

## 附表4：偏离表

| 序号 | 招标文件条目号 | 招标文件条款 | 投标文件条款 | 偏离 | 说明 |
|---|---|---|---|---|---|
| | | | | | |
| | | | | | |
| | | | | | |
| | | | | | |
| | | | | | |
| | | | | | |
| | | | | | |
| | | | | | |
| | | | | | |
| | | | | | |
| | | | | | |
| | | | | | |

投标人名称（公章）：

日期：　　年　　月　　日

## 附表5：近两年类似项目同类物资中标及履约情况说明表

| 序号 | 项目名称 | 中标数量 | 履约数量 | 履约情况说明 |
|---|---|---|---|---|
| | | | | |
| | | | | |
| | | | | |
| | | | | |
| | | | | |
| | | | | |
| | | | | |
| | | | | |

注：投标人须如实填写。

投标人名称（公章）：

日期：　　年　　月　　日

## 附表6：投标人生产、检验设备表

| 序号 | 设备名称 | 规格型号 | 制造厂（标明产地） | 套数 | 技术参数 | 投产时间 | 生产能力 |
|---|---|---|---|---|---|---|---|
| | | | | | | | |
| | | | | | | | |
| | | | | | | | |
| | | | | | | | |
| | | | | | | | |
| | | | | | | | |
| | | | | | | | |
| | | | | | | | |
| | | | | | | | |
| | | | | | | | |
| | | | | | | | |
| | | | | | | | |
| | | | | | | | |
| | | | | | | | |
| | | | | | | | |

注：投标人须如实填写。

# 参考文献

[1] 曹培支．施工企业物资管理系统设计与实现［D］．成都：电子科技大学，2011：11-12.

[2] 孙东杰．建筑企业物资管理［M］．北京：中国铁道出版社，2000：66.

[3] 张雅维．公路施工企业材料管理［D］．西安：长安大学，2008：13-14.

[4] 陈如海，林家全．路桥施工企业物资询价采购初探［J］．施工企业管理，2003（4）：42-43.

[5] 崔建材．询价采购应设“报价”保证金［N］．政府采购信息报，2008-06-30.

[6] 郭东林．加强铁路运输企业物资供应商的管理［J］．上海铁道科技，2009（1）：95-98.

[7] Jarnbring，Materia Flow. Cost on Building Site：European Journal of Purchasing & Supply Management. 2000，6（3）：169-178.

[8] 王恒．工程建设项目物资库存管理研究［D］．北京：中国科学院大学．2013：39.

[9] 何平．基于现代物流理念的建筑施工企业物资管理问题［D］．南京：中南大学，2008：23.

[10] 彭海涛．物资采购合同管理初探［J］．机械管理开发，2008，23（5）：130-132.

[11] 王忠汉．铁路施工企业如何实行限额领料管理［J］．现代商业，2013（5）：100-101.

[12] 褚洪树．客运专线建设中的物资成本核算［J］．铁路采购与物流，2008（12）：15-16.

# 后 记

本书是在结合施工企业物资管理现状的基础上，引入 TOPSIS 评价、流程管理、6S 管理等管理评价方法，经过工程项目的实地调研，集各家之长编纂而成的。

一直以来，施工企业的物资管理呈现一种粗放式的状态。据统计调查发现，建筑所需的材料、部件、设备，占到工程总成本的 60%～70%。因此，对物资进行有效管理，是降低工程成本的重要手段。随着建筑行业的饱和，市场竞争日益激烈，物资管理被绝大部分施工企业视为“第三利润源泉”，达到一个历史的高度。我们就是在此背景下开始物资管理与核算的研究的。课题组跋涉重庆、南宁、桂林、百色等多个省市，深入施工企业一线调研物资管理的现状，集各家物资管理理论之长，融会贯通，经多番修改，终成付梓之作。

在本书的构思、研究及写作过程中，感谢中铁十八局集团有限公司副总经理、总会计师、总法律顾问马秀之，财务部长张有飞，财务副部长曲爱民以及资产科长兰岚给予的多方指导和支持，关怀之情，溢于言表。

在本书的调查研究阶段，感谢中铁十八局集团第四工程有限公司成渝客专项目部、资兴高速项目部、云桂铁路项目部的大力支持！

在本书的理论研究阶段，感谢中铁十八局集团第四工程有限公司物资部给予的物资管理经验方面的帮助和支持。

在本书的写作和修改过程中，河北工业大学的李子彪教授在学术观点、理论研究方面给予课题组多方面指导和支持，在此表示诚挚的感谢！

感谢物资研究课题组成员赵念民、常欣华、陈伟、余永慧、王维喜、周恩伟、佟彦琦、苏博、郭平、王宁、王纪华、刘浩、董海鹏等在本书调研和写作过程中给予的帮助和支持！

感谢中国市场出版社胡超平主编、辛慧蓉编辑在书稿出版过程中给予的巨大帮助！

感谢中铁十八局集团及所属第四工程有限公司的领导和同事给予的支持和帮助。感谢所有给予过我们帮助的单位与个人！

二零一五年夏于天津